经济建设和国防建设
出　版　工　程

保密管理攻略：军工科研生产篇

JUNGONG KEYAN SHENGCHAN
BAOMI YAOSU GUANLI

军工科研生产保密要素管理

编　著　阮谢虹
副主编　傅　钧　韩　东　马晓骅　王西雁
参　编　（按姓氏笔画排序）
仰　慧　芦利兵　李　晨　李建长　杨　悦　张　辉　张　鹏
张常伟　郭振永　宿兰云　董武高　曾　喆　谢　枫　谭立青
主　审　刘　冬

哈尔滨工程大学出版社
Harbin Engineering University Press

内容简介

本书根据《中华人民共和国保守国家秘密法》和保密资格审查认定标准及评分标准的要求，对保密管理核心人、事、物的基本活动进行梳理，基于业务部门归口管理实际，以及军工单位保密体系建设和常态化运行需要编写而成。

全书将保密管理要素归纳为“十个清”。“十个清”（密源清、责任清、规则清、人员清、要害清、载体清、设备清、活动清、现场清、过程清）基于保密管理的对象——人、事、物的基本管理活动梳理而成。为方便读者尽快上手和使用，本书附了大量的表格和示例。

本书适用于军工单位、有关高校、中科院及保密工作任务较多、较重的机关和单位使用，也可作为从事保密管理和信息安全技术管理、应用的人员及相关专业的学生学习和参考用书。

图书在版编目(CIP)数据

军工科研生产保密要素管理／阮谢虹编著. —哈尔滨：哈尔滨工程大学出版社，2021.4(2023.2 重印)
经济建设和国防建设出版工程. 保密管理攻略. 军工科研生产篇
ISBN 978-7-5661-3019-8

Ⅰ. ①军… Ⅱ. ①阮… Ⅲ. ①军事科学—科学研究工作—保密—中国 ②军工生产—保密—中国 Ⅳ. ①D631.3

中国版本图书馆 CIP 数据核字(2021)第 054466 号

选题策划 马佳佳
责任编辑 马佳佳
封面设计 李海波

出版发行 哈尔滨工程大学出版社
社　　址 哈尔滨市南岗区南通大街 145 号
邮政编码 150001
发行电话 0451-82519328
传　　真 0451-82519699
经　　销 新华书店
印　　刷 黑龙江天宇印务有限公司
开　　本 787 mm×1 092 mm　1/16
印　　张 14.75
字　　数 379 千字
版　　次 2021 年 4 月第 1 版
印　　次 2023 年 2 月第 4 次印刷
定　　价 88.50 元
http://www.hrbeupress.com
E-mail:heupress@hrbeu.edu.cn

总　　序

国家利益高于一切,保密责任重于泰山!

欣闻“保密管理攻略”丛书即将付梓印刷,内心竟有些百感交集。本套丛书的作者均是从事保密工作十几年甚至是几十年的“老保密”,他们将自己的一生都奉献给了保密事业。保密工作责任重大,关系国家富强、民族复兴的伟业。如此重要的工作,在日常中要落细、落小,紧密依托各项业务工作,须臾不可放松。面对纷繁复杂的工作内容,很多保密战线的同人们常感到茫然失措,无从下手:如果保密工作管理不到位,国家秘密会面临失控的风险;如果管理过头了,有些业务工作又无法开展。将保密工作融入业务工作,既能保安全又能保运转,是本丛书作者们思考的基本出发点。

“攻略”在不同的领域具有不同的释义,但都可以概括为“通盘的计划、策略和做法”。本套丛书命名为“保密管理攻略”,道出了作者们凝炼的保密工作要素和精华。他们经过几十年的工作积累,已经将保密工作的思路和方法溶于血液中,运用于平时的工作中,有效地保障了国家秘密的安全和科研生产工作的正常运转。“保密管理攻略”丛书既包含了胸怀全局的顶层设计,也包含了立于不败之地的底线思维,还包含了运筹帷幄的系统谋划,更包含了步步为营的分步实施。

保密工作的目标就是保证涉密信息在知悉范围内流转,简单地说就是让该知道的人知道,让不该知道的人无法知道。为实现这一目标,首先需要精准确定涉密信息是什么,准确界定知悉范围是哪些,需要设计一整套融入科研生产全过程的体系化的流程和方法,实现“业务工作谁主管,保密工作谁负责”,确保各个管理要素和技术要求可以落细、落小、落地,涉密信息不被知悉范围之外的人获悉,最终有效地保障整个科研生产体系能够常态化运行,并实现对涉密信息的管控。这一套体系化的思路和做法也适用于其他管理工作。

这套丛书的作者们曾希望把自己的所思所想和所作所为和盘托出,但无奈纸短情长!越到细微之处越发现文字并不足以表达深刻的思想内涵。而“攻略”一词本身就包含实践演示和互动交流之意,也蕴藏着丰富思想,只可意会却无法言传。因此,作者们的很多感悟与思考在丛书中并没有全面地体现出来,实在令人遗憾。但是这些经历过风风雨雨的“老保密”们也都知道,留有遗憾,也许才是真正的完美,笔下写的是保密攻略,品味的其实是人生要义。

本套丛书成稿过程得到了国家保密局、中国保密协会、国家国防科技工业局相关领导的关心和指导,得到了哈尔滨工程大学,航天科工集团有限公司二院二部、二十五所、二〇七所的大力支持和帮助,借成书之际在此一并表示衷心的感谢!同时,也感谢宫洪岐和张常伟两位同志的宝贵意见和建议!

道不尽的酸甜苦辣,品不完的保密人生!

祝愿走在保密之路上的同人们一切顺利!

2021 年 2 月

前　言

为了应对保密工作面临的严峻形势，适应市场经济发展的客观要求，切实加强国防科技工业保密工作，2002 年，党中央决定对武器装备科研生产单位（以下简称“军工单位”）开展保密资格审查认定工作。迄今为止，经过近 20 年的探索、实践与保密管理体系建设，军工单位保密工作发生了深刻的变化，保密管理水平和能力得到了极大提升。在近十年的认定工作中，国家有关部门对军工单位的保密管理进行了大量的指导和帮助，军工保密资格审查认证中心也开展了许多咨询培训工作。曾担任军工保密资格审查认证中心专家并作为咨询项目组组长的阮谢虹同志带领咨询专家组多次到十大军工集团公司总部机关、军工单位、有关高校、中科院等授课答疑，解读标准内容及传授保密管理工作方法，并就存在的各类保密管理问题面对面研讨及实地指导交流。近几年，阮谢虹同志在二十余家军工单位推行保密风险管理活动，并于 2018 年 9 月荣获国家保密局授予的保密科学技术奖。通过长期的工作实践，特别是在为军工单位提供咨询服务和开展培训的过程中，阮谢虹同志深感有必要将专家团队的咨询经验认真进行总结，尤其是对接地气的保密管理要素进行提炼，将国家标准要求变成必备要素嵌入各单位的保密体系建设及具体工作和业务流程中。经过反复思考和提炼，阮谢虹同志等终于运用思维导图的方法整理出保密管理要素“十个清”的内容，力图将复杂的事情简单化，用一页 PPT 或一张 A3 纸说明认定标准、评分标准和指导手册的主要观点，帮助大家尽快理解和消化保密管理体系的概念和必备要素。在多次为部分军工集团公司领导宣讲和军工单位授课过程中，“十个清”的课件得到了大家的一致认可。

“十个清”是基于《中华人民共和国保守国家秘密法》和保密资格审查认定标准及评分标准的要求，基于保密管理的核心人、事、物基本活动的梳理，基于业务部门归口管理实际，更是基于军工单位保密体系运行需要形成的。

所谓“十个清”是指：密源清、责任清、规则清、人员清、要害清、载体清、设备清、活动清、过程清、现场清。这是基于保密管理的对象——人、事、物的基本管理活动梳理而成的。其中“人员清”“责任清”“规则清”突出人的管理，“密源清”“要害清”“活动清”“过程清”等侧重事和人的管理，而“设备清”“载体清”“现场清”则是人、事、物交融的管理，正是这些人、事、物的交替和互补，形成了“十个清”保密管理体系模块的组合。为了帮助大家理解和记忆，我们将其归纳为：

密源清：源头梳理建目录，辨识风险善管控。

责任清：各级职责要明确，逐层履职常考核。

规则清：业务融合进流程，归口管理建制度。

人员清：入口严控常教育，动态管理全过程。

要害清：准确界定三防护，重点管理保核心。

载体清：八个环节全周期，密品保护措施实。

设备清：台账实物不缺项，网络单机精细管。

活动清：各类活动有预案，全程活动严管控。

过程清：检查监督留记录，经费保障必始终。

现场清：整洁有序促安全，定置定位有标准。

“十个清”由阮谢虹同志原创，并在整个授课答疑、咨询研讨过程中得到了不断的完善提高，特别是在成书过程中，团队成员通力合作、精心打造，形成本书，可以说“十个清”是整个编写团队多年辛勤耕耘的结晶。这个团队的成员来自天南地北、不同行业，为了国家安全和利益、为了保密事业的发展，愿意将自己多年的实践积累倾情奉献给我们共同工作战斗的军工单位，奉献给同一个战壕拼搏的战友。本书集专业性、系统性、实用性为一体，是保密体系建设和常态化管理的一本操作手册，也可称为攻略秘籍，希望对大家有所帮助。

编　者

2020 年 12 月

目　录

第一章　密　源　清

武器装备科研生产单位（以下简称“单位”）保密工作是一项系统性、整体性工作，要想有序、有效做好保密工作，需从梳理、确定国家秘密这一源头抓起——厘清本单位国家秘密事项，精准定位保密工作对象。“密源清”主要是针对当前部分单位定密工作中存在的“无密乱定、低密高定、有密不定和高密低定”等问题而提出的，是单位优化配置保密管理资源、突出保密工作重点的基础。本章主要介绍国家秘密定密工作的内涵和操作方法，为单位在保密管理工作中做到“密源清”提供一些思路和方法。

第一节　定密工作的概念和内涵

一、定密和定密工作的概念

定密是指国家机关和涉及国家秘密的单位依法确定、变更和解除国家秘密的活动。简言之，定密就是确定保密工作对象的过程，精准定密是实现国家秘密分级分类保护的基础，也是提高保密工作针对性、有效性和降低保密管理成本的前提。

定密工作是指国家秘密确定、变更、解除，以及相关定密组织指导、授权和监督管理等各项工作的总和。

二、定密工作的内涵

定密工作以最小化、精准化、规范化为目标，做到权责明确、依据充分、程序规范、及时准确，既能确保国家秘密安全，又能为信息资源的合理利用提供便利。

（一）定密要拥有权限

定密是国家法定行为，单位只能在授予的定密权限范围内开展定密工作。《中央和国家机关定密授权机关名录》外的单位，近三年内年均产生6项（件）国家秘密事项，可逐级向国防科技工业管理部门提出定密授权申请，申请书中应阐明拟申请的定密权限、事项范围、授权期限以及申请的依据和理由。

单位产生的国家秘密事项仅属于对外单位已定密事项进行使用、处理、加工后形成的秘密事项，无须申请定密授权。

（二）定密要依法进行

开展国家秘密事项确定、变更和解除等定密工作应按照法定程序进行。单位定密程序一般含三个层次：首先由承办人依据中央和国家机关保密事项范围、军方任务输入文件、任务主管部门输入文件、单位定密细目等，拟定国家秘密事项的密级、保密期限和知悉范围，然后经所在部门审核，单位定密责任人批准后生效。

（三）定密要动态管理

随着武器装备预研、研制、生产、列装状态的变化，所属的国家秘密事项的范围、密级、保密期限和知悉范围等要素也会发生变化，此时需将新增的国家秘密事项依照法定程序纳入国家秘密事项范畴，对原国家秘密事项的密级、保密期限和知悉范围进行调整变更，对不再有保密价值或泄露后不会对国家安全和利益造成危害的原国家秘密事项进行解密。

三、有关定密工作的法律法规和标准要求

（一）《中华人民共和国保守国家秘密法》要求

2010 年 10 月 1 日实施的《中华人民共和国保守国家秘密法》（以下简称《保密法》）是我国保守国家秘密的顶层文件，从国家层面奠定了保密工作的法理基础。该法定义了国家秘密，规定了国家秘密范围和定密工作相关要求，规定了涉密载体、涉密人员、涉密信息系统、信息发布、对外交往等方面的管理要求，明确了监督管理和责任追究等具体范畴和要求。

（二）《中华人民共和国保守国家秘密法实施条例》要求

国家保密局在《保密法》出台的基础上又进一步明确了定密工作有关要求，《中华人民共和国保守国家秘密法实施条例》（以下简称《保密法实施条例》）规定了国家秘密事项定密、变更、解除流程；明确了定密责任人的具体职责和权限；明确了国家秘密载体、设备、产品密级标识等相关要求。

（三）《国家秘密定密管理暂行规定》要求

2014 年 3 月 9 日，国家保密局公布实施了《国家秘密定密管理暂行规定》，对定密授权、定密责任人、国家秘密确定、国家秘密变更、国家秘密解除、定密监督、法律责任等进行了系统阐述。

（四）《武器装备科研生产单位保密资格标准》要求

《武器装备科研生产单位保密资格标准》7.1 部分对国家秘密定密权限，国家秘密事项范围确定，定密责任人的确定、培训及职责，密级确定、变更和解除等提出了具体要求。

（五）《国防科技工业定密工作管理办法（试行）》要求

2020 年 2 月 7 日，国家国防科技工业局印发了《国防科技工业定密工作管理办法（试行）》，对定密职责分工、定密权限、定密责任人、定密依据、定密程序和监督管理等方面进行了行业规范。

第二节 定密工作主要内容

一、定密细目编制

单位开展定密工作的直接依据是中央和国家机关的保密事项范围、军方任务输入文件、任务主管部门输入文件等。在定密实际操作中,单位应当根据相关保密事项范围和军方定密要求,系统梳理、分解细化本单位可能产生的全部国家秘密事项名称、密级、保密期限和知悉范围,集合形成能"对号入座"的定密细目,作为定密操作依据。

单位应结合自身管理特点和所承担的涉密任务特点编制定密细目,一种简单的编制方式是枚举本单位可能产生的所有国家秘密载体、密品等实物名称,根据这些载体可能包含的最高密级内容确定密级、保密期限和知悉范围。这样制定的定密细目较直观,对于载体、产品内容不易发生变化的涉密事项定密操作性好,但缺点是载体内容发生变化后,定密的准确度会下降。

为了进一步提高定密的精准性,国家提出了密点定密要求,有些单位已甄别、辨识出了涉密任务中的密点,并确定了密点密级、保密期限和知悉范围,汇集形成了密点集合定密细目。本书着重介绍一种三维度密点集合定密依据编制方法,仅供参考。

(一)三维度密点集合定密细目编制思路

首先,密点是决定一个事项是否具备国家秘密本质属性的关键要素和最小信息内容,一般表现为一段文字、一组数据、一张图表、一套公式等。涉密项目的密点由各参研单位相关专业领域密点集合而成,专业领域参研人员具备准确提炼、描述本专业领域内的密点和评估其保密价值的能力,因此以专业领域为最小单位提炼密点能完整、精准地辨识项目全部密点。其次,随着研制阶段的推进,密点内容要么深入细化和补充丰富,要么调整变化和解除分离,比如关键参数调整、技术途径优化或改变等,密点保密价值也会发生相应变化,最终影响密级、保密期限和知悉范围变化。再次,由于项目用途背景、战略战术意义及影响力等不同,会造成同一内涵的密点密级有所差异,这也反映出按项目提炼并界定密点的必要性。

综上所述,密点密级、保密期限、知悉范围的评估和界定主要取决于涉密任务重要程度、专业领域和研制阶段三个维度,在后续密点提炼和界定中主要考虑这三个维度的影响。

(二)三维度密点提炼方法

大型涉密项目参研单位往往几十家甚至上百家,密点提炼可能需要所有参研单位共同完成,因此科学、客观、准确地提炼密点是一项系统工程,密点辨识和提炼可参考以下步骤。

1. 建立密点提炼组织机构

项目由总包单位科研部门牵头,组织项目总包单位及各分系统单位相关技术人员组成密点提炼工作小组,负责项目密点提炼工作策划部署,协调解决定密工作中的问题,研讨确定密点集合定密依据。各参与单位也应按照密点提炼工作小组安排,成立相应的定密工作机构,负责本单位内部的密点提炼和审核工作。

2. 编制专业(产品)结构树

项目总包单位组织各参研单位,根据任务来源方提供的合同和任务书,辨识本单位产生密品、密件的专业领域,这里的专业领域根据单位研制任务性质不同,可以具体到某个处室、某个工程组、某道工序或某个岗位。各单位梳理出的专业领域形成总分树状结构,即按照总体、分系统、设备、组合、工序等结构层次匹配对接形成型号专业(产品)结构树,这是进一步辨识、提炼密点的基础性工作,需要多方协调和多轮磨合。

3. 辨识确定密点属性

(1)项目顶层分解。单位根据国家国防科技工业局国家秘密范围目录、军方项目定密指南等,组织划分各级分系统承制单位的国家秘密事项范围,统一规范密点的名称、密级、保密期限和知悉范围等属性,形成密点集合定密细目,经任务来源方确认后作为各参与单位进行密点再分解的依据。

在各参研单位制定本单位定密细目过程中,总包单位需协调、核定总体、分系统、设备、组合、工序等各级密点名称、密级、保密期限和知悉范围。如有争议,按照组合服从设备、设备服从分系统、分系统服从总体、下级服从上级的原则进行统一规范。

(2)专业内部提炼。各参研单位根据总包单位提供的项目密点集合定密细目,结合专业(产品)结构树关联和嵌套关系,由各专业根据本专业输入输出密品密件情况,可参考表 1 – 1 辨识和提炼本专业产生的密点。

表 1 – 1　× × 单位定密细目(国家秘密事项一览表)(示例)

<table>
<tr><th>项目名称</th><th>密点</th><th>密级</th><th>保密期限</th><th>知悉范围</th><th>备注</th></tr>
<tr><td>项目 1</td><td>生产计划(数量、交付时间)、安装地点、用途等</td><td rowspan="3">依据甲方要求确定</td><td rowspan="3">依据甲方要求确定</td><td>× × 岗
× × 岗(依据工作需要确定)</td><td></td></tr>
<tr><td>项目 2</td><td>× × 显控软件</td><td>× × 岗</td><td></td></tr>
<tr><td>项目 3</td><td>× × 测量数据</td><td>× × 岗</td><td></td></tr>
</table>

填表说明:

①项目名称敏感时可以用项目代号或内部编号代替。

②密点指本专业在型号各项涉密活动中使用(甲方输入)、产生的国家秘密信息点。这里不但要从本专业产生的密品、密件中辨识提炼出所有密点,还要辨识提炼出引用甲方输入文件、图纸中的密点(需要与甲方沟通一致),以便后续本专业使用方便。

③保密期限是指密点的解密时间或条件,可以有三种方式:一是一段时间长度,如 10 年、长期;二是解密条件,如 × × 活动结束后、× × 任务完成后;三是解密时间点,如 2020 年 10 月 1 日。

④知悉范围指从本专业领域考虑,该项密点应该让哪些岗位人员知悉。

(3)单位内部对接。各专业领域完成密点提炼后,单位组织审核讨论,使密点名称、密级、保密期限、知悉范围在本单位内部规范、合理,汇总形成本单位该项目的密点集合定密细目。

(4)项目整体匹配。项目总包单位组织召开密点提炼工作小组会议,对各参研单位定密细目中的密点进行审核,进一步调整、规范和统一密点名称、密级、保密期限和知悉范围,使总体、分系统、设备、组合、工序各级的密点密级协调匹配。

项目统一提炼密点的好处是在项目内定密尺度一致，各参研单位步调一致，但项目参研单位往往跨院（板块）、跨集团、跨地域，缺少国家或行业的统一指导和规范，较难实现。目前可行的方法是在本单位各专业内部提炼密点，然后经部门内和部门间对接匹配形成本单位密点集合定密细目。

（三）单项任务密点提炼

对规模较小的涉密项目，密点提炼在课题组内讨论往往较易达成共识，如软件类的密点多为数学模型、输入数据、边界条件、计算结果等；报告类的多为背景用途、数量、项目名称及代号、技术途径、实现方法、主要技术战术指标等信息；产品类主要体现在外形、结构和其包含的主要技术战术参数、数量、用途、工艺方法和材料配方等信息。

二、定密责任人设置

（一）定密责任人

定密工作责任人制度是保密法的重要内容之一，是统一定密标准、明确定密责任、提高定密质量的重要举措。单位法定代表人或者主要负责人（除法定代表人之外的主持单位全面工作的负责人）自然成为法定定密责任人。法定定密责任人可根据定密工作实际需要指定本单位其他人员作为指定定密责任人。指定定密责任人授权应按照“确有必要”和“最小化”原则配备。军工单位可参考表1－2开展指定定密责任人授权。

表1－2　定密责任人分类及权限

定密责任人类型	人员构成		定密职责范围
法定定密责任人	单位责任人	法定代表人或主要责任人	单位业务范围的定密权限（含最高密级确定权限和涉及的业务范围），对本单位定密工作负总责
指定定密责任人	单位其他负责人	分管涉密项目的其他负责人	分管业务范围的定密权限（含最高密级确定权限和涉及的业务范围）
	涉密项目技术负责人	涉密项目（副）总师、（副）总指挥、总师助理、主任设计师等	本项目、本技术领域范围内的定密权限（含最高密级确定权限和涉及的业务范围）
	主管涉密项目部门行政领导	科研生产主管部门、研究室等涉及军品业务的部门领导等	本部门业务范围的定密权限（含最高密级确定权限和涉及的业务范围）

（二）定密责任人培训选拔

单位应当择优聘用政治素质硬、专业能力强、责任心强的涉密人员作为指定定密责任人,同时需对指定定密人员进行有关保密法律法规及保密专业知识的培训,使其了解和掌握定密职责、定密方法、定密的标准和程序,使其具有独立鉴别并准确认定某信息是否属于国家秘密和使用何种密级的能力,持证上岗。

(三)建立定密责任人监督考核机制

为鼓励定密责任人履职尽责,防止定密责任人滥用权力,产生不良后果,单位可给予定密责任人适当定密补贴或提高保密补贴,并建立定密责任人的监督考核制度。同时从国家、上级、同级及定密承办人等不同角度对定密责任人履行职责进行监督和考核:上级保密工作机构应定期对定密责任人工作进行监督检查;单位保密委员会将定密责任人工作情况纳入年度考核和评比;实行定密复议制度,定密申请人对定密的结果有权复议,监督定密的准确性。通过以上形式的监督考核,对符合定密资格的定密责任人继续留用,对表现突出的定密责任人予以奖励,对滥用职权的定密责任人撤销其定密责任人资格。

三、国家秘密事项密级确定程序

单位在开展定密工作中不但要满足国家定密程序基本要求,还要执行国家国防科技工业局的相关行业要求,并按照表 1 -3 履行国家秘密事项密级确定程序。

表 1 -3　国家秘密事项密级确定审批表

单位			承办人	
名称				
确定情况	密级	□绝密　□机密　□秘密		
	保密期限			
	知悉范围			
确定理由及主要依据	注:单位定密细目;× ×项目研制合同、协议、批复、方案、计划、技术说明书;行业保密事项范围;× ×项目定密指南、专项保密工作方案等相关条款。			
部门负责人审核意见	部门负责人(签名): 年　月　日			
定密责任人审批意见	定密责任人(签名): 年　月　日			

(一)初拟密级

承办人对照单位定密细目,对办理事项提出拟定密级、保密期限和知悉范围的初步意见,并做出相应密级标志。

(二)部门审核

部门审核人对承办人拟定的密级、保密期限和知悉范围,以及申报程序是否规范、申报内容是否准确、密级标志是否规范等进行审核。

（三）定密责任人批准

定密责任人根据本单位定密细目、有关合同、任务书、研制要求等，对事项定密依据是否充分，密级、保密期限和知悉范围是否准确，国家秘密标志是否规范完整等情况予以最终审批确定。

四、国家秘密事项密级变更、解除

（一）国家秘密事项密级变更条件

密级变更是指国家秘密事项随着时间推移，保密价值或用途发生变化，与初始定密时的状态相比，其对国家安全利益影响程度发生变化而适时调整密级的一项工作。密级变更具体包括升密、降密和延长保密期限。变更应当在保密期限届满前60日做出决定。

根据《保密法》和《定密管理暂行办法》中的相关规定，结合项目研制实际情况，密级变更可参考表1－4开展。

表1－4　国家秘密事项密级变更条件

类别	建议密级调整条件	建议调整时机	备注
降密	1. 国家或上级保密事项范围有关事项密级降低	上级保密事项范围文件下发后	国家保密政策调整变化
	2. 因国防科技发展和国民经济建设需要，可以降低密级的	定期组织涉密事项密级梳理调整	应用领域越来越广泛，可保性变差
	3. 泄露后对国家安全和利益损害程度降低的		与各国在该技术领域差距明显缩小
	4. 项目研制中断或取消的		项目研制计划和方向调整
	5. 已有接替新技术、新方案、新方法、新途径、新工艺、新材料或新产品等，但仍有一定保密价值的	结合项目（项目转阶段评审、中期评估等）同步开展涉密事项密级审核调整	研制过程中技术方案不断完善和更新
	6. 接到上级或密源单位密级降低通知的	接到通知后及时变更	
升密	1. 国家或上级定密范围有关事项密级升高或增补了新的保密事项	上级保密事项范围文件下发后	国家保密政策调整变化
	2. 上级、本单位在监督检查或日常管理中发现原定密级偏低	重新界定密级，及时整改	各级检查或定期密级审核调整工作
	3. 项目研制取得突破性进展，对国家和国防安全有重大意义的	按照不明事项逐级上报，获批后，修订定密依据，重新定密	项目应用背景意义或影响力明显增强

表 1－4(续)

类别	建议密级调整条件	建议调整时机	备注
升密	4. 新发现某事项对国家和国防安全具有重要潜在作用的		
	5. 泄露后对国家安全和利益损害程度有可能加重的	及时修订定密依据,并重新定密	对后续项目发展方向或相关领域有重大影响
	6. 接到上级或密源单位密级提高通知的	接到通知后及时变更	国际竞争激烈或泄露后会威胁国家安全
延长保密期限	1. 国家或上级定密范围有关涉密事项保密期限延长	上级保密事项范围文件下发后	国家保密政策调整变化
	2. 项目研制或列装周期延长	定期组织涉密事项审核调整	研制周期增长、装备延寿等
	3. 项目研制、生产、列装计划调整,时间延长		研制任务或军事需求变化
	4. 项目部分功能改进或延长列装周期的		军事需求变化
	5. 接到上级或密源单位保密期限延长通知的	接到通知后及时变更	

(二)国家秘密解除条件

解密是指对已定为国家秘密的事项,因为情况变化,失去其国家秘密属性,不再具有保密价值,按照规定程序,将其从国家秘密事项中分离出来的工作。解密是定密工作中的一项重要环节,解密的及时性和准确性能有效降低保密管理成本,便于信息资源合理利用。

国家和行业对于解密条件和解密方式都有原则性的要求,但在解密实际操作过程中较难准确把握。对此,考虑到武器装备承制单位工作任务的特殊性,单位国家秘密解除应当以中央和国家机关、军队及业务主管部门将该事项从保密事项范围中取消为条件,且需采取审查解密方式,解密后仍需按照内部资料管理比较妥当,切不可直接对外公开。

(三)国家秘密密级变更和解除程序

1. 部门辨识汇总

根据国家和上级密级变更或解除通知要求,以及本单位每年度定期密级变更和解除制度要求,各单位定密办公室牵头,策划组织各部门涉密岗位梳理满足密级变更和解除条件的涉密事项,由部门审核后汇总到定密办公室。

2. 与相关方沟通

为确保密级变更和解除的有效性及严肃性,在基层部门提交需变更或解除的涉密事项后,相关涉密事项业务主管部门需与任务提出方进行沟通,获得密源单位认可。

3. 定密责任人批准

密级变更或解除条件充分时，由承办人填写国家秘密事项密级变更或解除申请表，经部门审核，定密责任人批准（表1－5、表1－6）。此环节也可由单位定密工作小组或保密委员会集体研究决定。

表1－5　国家秘密事项密级变更审批表

单位		承办人	
名称			
变更情况	变更项	变更前	变更后
	密级	□绝密　□机密　□秘密	□绝密　□机密　□秘密
	保密期限		
	知悉范围		
变更理由及主要依据			
部门负责人审核意见	部门负责人（签名）： 年　月　日		
定密责任人审定意见	定密责任人（签名）： 年　月　日		

表1－6　国家秘密解除审批表

单位			承办人	
名称				
原定情况	密级	□绝密　□机密　□秘密	保密期限	
	知悉范围			
解除意见	该事项解除后为：□内部　□公开			
解除理由				
部门负责人审核意见	负责人（签名）： 年　月　日			
定密责任人审定意见	定密责任人（签名）： 年　月　日			

4. 书面通知相关方

审批通过后,定密办公室在本单位内部发布通知,告知本单位持有此类涉密载体的人员到归口部门加盖统一的变更、解除印章(图 1 – 1、图 1 – 2),并修改电子文件密级标识。同时,由业务部门分别以统一格式书面通知已知悉单位和人员,要求配合做好密级变更或解除工作。

密★	变更日期:
	知悉范围:
	经办人:

图 1 –1　国家秘密变更章

□内部 □公开	解密日期:
	解密方式:□全文□部分
	经办人:

图 1 –2　国家秘密解除章

五、定密流程信息化实现方案

单位规范定密管理后,仍然会存在一些具体执行难题,如定密不及时、定密审批流程与业务审批流程"两张皮"、保密期限届满不能及时统计并开展变更和解除工作等。这主要是由于定密流程未与业务审批流程有机融合,且履行定密程序主要靠人工监督办理造成的。这里介绍一种定密闭环管理系统功能设计思路,供参考。

(一)电子文档产生提醒定密——源头清

系统对每个新产生的电子文档赋予一个 ID 值,首次关闭文档时,提示标密和定密,并将标密和定密信息明文植入到电子文件中,不可分离。植入的标密和定密信息包括密级、保密期限、知悉范围、定密依据、承办人、定密责任人、定密时间、密源单位、解密时间(通过定密时间和保密期限自动计算得出)等。

系统可对以前产生的电子文档进行扫描,经人工选定密级后,赋予 ID 值和密级信息。

(二)电子文档输出要强制定密——标志清

未履行定密程序的电子文档打印、刻录输出时,系统将定密流程和打印、刻录流程融为一体,定密流程和打印、刻录流程并行,在后台分别生成打印、刻录审批单和定密审批单。已履行定密程序的电子文档打印、刻录输出时,系统将密级信息传递给打印、刻录系统,仅按相应密级履行打印、刻录审批。

(三)保密期限届满能自动提醒——过程清

在保密期限届满半年前,系统自动提醒通知相关部门履行变更或解除手续。变更、解密后的信息导入系统中,系统能结合打印、刻录系统统计相关外送信息,为通知相关方提供条件,同时在后台查询本机和本网络相关电子文档信息进行变更、解除信息修正。

(四)动态生成电子文档定密台账——底数清

系统自动建立单位国家秘密确定、变更和解除电子台账,记录电子文档定密履历,做到定密底数清。

第三节　定密工作中的几类关系

一、原始定密和派生定密关系

原始定密是对本单位产生的国家秘密事项，履行法定定密程序确定、变更和解除国家秘密的活动。派生定密是对已定密事项进行使用、处理、加工后，形成新的国家秘密事项确定、变更和解除的过程。

派生定密原则上是对原始定密事项中的密点按照最高密级、最长保密期限重新履行定密程序，为后续采取保密措施做准备。派生定密不需要申请定密权，但仍需履行定密程序。派生定密常见于文件摘录、引用或对密函、密件（含上级公文）等的答复或回复类事项。

二、保密事项范围、涉密事项目录和单位定密细目的关系

保密事项范围包括基本范围和具体范围：基本范围是由保密法律规定的；具体范围是由外交、公安、国家安全和其他中央有关机关会同国家保密局分别规定，军事方面的由中央军事委员会规定。基本范围是原则框架，具体范围是指导行业、领域定密的直接依据。

涉密事项目录是军工集团总部根据上级和军队保密事项范围，结合集团整体科研生产实际编制的定密依据，对本集团所属单位定密工作具有指导意义。

单位定密细目是根据上级和军队相关国家秘密范围规定，按业务领域分解细化，形成本单位定密的具体操作依据。

三、自行解密和审查解密的关系

自行解密是指原定为国家秘密事项的保密期限已满，定密机关、单位未延长保密期限的解密情形。自行解密的不能简单地以国家秘密保密期限届满作为解密条件，而应以该事项是否具备国家秘密属性为标准。审查解密指原定为国家秘密事项的保密期限未满或即将届满，定密机关、单位定期进行审核后予以解密的情形。自行解密和审查解密实质相同，都由定密机关、单位审核后做出决定。

需要注意的是，武器装备科研生产单位在对本单位产生的国家秘密解密前应当征求任务提出方意见。武器装备科研生产单位仅对本单位产生的国家秘密事项有解密的权力，在未收到原定密机关、单位解密通知或该事项未被公布前，不能解密。

四、解密与信息公开的关系

解密是国家秘密事项不再具有保密价值，不再需要采取保密措施进行防护而控制知悉范围时，按照法定解密程序解除国家秘密属性的活动。信息公开是指国家行政机关、单位在行使国家行政管理职权过程中，通过法定程序将有关信息向社会公众公开的活动。

国家秘密事项解除后，不再具有国家秘密属性，但不一定都能公之于众，确需公开的仍需履行公开审查程序。在实际工作中，单位解密和公开都需要履行法定审查程序，解密审查程序不能代替公开审查程序。国家秘密事项解除后，应按照内部工作信息进行管理。

第二章　责　任　清

保密责任是保密工作落实到位的关键,要想做好保密工作,明确各级、各岗位的责任是第一要务。认定标准的第一项就是保密责任,标准中将保密责任分为五个层级,对不同的层级提出了相应的保密责任要求,这五个层级涵盖了单位保密管理体系中的所有人员。第三轮标准在明确了各层级的保密责任后,又对归口管理提出了明确的要求。单位每个层级的人员和归口管理部门应当熟悉自己的保密责任,并担当起这些责任。

第一节　责任和责任主体

什么是责任? 通过拆词解字可以这样理解:“责”,职责也,指分内(应做)的事;“任”,担当也,指敢于承担。由此可知,责任一词包含了两层含义,一是认真做自己应该做的,二是敢于承担自己应该承担的。进一步拆解:责任意识是“想干事”;责任能力是“能干事”;责任行为是“真干事”;责任制度是“可干事”;责任成果是“干成事”。责任清就是围绕这几个方面展开,帮助各个责任主体树立责任意识,培养责任能力,明确责任制度,规范责任行为,收获责任成果。

标准明确规定保密责任主体的五个层级分别是单位法定代表人或主要负责人、分管保密工作负责人、其他业务负责人、涉密部门负责人或涉密项目负责人、涉密人员。

法定代表人或主要负责人是指单位实际负责主要领导工作的负责人;分管保密工作负责人是指单位分管保密工作的负责人;其他业务负责人是指单位领导班子中除主要负责人、分管保密工作负责人以外的其他成员;涉密部门负责人是指单位各部门负责人;项目负责人是指具体负责涉密科研生产项目的负责人;涉密人员是指因工作需要接触和知悉国家秘密的工作人员,即在单位涉密岗位工作,具体承担涉密任务的人员,是本职岗位保密工作的直接责任人。涉密程序高、产生秘密多、保密任务重的国有大中型企业,应当设立保密总监。归口管理部门主要指单位科研生产、人力资源、信息化、新闻宣传、外事等职能部门。

第二节　保密责任的法律法规及制度、标准要求

(一)《保密法》第一章总则和第五章法律责任分别明确规定了保守国家秘密的责任主体、保密工作的责任主体、单位建立保密工作责任制,以及对违法行为进行责任追究的相关要求。

(二)《保密法实施条例》第一章总则、第四章监督管理和第五章法律责任分别对保密工作责任权属、保密责任制考评和责任追究等方面提出了具体要求。

(三)《武器装备科研生产单位保密资格认定办法》中关于保密资格申请、审查批准、法律责任和附则等章节里都有关于保密责任制的相关要求。

(四)《武器装备科研生产单位保密资格标准》中关于保密责任、归口管理、保密组织机构、保密制度、保密管理、监督与保障等多个章节都明确了对单位保密责任体系、归口责任落实等要求。

(五)《国防科技工业保密责任制规定》(科工安密〔2015〕1286号)。

第三节　各层级人员和归口管理部门的保密责任

一、法定代表人或主要负责人责任

1. 对本单位保密工作负全面领导责任；
2. 贯彻党和国家有关保密工作的方针政策和法律法规，并提出明确落实要求；
3. 了解和掌握单位保密工作情况，及时研究解决保密工作重大问题；
4. 为保密工作提供人力、财力和物力等条件保障；
5. 监督保密工作责任制落实。

按照党政同责的原则，单位党政主要领导具有同样的保密责任。

二、分管保密工作负责人责任

1. 对本单位保密工作负具体领导责任；
2. 组织研究和部署落实保密工作；
3. 协调解决保密工作中的重点、难点问题；
4. 监督、检查保密工作落实情况；
5. 为保密工作机构履行职责提供保障。

三、其他业务负责人责任

1. 对分管业务范围内的保密工作负直接领导责任；
2. 将保密管理要求融入分管业务工作；
3. 组织制定分管业务范围内的保密管理制度和措施，并督促检查落实；
4. 在分管业务范围内为保密工作开展提供保障。

四、涉密部门负责人或涉密项目负责人责任

1. 对本部门或者本项目的保密工作负直接管理责任；
2. 明确部门或者项目内人员的保密职责，按照工作需要控制国家秘密的知悉范围；
3. 将保密管理要求融入业务工作制度中；
4. 采取具体措施组织落实单位保密工作部署；
5. 开展日常保密教育和监督检查；
6. 支持本部门兼职保密员、信息安全员工作，为其顺利开展工作提供保障。

五、涉密人员责任

1. 涉密人员对本职岗位的保密工作负直接责任；
2. 掌握基本的保密知识、技能和要求；
3. 遵守保密法规制度，履行岗位保密职责；
4. 及时报告泄密隐患，制止违法违规行为。

六、保密总监的责任

1. 掌握保密工作情况，及时报告保密工作重要事项，提出工作部署、检查、总结、考核等

工作建议；

2. 组织保密管理制度体系建设，督促保密管理人员履行保密监管职责；

3. 组织保密检查和泄密隐患排查，对重大保密隐患整改等提出建议或整改意见并督促落实；

4. 组织召开保密专题会议、工作例会，部署保密专项工作；深入研究新形势下保密工作重点、难点和热点问题，提出预见性、方向性的意见和建议，对保密风险提出预警和必要的管控措施；

5. 开展保密管理新课题和防范新技术研究，密切跟踪保密前沿技术发展，积极推广先进保密技术和科技成果，推动保密工作创新开展；

6. 组织拟定重大保密突发事件预警和应急处置工作预案并开展相关工作，及时报告重大事项；

7. 组织重大保密事项审查，组织或参与泄密事件调查和分析，提出内部处理建议。

七、归口管理责任

单位科研生产、人力资源、信息化、新闻宣传、外事等职能部门应当明确职责，结合各自业务工作实际，明确归口管理部门的保密工作职责，归口负责业务工作范围内的保密管理工作和相关工作制度制定。某单位归口管理部门的保密工作职责如下，可供参考。

1. 单位办公室是机要、密码、公文、展厅、会议室等方面保密工作的归口管理部门，具体负责上述范围内的保密管理工作和相关工作制度制定；

2. 党委办公室是新闻宣传报道、新闻采访业务保密工作的归口管理部门，具体负责上述范围内的保密管理工作和相关工作制度制定；

3. 发展计划处是信息化、外事、固定资产投资、对外合作交流、预研、科技创新、商业秘密、招投标、投资、对外展览等方面保密工作的归口管理部门，具体负责上述范围内的保密管理工作和相关工作制度制定；

4. 科研处是涉密项目定密、外协供方、合同管理、型号研制等方面保密工作的归口管理部门，具体负责上述范围内的保密管理工作和相关工作制度制定；

5. 生产处是生产、工艺技术、售后服务、装备综合管理等方面保密工作的归口管理部门，具体负责上述范围内的保密管理工作和相关工作制度制定；

6. 人力资源处是“七类人员”保密管理工作的归口管理部门，具体负责上述范围内的保密管理工作和相关工作制度制定；

7. 保卫处是国家安全、保密要害部门部位技防和人防、武警保安、产品押运、涉密工程安防等方面保密工作的归口管理部门，具体负责上述范围内的保密管理工作和相关工作制度制定；

8. 技术保障中心是设备登记建账、办公自动化设备维修、设备和产品库房管理、设备和产品报废等方面保密工作的归口管理部门，具体负责上述范围内的保密管理工作和相关工作制度制定。

八、保密部门责任

保密部门是专门从事保密管理工作，并直接对本单位保密委员会负责的管理部门，具体保密职责如下：

(1)组织落实保密委员会工作部署；

(2)组织制定保密基本制度,拟制年度保密工作计划,对落实保密工作提出意见建议;
(3)监督指导各部门保密工作;
(4)组织确定和调整保密要害部门部位;
(5)组织开展保密检查;
(6)组织查处违反保密法律法规的行为和泄密事件;
(7)提出保密责任追究和奖惩建议。

九、专(兼)职保密员、信息安全员保密工作责任

单位应结合自己的实际,在部门设置专(兼)职保密员、信息安全员,并明确保密责任。

(1)学习掌握《涉及国家秘密的信息系统分级保护管理办法》《武器装备科研生产单位保密资格标准和评分标准》中有关信息系统、信息设备和存储设备的保密管理规定,上级及本单位信息系统、信息设备和存储设备管理制度、系统安全策略,熟练掌握客户端自查方法;
(2)积极参加单位组织的保密、信息安全检查和培训;
(3)协助部门领导对本部门保密工作和信息系统、信息设备和存储设备进行管理、指导、监督和检查;
(4)负责建立和完善本部门信息系统、信息设备和存储设备二级台账;
(5)发现泄密隐患或问题及时报告,制止违规行为。

第四节 各层级人员和归口管理部门履行职责的原则

一、各层级领导履行职责的原则

(一)规范行为,正人正己,落细落小

习近平总书记在中共中央政治局第二十六次集体学习时强调的"修身、用权、律己,谋事、创业、做人,贯穿领导干部工作生活方方面面,严和实是一件一件事情、一点一点修为积累起来的,必须落细落小,多积尺寸之功,经常防微杜渐"。作风建设是这样,保密工作亦是如此,唯有时时铭记、事事坚持、处处上心,勿以善小而不为、勿以恶小而为之,才能习惯成自然。"合抱之木,生于毫末;九层之台,起于累土",落细落小不是只抓鸡毛蒜皮的小事,而是从小处着手,只有抓细、抓小、常抓不懈,从我做起,从身边小事改变,件件叠加,项项累积,次次集聚,久久为功,才能筑牢安全保密的万里长城。

(二)精通业务,熟悉保密,关注融合

1. 做主管业务的行家里手

各层级人员在业务工作方面应该具备敏锐的认知能力和专业水平。熟悉单位的主营业务、基础管理流程和本岗位的业务流程;熟知业务管理的重点、难点;清楚业务工作中不能越线的安全保密风险点。

2. 做保密工作的明白人

熟知保密法、认定标准和重要规章制度,对如何结合本单位的实际贯彻执行有要求、有部署、有措施、能落地。熟对本单位、本部门或本项目的保密工作情况,清楚本单位、本部门或本项目的保密工作重点和难点,坚持"业务谁主管,保密谁负责"的原则,真正做到"五同

时”(保密管理要与科研生产管理与业务工作同计划、同部署、同检查、同总结、同奖惩,简称“五同时”)。

3. 做业务工作和保密管理融合的推进者

结合本单位和业务工作实际,将保密管理融入业务,梳理流程,辨识风险,把握全局,设关建卡,查验放行,避免保密管理和业务工作“两张皮”。

二、归口管理部门履行职责的原则

归口管理是新时期保密管理的重要模式,是落实保密责任制、健全保密管理体系的重要手段,在推进中要以相关法律、标准为依据,紧密结合单位实际情况,应归尽归,切实履职,实现保密工作与业务工作的深度融合。

(一)业务制度,归口制定

第三轮保密资格认定标准进一步明确了基本制度与业务制度的区别,明确了责任主体归口管理部门相应的业务职能和责任。归口部门应根据业务和保密管理的需要,按顶层制度的统一要求,在组织制定业务制度的同时,融入保密管理的要求,减少重复冗余空洞的长篇大论,使之更具有专业性和可操作性。

(二)优化流程,归口审查

制度专业化了,与之相配套的审批流程也应得到优化。由归口部门牵头,将保密要素和工作要求直接融入科研生产经营活动各项业务中同步管理,在主体责任清晰的前提下,由各主管部门按相应流程审查、审批,既减少了审查、审批环节,又促进了业务部门懂业务、知保密,推进了保密与业务工作的深度融合。

(三)监督检查,归口负责

监督检查不再是保密部门一家之事,无论综合检查还是专项检查,分管业务领导和归口部门应是检查队伍中不可或缺的专家,同时可以由归口部门牵头开展专项检查,充分发挥归口部门的纵向管理职能,使保密检查更加深入、专业、细致、有效。

(四)风险管控,归口预警

保密风险管理是单位在全面梳理业务工作流程的基础上,分析业务工作中的保密风险、辨识保密风险点并进行评估,进而制定措施进行管控及持续改进的方法和手段。在辨识和管控过程中要源于业务、基于业务、控在业务,依据管理流程和各个归口管理部门的数据分析与经验,形成基于业务数据、关联综合判定的保密风险预警平台,实现归口预警、综合防范。

(五)工作档案,归口建立

归口建立保密工作档案既是标准要求,更是单位业务基础管理的需要。保密档案作为一种信息资源,是单位保密工作的真实记录和历史见证,同时也是衡量单位保密管理水平的一把尺子,规范化、科学化的保密档案管理,是单位必须做好的一项基础性工作。归口建档能够更好地实现保密档案“真实、准确、全面,连续性、系统性、合法性,符合认定标准”的要求,而且节约管理成本,无须再由保密部门多处收集、多次复印,直接由业务部门结合日常工作留存归档即可,直观地体现归口管理部门的履职情况,促进归口部门的基础管理。

第五节 监督考核各层级和归口管理部门的履职情况

认定标准将保密责任分五个层级,对不同的层级提出了相应的保密责任要求,这五个层级涵盖了单位保密管理体系中的所有人员。同时,在明确了各层级的保密责任后,又对归口管理提出了明确的要求,要实现责任落地,必须辅之强有力的监督考核。强化责任考核是一个系统工程,必须以科学的态度、务实的精神,扎实做好每个环节的工作,做到责任分解明确具体、监督考核科学有效、责任奖惩严肃有力。

一、分解责任主体,细化责任形式,使考核更具针对性

1. 按要求建立单位保密责任体系,明确各个层级的领导干部、涉密人员的保密职责,保密职责应当与本人的岗位工作职责紧密结合。

2. 层层签订责任书,明确年度责任目标,明确双方责任主体的责任、权利与义务,明确责任追究规则。单位法定代表人或主要负责人与分管保密工作负责人、其他业务负责人、涉密部门负责人或涉密项目课题组负责人签订《年度保密责任书》,涉密部门负责人或涉密项目课题组负责人与所属涉密人员签订《保密责任书》。

3. 单位可以在年度经营绩效考核、责任考核、领导干部考核与职工年度考核等工作中融入保密内容,使得保密职责能够在单位的考核体系中落地。

二、明确责任范围,量化考核内容,使考核更具可操作性

结合单位管理目标和岗位责任,将保密责任与业务职责进行捆绑,分解管理内容和指标,落实一岗双责,实现人人身上有指标。考核指标中应当包括保密责任制、归口管理职责、岗位个性化职责、本部门或本岗位重要保密事项及其保密措施的落实情况等内容,且指标应当进行量化,便于统计、评估。

三、强化组织保证,健全考核机制,使考核更具推动性

要有效利用保密责任考核结果,将保密责任考核与单位绩效考核相结合,充分发挥保密委员会、保密工作小组的作用,形成齐抓共管和“一级抓一级,层层抓落实”的考核责任体系,发挥激励机制、奖惩机制的作用,使考核有保证、推动更有力。

四、严肃责任追究,完善考核体系,使考核更具严肃性

单位的责任追究体系涉及多方面的工作,保密责任考核与责任追究体系结合得越广泛、融合得越深入就会越有效,可以从以下几个方面考虑融入:一是纳入单位经营绩效考核;二是纳入领导干部提拔和年薪考核;三是纳入技术职务职称评价体系;四是纳入评先评优体系;五是纳入年度、月度的薪酬考核;六是纳入单位的风险内控考核。

××(处室)部门负责人年度保密工作考核情况表见表2-1。××(处室)涉密人员年度保密工作考核情况表见表2-2。

表 2-1　××(处室)部门负责人年度保密工作考核情况表

序号	姓名	考核内容										部门考核评价意见				考核结果
		熟知并履行本岗位保密职责、掌握本部门保密工作情况(10分)	建立健全部门保密工作小组、不断完善部门二级保密制度(5分)	采取具体措施组织落实各项保密工作部署,做好部门人、财、物保障工作(8+2分)	积极参加各级保密学习、教育,对分管业务、人员提出具体保密要求并监督实施(10分)	对落实情况进行监督检查,对涉密人员保密工作情况进行考核及奖惩(5分)	涉密载体的全生命周期管理符合要求(10分)	计算机和信息系统使用及管理符合要求(10分)	遵守要害部门部位及通信办公自动化设备管理符合要求(10分)	带头落实新闻宣传及涉密会议管理符合要求(10分)	按要求开展外场试验、协作配套及涉外活动保密管理(10分)	其他保密管理活动(10分)	优秀(96~100分)	良好(91~95分)	基本合格(81~90分)	不合格(80分及以下)	

部门领导:　　　　　　　　　　　　　　考核日期:　　年　月　日

表 2－2　××（处室）涉密人员年度保密工作考核情况表

序号	姓名	考核内容						部门考核评价意见				考核结果
		熟知本岗位保密职责和相关保密法律法规要求（15 分）	年度培训满 15 学时，培训考核合格（10 分）	参加保密文化活动（3 分）（其中参加部门活动 2 分，参加所级及以上活动 1 分）	能够发现保密隐患并及时报告，或主动制止违规现象（2 分）	日常遵守保密法规情况（70 分）	违规情况说明	优秀（96 ~ 100 分）	良好（91 ~ 95 分）	基本合格（81 ~ 90 分）	不合格（80 分及以下）	

部门领导：　　　　　　　　　　　　　　考核日期：　　年　月　日

第三章　规　则　清

规则清指保密管理制度建设方面，是单位开展保密工作的一项基础性、全局性工作。按照依法管理的要求，保密工作必须有章可循、照章办事。建立健全并有效落实保密管理制度，是单位最重要的保密管理措施，是贯彻执行国家保密法律法规，实现保密工作科学发展、确保国家秘密安全的重要保证。

第一节　保密管理制度建设概述

保密管理制度是单位开展保密工作的基本依据，是干部职工的保密行为规范。保密管理制度内容应当全面、具体，紧密结合单位科研生产和管理工作实际，保密管理制度建设包括保密管理制度制定和保密管理制度实施两个方面。

一、保密管理制度建设的含义

保密管理制度建设是指单位为实现保密管理的目标，依据保密法律、法规、标准和有关规定，结合单位工作实际，因地制宜，建立健全单位保密管理制度，并采取措施保障制度有效落实。

保密管理制度建设不仅包括制定保密管理制度，而且包括保密管理制度的实施和监督等一系列活动和过程。

二、保密管理制度建设的作用和意义

“没有规矩，不成方圆。”建立健全和完善保密管理制度，是单位最重要的保密管理措施，是做好保密工作的基础。单位依据保密管理制度开展保密工作，调整规范职工的保密行为，建设单位的保密文化，保证党和国家保密工作方针政策和法律法规有效落实。科学的保密管理制度体系，能够降低泄密风险，保障涉密业务有序进行，维护国家安全，促进单位发展。

三、保密管理制度建设的法律法规依据

《保密法》第七条规定：“机关、单位应当实行保密工作责任制，健全保密管理制度，完善保密防范措施，开展保密宣传教育，加强保密检查。”

武器装备科研生产单位保密资格标准要求，单位应当建立保密基本制度，各职能部门应当将保密管理要求融入业务工作制度之中并组织落实，重大涉密工程或者项目应当制定专项保密制度。

四、保密管理制度建设的原则

制定保密管理制度，必须认真贯彻党对保密工作的各项方针政策，严格遵守国家有关保密工作的法律、法规、标准和规定，服从落实上级机关和单位的有关要求。在此前提下，

单位制定保密管理制度，还应当注意遵循以下基本原则。

（一）全面性原则

保密管理制度内容应当全面落实保密法规、标准和有关规定，全面涵盖单位涉密业务以及保密管理涉及的其他各个方面，对各项工作的保密管理提出要求。

（二）可操作性原则

保密管理制度应当紧密结合单位实际情况，细化各项保密管理要求，规定各项要求的管理职责、工作流程和操作方法，使保密工作有章可循，措施要求明确，办事程序清晰，便于执行操作。

（三）业务融合原则

开展保密管理制度建设，不仅应当制定保密管理基本制度，规定保密工作基本要求，还应当将保密管理融入各项业务工作制度之中，在业务工作流程有关环节中增加保密工作要求，实现保密工作流程化。对特殊涉密领域、重大涉密工程（项目），应当制定专项保密管理制度。

（四）有章必循原则

保密管理制度制定后，贯彻落实就成为决定保密工作是否有效的因素。制定保密管理制度不是为了当摆设，而是为了规范、引领保密工作。单位应当通过宣传贯彻、教育培训、督促检查、制裁惩罚和将遵守保密管理制度情况纳入年度绩效考核等方式，将保密管理制度措施落到实处，推动促进保密工作开展。

（五）持续改进原则

保密管理制度建设不能一劳永逸，而要根据情况变化及时、定期进行“立、改、废”，确保制度的针对性、有效性。党和国家有关保密工作的方针政策、法律法规、标准规章发生变化，以及单位涉密业务、场所环境和信息设施发生较大变化时，应当及时修订保密管理制度；保密检查、保密风险评估时发现薄弱环节和隐患问题，应当及时对保密管理制度进行修订完善。

第二节 保密管理制度的主要内容

保密管理制度包括保密基本制度、业务工作制度和专项保密制度。

一、保密基本制度

（一）保密工作责任制度

包括保密组织机构、业务归口管理部门和领导干部、涉密人员的职责、权限、义务、纪律等责任要求，应当明确各级、各类机构和人员的保密工作职责，规定责任追究和考核要求。

（二）定密管理制度

包括明确定密责任人、归口管理部门及其职责，规定保密事项范围细目制定和国家秘密事项确定、变更、解除的程序、要求，以及定密监督管理等内容。

（三）涉密人员管理制度

包括涉密岗位、涉密人员确定的标准、方法和程序，涉密人员在岗期间的教育培训、保密纪律、监督管理，涉密人员离岗、离职及脱密期管理，涉密人员权益保障等内容。

（四）保密教育培训制度

包括教育培训对象、教育培训类别与内容、教育培训方式、教育培训组织实施等内容，应当规定不同对象的学时要求。

（五）国家秘密载体管理制度

包括记载国家秘密信息的纸介质、光介质、电磁介质等物品的保密管理，应当明确国家秘密载体的制作、收发、传递、使用、复制、保存、维修、销毁等环节的保密管理要求。

（六）密品管理制度

包括密品的密级确定、台账管理、接触人员范围控制、科研生产场所防护、交接手续、运输保卫、使用、保存、维修、销毁等环节的保密管理要求。

（七）保密要害部门部位管理制度

包括保密要害部门部位的确定确认、安全防护措施、人员出入、使用设备等环节的保密管理要求。

（八）信息系统、信息设备和存储设备管理制度

包括涉密和非涉密网络系统、应用系统、服务器、计算机、网络设备、计算机外部设备、存储设备、通信设备、办公自动化设备、声像、安全保密产品的保密管理，应当明确设备管理、系统建设、使用、运行、维护等方面的保密管理要求。

（九）新闻宣传管理制度

包括公开的新闻宣传、信息公开保密管理，涉密的新闻宣传、信息提供保密管理，以及内部的新闻宣传、信息提供保密管理，应当明确保密审查的责任部门、审查程序和审查内容。

（十）涉密会议管理制度

包括会议审批、责任部门、会议场所、参会人员、文件资料、使用设备、新闻宣传等方面的保密管理要求。展览、展示等其他涉密活动按照涉密会议进行保密管理。

（十一）协作配套管理制度

包括分包涉密项目保密审查、协作配套单位保密资质、保密协议、协作配套单位参加项

目人员、向协作配套单位提供涉密信息、保密监督检查、项目验收、项目成果等方面的保密管理要求。

（十二）涉外活动管理制度

包括外事活动、对外经济技术合作、出国（境）及国（境）外人员接触国家秘密等方面的保密管理，应当明确活动审批、保密措施等管理要求。

（十三）外场试验管理制度

包括实验审批、保密方案、保密教育与保密承诺、密品密件、实验场所、信息设备与存储设备、通信、录音与摄影摄像、撤场、新闻宣传、住宿、会客等方面的保密管理要求。

（十四）保密监督检查制度

包括保密检查类别及其责任部门与检查频次、检查内容、检查记录、发现问题处置与整改等保密管理要求和流程。保密风险评估应当纳入保密监督检查管理内容。

（十五）泄密事件报告和查处制度

包括泄密事件报告，泄密事件查处的时限、程序、处置措施等要求。

（十六）考核与奖惩制度

包括考核内容、考核标准、年度绩效考核权值、表彰奖励类别与具体条件、处罚类别与具体情形等方面的要求和程序。

二、业务规章制度

（一）人力资源管理制度

在岗位设计、招聘、入职、在岗、离岗、离职、培训、干部聘用和奖惩等环节增加保密工作要求，应当明确涉及涉密岗位、涉密人员保密管理的具体方法和程序。涉密岗位劳动（务）合同中应当包含有关保密管理要求。

（二）信息化管理制度

在信息系统的建设、运行维护、使用、退出使用，以及信息设备和存储设备的采购、配发、使用、维护维修、报废等环节，增加保密管理要求，应当明确相关方法和程序。

（三）新闻宣传管理制度

在宣传报道、信息发布、学术交流、著述出版、展览展示等业务制度中，增加保密审查环节，应当明确审查责任主体、审查方法和审查程序。涉密新闻宣传也应当进行保密审查。

（四）外事管理制度

在对外科研合作和经济技术合作项目审批、外事活动审批、外事接待、聘请外国专家和境外专家、派遣出国（境）等业务制度中，增加保密管理要求，应当明确基本保密措施和工作程序。

（五）固定资产管理制度

在固定资产购置、保管、领用、调拨、出借、维护、维修、盘点、处置等环节，增加保密管理要求，应当明确各环节的管理职责、保密措施和工作程序。

（六）技术改造项目管理制度

在项目立项、可行性研究、初步设计、工程招标、工程分包、工程实施、进度管理、质量管理、工程验收、奖项申报等环节，增加保密管理要求。应当注意区分项目密级和项目文档的密级。

（七）科研项目管理制度

在项目立项、实施、进度管理、试验、验收、成果管理、专利申报、奖项申报等环节，增加保密管理要求。与其他单位联合承研项目，应当明确各单位承研部分的内容和密级。应当注意区分项目密级和项目文档的密级。

（八）研制项目管理制度

在项目定密、研制计划、设计开发、设计评审、设计确认、试验、设计变更、产品定型，以及进度管理、质量管理、成果管理、专利申报、奖项申报等环节，增加保密管理要求，应当明确管理职责和工作程序。与其他单位联合承研的项目，应当明确各单位承研部分的内容和密级。应当注意区分项目密级和项目文档的密级。

（九）生产管理制度

在生产计划、生产过程控制、材料库管理、产成品出入库管理、库房管理，以及返厂维修等环节，增加保密管理要求，应当明确管理职责和工作程序。

（十）质量管理制度

在标准化管理、生产过程质量管理、计量和测试管理、不合格品管理、外购外包器材质量管理、质量信息管理等环节，增加保密管理要求，应当明确管理职责和工作程序。

（十一）市场和销售管理制度

在市场推广、产品销售、发货管理、售后服务等环节，增加保密管理要求，应当明确军品相关业务的责任主体、保密措施和工作程序。

（十二）合同管理制度

在合同评审、合同签订、合同履行、合同变更、合同解除、违约处理、合同档案管理等环节，增加保密管理要求，应当明确各部门的管理职责和工作程序。

（十三）档案管理制度

在技术资料、图纸的归档、接收、移交、保管、利用、编研、鉴定、销毁等环节，增加保密管理要求，应当明确业务部门、档案管理部门的管理职责和工作程序。

(十四)财务管理制度

在财务科目设置、经费预算、差旅报销、工资管理、奖金管理、发票开具等方面，增加和落实保密管理要求，应当规定财务信息不得涉及国家秘密，明确保障保密工作开展、保障涉密人员权益的职责要求和工作程序。

三、专项保密制度

对某些涉密程度高、研制周期长、参与单位多的武器装备科研生产工程或者项目，为保证科研生产过程中所涉及国家秘密的安全，应当根据工程或者项目的特点，制定专项保密管理制度，明确有关工程或者项目的定密、立项、研制、试验、结题管理以及参加人员管理等全过程的保密管理要求。制度内容应当全面、具体，对各项工作的保密管理提出具体要求和措施，制定相应的工作程序。

每一个绝密级、机密级涉密工程或者项目，均应当制定专项保密制度。

第三节　保密管理制度制定

保密管理制度应当由单位保密部门牵头组织，由相关业务归口管理部门分别会同保密部门起草，经保密委员会(保密工作领导小组)审定，由单位法定代表人或者主要负责人签发颁布施行。

一、保密工作机构组织指导

保密部门应当组织进行保密管理制度制定调研工作，全面摸清单位各项工作、各项业务开展情况以及管理制度建设情况，梳理需要制定、修订的保密基本制度、业务工作制度和专项保密制度，按照“业务谁主管，保密谁负责”的原则，分解任务，落实各项制度的起草责任部门、责任人员，形成保密管理制度制订、修订计划。

保密部门应当组织保密管理制度起草人员学习保密法律、法规、标准以及有关立法技术，研究统一制度体例格式，指导执笔人员的起草工作，协调处理保密基本制度与业务规章制度之间、各项制度之间以及各部门之间的关系，监督检查各部门起草工作的质量和进度。

二、业务归口管理部门起草

(一)保密基本制度和专项保密制度

单位应当根据内设机构设置和人员配置的实际情况，由保密基本制度、专项保密制度涉及的归口管理部门独立安排人员起草，或者会同保密部门共同安排人员起草。保密基本制度应当与保密法律、法规、标准以及上级单位有关规定相一致，与本单位工作实际相适应，全面、规范、可操作性强。专项保密制度应当与保密基本制度要求相一致，与有关项目甲方单位或者总承包单位的保密要求相一致，明确规定项目密级及具体保密事项、保密管理负责人，规定保密工作要求、防护措施和应急处置措施。

保密监督检查、泄密事件报告和查处等保密监督管理方面的制度，涉密会议管理等基础性、通用性、单位没有归口管理部门的制度，应当由保密部门负责起草。实际工作中，对于归口管理部门人员确实不具备起草能力的制度，可以由保密部门负责起草工作。

（二）业务工作制度

单位科研生产部门、职能管理部门应当梳理本部门业务的流程，对有保密管理要求的环节，根据保密基本制度的规定，在已有业务工作制度中增加专门的保密管理要求，使保密管理融入具体的业务流程环节，体现“业务工作开展到哪里，保密工作就延伸到哪里”。有关业务没有建立工作制度或者原有工作制度不够完善的，归口管理部门应当同时填补和修订完善。

三、保密委员会审定

保密管理制度完成起草，保密部门应当进行审核，必要时应当组织有关方面的专家协助审核。审核工作完成后，保密部门应当按照程序报请单位保密委员会（保密工作领导小组）审议批准。

保密委员会（保密工作领导小组）应当召开全体会议审议保密管理制度，充分听取各相关部门的意见，力戒流于形式，保证制度不存在大的缺失。

保密管理制度可以在全部完成起草工作后集中报请保密委员会（保密工作领导小组）审议，也可以逐项、逐批报批。

四、法定代表人（主要负责人）签发

保密管理制度经单位保密委员会（保密工作领导小组）审定后，应当按照单位文件印发有关规定，履行发文程序，报请单位法定代表人或者主要负责人签发颁布实施。

单位没有建立公文处理制度的，应当同时填补制定，以便体现保密管理制度的权威性、严肃性。

第四节　保密管理制度施行

保密管理制度印发颁布以后，贯彻落实就成为决定其是否切实可行的因素。要保证保密管理体系良好运行，实现保密工作万无一失的目标，单位必须高度重视保密管理制度落实工作，狠抓保密管理制度落实工作，采取切实有效的方式和方法，提高保密工作的执行力。

一、单位领导提高对保密工作的重视程度

保密工作是“一把手”工程。单位领导班子对保密工作的重视程度，特别是法定代表人或者主要负责人的认识和态度，对保密管理制度能否得以执行起着决定性的作用。保密部门一方面要努力推进落实保密管理制度，主动汇报保密工作情况，积极提出改进保密工作的建议，争取领导对保密工作的重视；另一方面，保密部门可以通过安排单位“一把手”参加有关主管部门、上级单位举办的培训班，或者邀请有关人员到单位进行内部培训，使“一把手”和单位其他领导了解做好保密工作对维护国家安全和利益、对单位发展壮大的重要意义，知悉作为单位负责人其自身承担的保密工作责任，转变和提高对保密工作的认识，进而

支持、保障保密工作的开展，避免把保密管理制度当作摆设、把保密资质当作“幌子”的情形发生。

二、认真开展保密教育培训

保密教育培训是单位保密工作的重要内容，是贯彻落实保密管理制度的先导和基础。单位人力资源管理部门和保密部门应当利用会议、讲座、展览、技术演示、经验交流、配发书刊等形式，开展保密意识和保密知识教育培训。通过保密工作形势报告、窃密泄密案例警示教育等形式，增强单位干部职工的忧患意识，筑牢思想防线；通过解读保密规章制度，使干部职工了解保密工作责任制和各项保密管理制度要求，掌握涉及保密工作的办事程序，提高保密工作技能。保密管理制度是保密教育培训的重点内容，应当有计划、系统地组织讲解，并可结合进行相关保密知识的普及，避免蜻蜓点水式地走过场。开展保密教育培训，还应当注意将非涉密人员纳入对象范围，使单位非涉密人员明白在涉密单位工作的特殊性，增强防范意识，掌握法律法规和单位保密管理制度有关基本要求，自觉履行保密义务。

三、加大督促检查力度

保密检查是单位保密管理体系的重要组成部分，是保证保密工作责任制和各项保密管理制度落实到位的有效抓手。通过保密检查，能够了解各项保密管理制度的执行情况，发现存在的问题和薄弱环节，采取改进措施，督促各级各类人员落实保密工作责任制，形成一级抓一级、层层抓落实的保密工作局面。开展保密检查是保密部门的重要职责。保密部门应当认真制订检查计划，精心组织，全面检查与专项检查相结合，较多地采取不打招呼的突击检查方式，全面、真实了解情况。对于检查过程中发现的违规问题，检查人员应当如实记录，保密部门应当坚持原则，敢于碰硬，坚决按规定进行处罚和督促整改，以达到以查促教、以查促改、以查促防、以查促管的目的。保密检查应当经常开展，保持高压态势不放松，促进良好保密行为的养成。

四、完善保密工作考核

保密工作考核是单位开展保密工作的重要手段。通过考核落实保密管理制度情况，表彰奖励先进，处罚违规行为，可以推动落实涉密部门、涉密人员以及其他相关部门、相关人员落实保密工作主体责任，提高做好保密工作的内在积极性和主动性。单位人力资源部门、保密部门应当精心设计，认真组织做好保密工作考核。部门和个人履行保密职责、遵守保密管理制度情况，应当纳入年度绩效考核内容；单位、部门工作总结，单位、部门负责人年度述职，应当包括保密工作内容；先进集体和先进个人评选、干部选拔、专业技术职称评定，应当将保密工作考核情况作为重要条件；涉密人员保密补贴应当根据保密工作考核结果发放。

第五节　常见问题与解决方法

单位保密工作薄弱或者存在大的隐患问题，很多情况下，保密管理制度建设不到位是重要原因。保密管理制度建设上存在的问题，可能发生在保密管理制度建立和落实两个方面。

一、保密管理制度建立不够健全和完善

（一）保密基本制度与业务工作制度重叠

部分单位的保密基本制度与业务工作制度大量重复，表现为或是在业务工作制度中简单规定“按照保密管理有关规定执行”，或是摘抄、转述保密基本制度中的规定条款与表格，而不是在涉及保密工作的有关业务流程特定环节上增加保密管理要求。发生这种情况，究其原因，主要是没有正确理解保密基本制度和业务工作制度的概念所致。

保密基本制度是根据保密法律法规和有关规定，并结合单位实际，制定的单位保密管理总的工作规范；保密管理制度建设所称业务工作制度，是指在单位已有科研生产、管理业务规章制度的基础上，对业务流程中涉及保密工作的环节，增加保密管理要求，使保密管理融入业务流程。所以，一定要正确理解和处理保密基本制度和业务工作制度的关系。一般地，保密基本制度中不应规定具体的办事程序、操作表格等；业务工作制度不应简单重复保密基本制度的要求，而要根据保密基本制度的有关规定，在业务流程环节中进一步细化保密管理要求，对具体的办事程序、审批登记表格等做出规范。

除因企业管理有关规定暂时不能修订已有业务工作制度，或者其他特殊原因外，一般不应在已有业务工作制度之外制定专门的业务保密管理制度，如“工艺保密管理规定”“物资采购保密规定”“财务保密管理规定”等。

（二）保密管理制度与实际工作不相适应

有的单位虽然制定了保密管理制度，但其中很多保密管理要求、工作程序、审批登记表格与本单位机构设置、业务流程不一致，不够合理，导致执行保密管理制度存在很多困难，甚至实际未予执行。这种情况多是因为没有理解保密管理的要义，没有弄懂保密标准要求的实质，只是简单摘抄照搬其他单位的制度文本所致，没有结合单位实际进行“本地化”。

学习借鉴其他单位的保密管理制度，不失为一种便捷的方法。但是，保密部门作为单位保密工作机构，一定要理解保密管理的基本概念、基本知识，掌握保密标准要求的实质含义，对制度起草人员进行培训，解释制定保密制度的基本方法，必要时应当先行起草一两份制度文本模板。各有关部门和人员完成起草工作后，保密部门应当认真进行审核，不符合要求的制度文本应要求修改，避免出现保密管理制度难以执行的情况。

（三）保密管理制度可操作性不强

有的单位的保密管理制度虽然对保密工作各方面做出了规定，但对许多事项、许多环节缺失具体的方法和程序，科研生产和管理工作中遇到具体问题不知如何处理。出现这种情况，主要是制度起草人员没有掌握制定保密管理制度的方法和技术，导致与保密标准、上

级规定“上下一般粗”,使得制度的可操作性不强。也有可能是由于对有关业务流程的梳理不够深入细致,有所疏漏,使得有的业务环节缺乏具体的保密管理要求和保密工作方法、程序。

保密部门在组织起草保密管理制度的过程中,一方面要组织起草人员学习“立法技术”,掌握制定保密管理制度的基本知识、基本方法,根据保密标准和上级规定的要求,规范单位具体的实际工作;另一方面,要督促、指导起草人员详细梳理科研生产和管理工作的业务流程,避免保密管理要求出现漏项。

二、保密管理制度执行力不强

(一)涉密人员保密知识、保密技能欠缺

部分单位包括领导干部在内的涉密人员保密知识欠缺较多,保密资格认定现场审查保密知识考试成绩达不到要求;学习掌握单位保密管理制度差距较大,不懂保密、不会保密,严重影响保密管理制度的落实和保密工作的开展。究其原因,皆是保密教育培训不到位、不扎实所致。

单位人力资源部门、保密部门有必要协调安排一定的专门时间,组织进行集中的保密教育培训,系统宣讲保密基础知识、保密管理制度,使单位领导干部和其他涉密人员了解掌握岗位工作涉及的保密工作应知应会、工作技能、制度要求、工作方法和操作程序,为保密管理制度的执行奠定基础。为保证保密教育培训工作顺利开展,应当争取单位主要领导的支持;为保证保密教育培训取得好的成效,应当安排书面考试,并根据考试成绩进行必要的奖励或者处罚。

(二)保密监督检查工作不力

一些单位虽然按标准组织进行了一定频次的保密检查,但不能发现存在薄弱环节、违规问题,多数检查结果甚至每次检查结果都是“零问题”,或是对发现的问题不督促进行整改,使得隐患问题长期存在。保密检查走过场,就不能及时发现问题、消除隐患,失去督促落实保密管理制度的应有作用,单位的保密工作也很难扎实开展、持续改进。保密检查工作存在的问题,一般都不是检查能力问题,而是敷衍了事、马虎对待的工作作风问题,必须引起重视,采取措施加以转变。

保密检查本身不是目的,发现问题、解决问题才是目的。保密部门、保密检查人员一定要充分认识保密检查工作的极端重要性,养成过硬的工作作风,以“踏石留印,抓铁有痕”的劲头,真抓实干,严肃认真地组织保密检查。同时,要不断提高检查人员的能力水平,配备必要的检查工具设备,提升及时发现存在问题的能力。对检查中发现的问题,保密部门应当跟踪督促限期整改;对违规行为责任人员,要不徇私情,不怕得罪人,严肃追究责任,达到开展一次保密检查、促进落实保密管理制度、工作前进一步的目的。

(三)保密工作考核奖惩流于形式

有的单位的保密工作中明明存在不少问题,但年度内基本没有对部门、个人进行过处罚,保密工作考核结果也都是“你好,我好,大家好”,基本没有差别。为了“符合”标准要求,应付主管部门、上级单位的复查检查,会通过协商确定个别部门、个人,记录上显现些许较

轻的违规情形，象征性地进行一点儿处罚，“不痛不痒”。保密先进集体、先进个人采取“轮流”方式确定，或者根据单位各项先进评选活动平衡确定。保密工作考核奖惩流于形式，与保密管理制度落实情况相脱节，会失去压力、激励的杠杆作用。出现这种现象，在于单位对保密工作的不正确认识，也在于人力资源部门、保密部门缺乏原则和好人主义。

保密工作考核奖惩不仅要有形式，更要重视内容与效果。人力资源部门、保密部门应当根据年度单位保密工作的任务和目标，制定具体、可操作性强的保密工作考核指标，并组织对部门、个人落实保密管理制度、完成保密工作任务的情况做出认真严肃的评价，纳入单位年度绩效考核内容，作为保密工作先进集体、先进个人评选以及其他有关先进评选的基本条件，并与涉密人员保密补贴发放挂钩。对违反保密管理规定的行为，要坚持按照保密工作奖惩制度严肃追究责任。做好保密工作考核奖惩工作，一定要克服怕伤和气、怕得罪人的心理，真正对国家秘密安全负责、对工作负责、对他人负责，实现促进保密工作责任制和各项保密管理制度落实到位的目的。

第四章　人　员　清

人的管理历来是保密工作的重点，“人”是最大的涉密载体，也是流动性最强、状态最不稳定、最难受控的涉密载体。任何一个涉密事项从产生、确定、流转、执行、保管直至解除的整个流程和全生命周期都离不开人这个载体。因此，保密管理中最重要、也是最难做的工作就是关注人、管住人。

第一节　人员清的概念、依据和原则

一、涉密人员和涉密岗位的概念

《保密法》第三十五条第一款规定：“在涉密岗位工作的人员（以下简称“涉密人员”），按照涉密程度分为核心涉密人员、重要涉密人员和一般涉密人员，实行分类管理。”同时提出了涉密岗位和涉密人员两个概念。

涉密岗位是指机关单位内部在日常工作中产生、经管或者经常接触、知悉国家秘密事项的岗位。根据涉密程度，即涉及国家秘密事项的范围、等级、数量、时效等不同，涉密岗位也分为核心、重要和一般三类。日常工作中产生、经管或者经常接触、知悉绝密级国家秘密事项的岗位为核心涉密岗位；日常工作中产生、经管或者经常接触、知悉机密级国家秘密事项的岗位为重要涉密岗位；日常工作中产生、经管或者经常接触、知悉秘密级国家秘密事项的岗位为一般涉密岗位。涉密岗位需按照法定程序确定，单位应当根据有关规定，结合本单位的工作实际和涉密范围，按照最小范围来确定。

涉密人员是个法定概念，其基本特征可简单概括为三要素：一是在涉密岗位工作，涉密人员和涉密岗位应该相对应，实在无法对应的，应对应到最小的内设部门；二是具备一定的能力和条件，也就是对涉密人员从事涉密岗位的资格要求等；三是通过任（聘）用审查。

二、涉密人员管理的基本依据

1.《保密法》第三十五条至第三十九条对涉密人员的定义、分类、管理做了明确规定。

2. 国家保密局等八部门联合印发的《关于进一步加强涉密人员保密管理的工作意见》（国保发〔2015〕5 号，以下简称《意见》）。

3. 国家保密局印发的《涉密人员保密管理指南》（国保字〔2015〕18 号，以下简称《指南》）。

4. 国家国防科技工业局印发的《国防科技工业涉密人员保密管理办法》（科工安密〔2016〕1388 号，以下简称《办法》）。

5. 国家国防科技工业局印发的《国防科技工业离退休人员安全保密管理规定》。

三、涉密人员的管理原则

涉密人员管理应该遵循保密工作内在规律，以科学确定、严格审查、分类管理、全程监督为原则。

(一)科学确定

即严格按照标准和程序确定涉密岗位和涉密人员,保证涉密岗位和涉密人员没有缺漏,同时也要严格控制,确保涉密岗位和涉密人员“最小化”。这是做好涉密人员管理的前提和基础。

(二)严格审查

指按照统一的审查标准和程序,对拟在涉密岗位工作的人员进行审查,严把涉密人员入口关。

(三)分类管理

即根据涉密岗位的不同,将涉密人员分为核心、重要和一般三类,分别采取相应管理措施。这是做好涉密人员管理的重点和难点。

(四)全程监督

指按照“业务工作谁主管,保密谁负责”,对涉密人员实施全过程、全方面管理。综合运用教育培训、签订承诺书等多种手段,严格上岗、在岗、离岗保密管理,确保各环节无缝衔接、环环相扣。

第二节　实现“人员清”的做法

一、知职责,明规则

涉密人员保密管理是一项集综合性、系统性、动态性于一体的工作,这项工作到底应该由谁来主抓?相关部门和人员都有什么职责?厘清上述问题是做好“人员清”的前提。

(一)确定归口管理部门

按照国家保密局等八部门联合印发的《意见》关于“涉密人员的管理就是干部管理”的要求,以及保密资格标准归口管理的原则,涉密人员的管理应由人力资源管理部门牵头主抓。

(二)明确各级和相关部门、人员的职责

1. 单位党政主要领导对本单位涉密人员的保密管理工作负总责,其职责如下。

(1)依法维护单位涉密人员合法权益,为涉密人员提供履行职责所需的基本条件保障。

(2)指导监督涉密人员管理部门和保密工作部门,在激励机制的有效运行下,考核涉密人员责任落实情况。

(3)对合法权益受到限制的涉密人员,在政策允许的情况下应给予适当倾斜。

(4)为涉密人员教育培训给予人、财、物保障。

2. 人力资源管理部门是涉密人员归口管理部门,其主要职责如下。

(1)牵头根据岗位涉密事项的密级、数量、接触程度等因素和“以项定岗”原则,确定本单位涉密岗位的数量和等级。

(2)按照“先审后用、严格把关”的原则,对拟聘用到涉密岗位工作的人员进行保密审查,决定受审查人员是否具备接触、知悉国家秘密的资格。

(3)对拟聘用涉密岗位人员会同保密工作部门进行保密审查。对人员保密资格的确认、撤消、变更等信息做出记录,并定期组织复审。

(4)会同保密工作部门组织涉密人员签订保密承诺书(责任书)。

(5)会同保密工作部门制订涉密人员保密教育培训计划,并组织实施。

(6)负责涉密人员因私出国(境)管理工作,负责将涉密人员名单在公安机关出入境管理部门备案,负责集中管理涉密人员因私出国(境)证件。

(7)将涉密人员履行保密职责情况纳入考核内容,作为人员聘用、晋职和考核评优的重要依据。

(8)负责监督复核涉密人员离岗、离职前相关手续和事项办理情况,负责涉密人员脱密期管理。

3. 保密工作部门是涉密人员管理工作的监督管理部门,应对涉密人员的保密管理工作进行指导、协调和监督检查。其主要职责如下。

(1)与人力资源部门共同对拟聘用到涉密岗位工作的人员进行保密审查。

(2)对拟聘用涉密人员的涉密等级确定或调整进行审核。

(3)协助人力资源部门制订涉密人员保密教育培训计划并组织实施。

(4)开展涉密人员因私出国(境)前保密教育、监督回访制度的执行落实。

(5)对涉密人员离岗、离职和脱密期管理进行监督检查。

(6)对涉密人员保密管理工作进行指导、监督、检查、协调,对涉密人员违反保密制度的行为、泄密事件或存在的泄密隐患进行查处。对无权处理的及时移交相关主管部门处理。

4. 涉密人员所在部门具体负责涉密人员的日常保密监督管理,其主要职责如下。

(1)对拟聘用到本部门涉密岗位工作的人员提出岗位涉密等级的意见。

(2)具体组织签订保密承诺书(责任书)及专项保密责任书,定期对涉密人员进行保密提醒谈话,了解掌握其现实表现和思想状况。

(3)根据本部门人员岗位变化情况,及时提出调整涉密人员涉密等级的意见。

(4)根据本部门涉密人员涉密等级不同,采取分类管理。

(5)结合业务工作特点对本部门涉密人员进行保密教育培训,年度教育培训时间可按单位分解学时具体落实。

(6)负责对本部门涉密人员出国(境)、离岗、离职等保密管理工作。

(7)负责对本部门涉密人员履职情况开展经常性的监督检查和考核,并按要求做好月、季考核(或检查)和年度考核工作。

(8)负责配合调查涉密人员违反保密规定的行为和事件。

5. 涉密人员主要职责。

(1)掌握并严格执行保密法律法规和本单位各项保密管理规章制度。

(2)自觉接受保密教育和提醒,年度接受教育培训时间不少于 15 学时。

(3)依法保管和使用国家秘密载体及保密设施、设备。

(4)在履行职责过程中自觉接受保密监督检查和考核,发现问题立即采取补救措施并及时上报。

(5)及时纠正和制止违反保密规定的行为,杜绝泄密案件的发生。

(三)制定管理制度

俗话说,没有规矩,不成方圆。任何管理,没有自己的一定之规是无法成事的,人的管理更是如此,必须用制度和规定去约束和规范人的行为,即明规则。因此,单位应该结合自身实际,依据国家和上级的法律法规制定涉密人员管理专项制度。

(1)由人力资源部门牵头制定。

(2)符合《保密法》及其实施条例、国家八部委、国家保密局和国家国防科技工业局相关文件中涉及涉密人员管理的具体要求和流程。

(3)满足《军工保密资格认定标准》中的基本要求。

(4)结合单位的人事业务工作制度,杜绝"两张皮",做到人力资源管理流程和保密管理要求的高度融合。

二、知流程,明底数

涉密人员的管理从大的方面可以分为"分类确定、上岗审查、在岗管理、离岗管理"四个流程。在这些管理流程中,又分为若干个子流程,要加强人员管理就必须关注各个流程中的相互关系及关键环节。

(一)分类确定

指按"以项定岗、以岗定人"的原则,确定涉密岗位及涉密人员的涉密等级,采取不同管理措施。涉密岗位涉及国家秘密密级、数量发生变化,或者涉密岗位调整时,要及时调整涉密人员涉密等级。

(二)上岗审查

指对拟任(聘)用涉密人员严格审查,这是把住人员入口的关键。已在涉密岗位工作的,要定期复审。对拟任(聘)用到核心涉密岗位工作的人员,还应对其配偶、子女的有关情况进行审查。

(三)在岗管理

指单位通过开展保密教育培训、组织涉密人员签订保密承诺书、实行重大事项报告以及考核履行保密职责情况等,对涉密人员进行管理。其中,保密教育培训、保密承诺书的签订等已有相对完善的机制,是开展涉密人员管理的经常性工作。需要特别关注的是,涉密人员的合法权益受法律保护,保障涉密人员权益是做好涉密人员管理的重要保证。由于保密工作的需要,涉密人员一些方面的权益可能受到限制,单位应当积极通过多种途径和措施,保障涉密人员权益。

(四)离岗管理

离岗、离职管理是做好涉密人员管理的最后关口。涉密人员离岗、离职实行脱密期管理，在脱密期内涉密人员应当按照规定履行保密义务，不得违反国家有关文件对脱密期就业、出国（境）的规定，不得以任何方式泄露国家秘密。单位应该根据涉密人员涉密等级等具体情况，确定脱密期限，进行相应管理。

出国（境）管理指涉密人员出国（境）应当经有关部门批准，要严格审查，必要时可以征求有关部门意见。涉密人员出国（境）前，所在单位要对其进行保密教育和保密提醒，返回后要做好回访工作。

如果严格按照上面所述流程操作，我们对本单位涉密人员的底数和管理底数就可以了然于胸（图 4－1）。

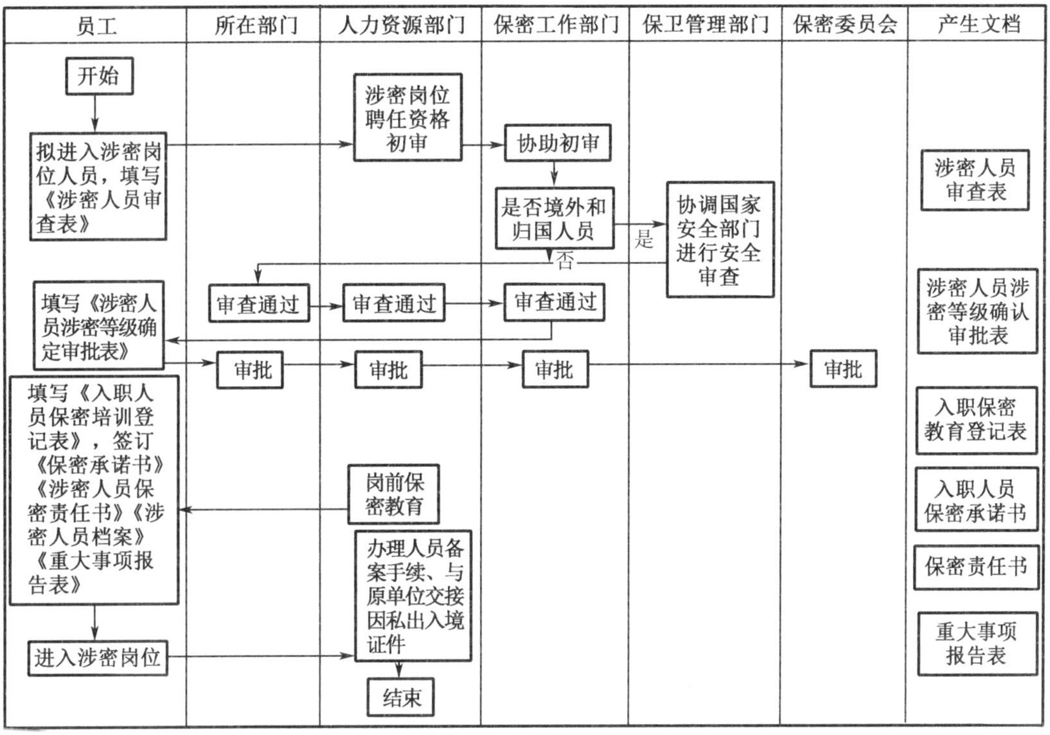

图 4－1　涉密人员上岗管理流程

三、知管理，明状态

涉密人员管理的关键环节、管控要求及相关措施如下。

（一）定岗

单位应当对涉密岗位确定密级。涉密岗位可分为特定岗位和量化岗位两类。

机关、单位中的下列特定岗位应当确定为涉密岗位：制作、复制、收发、传递、保管、维修和销毁国家秘密载体的岗位；涉密信息系统有关建设、管理、运维等岗位；承担涉密科研项目研究、管理任务的岗位；从事国家秘密产品生产的岗位及相关管理岗位；定密责任人岗位；其他专门处理国家秘密的岗位。

不属于上述特定岗位，但工作中产生、处理国家秘密达到一定数量的岗位应当确定为涉密岗位，即量化岗位，具体标准按照涉密人员管理相关文件执行。根据《保密法》第三条要求，公民都有保守国家秘密的义务，因此不在涉密岗位工作，但又接触和知悉少量国家秘密的工作人员可以不确定为涉密人员。

（二）上岗

1. 管控要求

人员进入涉密岗位，应当严格进行上岗前审查，开展保密培训并签订《涉密人员保密承诺书》。涉密人员上岗前审查包括政治审查、保密审查，必要时要进行国家安全背景审查。未经保密培训或者考核不合格的，不得任（聘）用到涉密岗位工作。

2. 重点环节

（1）政治审查

单位在人员招聘时，一般都要对拟聘用人员进行政治审查。对于高校毕业生，人力资源管理部门可通过发送公函等形式，请高校相关部门协助提供毕业生政审材料；对于社会招聘人员，人力资源管理部门可通过档案托管机构查看人员档案，了解拟聘用人员的学习工作经历及政治立场，并通过开具《无犯罪记录证明》材料，确认人员的基本现实表现。

（2）保密审查

人员进入涉密岗位，必须遵循“先审后用”的原则，严格上岗前保密审查。

按照国家保密局等八部门联合印发的《意见》、国家保密局印发的《指南》和国家国防科技工业局对涉密人员管理的要求，必须审查的内容有：一是国籍；二是政治立场；三是学习、工作经历；四是个人品行；五是主要社会关系；六是个人现实表现。

（3）国家安全背景审查

（4）上岗前保密培训

上岗前保密培训内容主要是保密形势、单位保密事项和保密规章制度以及保密基本知识技能等，培训目的是提高人员的保密意识和能力。培训后应当组织考核，未经培训或者考核不合格的，不得任（聘）用到涉密岗位工作。

（5）签订保密承诺书

涉密人员上岗前，单位应当与涉密人员签订《涉密人员保密承诺书》，主要内容包括保密管理要求、涉密人员应当履行的保密业务和承担的责任，双方签字盖章后生效（见本章附件 1）。

（6）建立涉密人员档案

人力资源管理部门应建立涉密人员档案，对涉密人员进行动态管理（见本章附件 2）。

（三）在岗

1. 管控要求

涉密人员在岗期间除了要遵守单位涉密人员管理的通用要求外，还应遵守所承担涉密岗位业务事项特定保密管理要求。涉密人员在岗保密管理的重点环节包括保密承诺、保密教育培训与考试、重大事项报告、涉密人员履职考核和出国（境）管理等。

2. 重点环节

（1）保密承诺

签订保密承诺是涉密人员在岗管理的重要管理环节，是强化涉密人员保密意识、明确保密管理要求的重要手段。保密承诺大致分为三类：上岗保密承诺（在岗保密承诺）、离岗离职保密承诺和临时性专项保密承诺(包括出国(境)保密承诺、外场试验、涉密会议、借调等)。保密工作机构负责组织各类保密承诺书的编制,各业务部门按照职责分工负责组织保密承诺书的签订,人事部门应当将各种保密承诺书纳入人事档案或涉密人员档案中进行保存。

为突出保密管理责任和履职要求,保密承诺书可根据人员承担岗位的保密责任分类编制。高级管理人员、内设机构第一责任人应当与单位主要负责人签订保密承诺书,部门内人员应当与部门第一责任人签订保密承诺书。上岗时,涉密人员须签订保密承诺书,此外,保密工作机构和人力资源部门还应当每年组织涉密人员签订(在岗)保密承诺书。

(2)保密教育培训与考试

人力资源部门负责组织保密教育培训,坚持"先培训后上岗、先教育再离岗"的原则。教育培训要做到组织管理有计划、培训效果有评价,培训考核情况要纳入涉密人员个人档案。

保密教育培训可分为三级,包括组织级(单位级)、部门级和班组级。保密工作部门应配合人力资源部门做好教育培训资料的提供、收集和整理,对各级培训的组织开展提供专业支持和监督指导,各部门应对员工的教育培训学时做好统计,确保各级各类涉密人员熟悉和掌握保密应知应会,不断提高涉密人员保密履职能力。

保密教育培训应纳入单位的教育培训体系,相关培训内容应纳入单位的年度教育培训计划,涉密人员在岗期间的年度保密教育培训不应少于15学时(三级保密资格单位为8学时)。保密教育培训可分为通用培训、专项培训和岗位培训。

通用培训的主要内容包括保密工作形势与任务、国家法律法规、单位保密制度、保密知识、防范技能等;专项培训是针对特定业务的培训,如出国(境)前的教育提醒等;岗位培训是结合涉密岗位履职要求,以提升专业业务能力为目的专门培训。

培训方式包括专题讲座、专家报告、参观展览、观看警示片等。也可以组织知识竞赛、演讲比赛、研讨会等方式开展宣传教育。原则上培训后应进行考试,以检验和提高培训的实效。涉密人员每三年必须参加一次保密知识应知应会的闭卷考试,考试成绩在良好以上方为通过。

(3)重大事项报告

重大事项报告分为:涉密人员个人应当报告的事项(略)和涉密部门或单位应当报告的事项(略)。

涉密人员复审可结合重大事项报告进行,除定期复审外,当涉密人员岗位变动、涉密等级调整或者个人情况发生重大变化时,单位人事部门均须变动复审。涉密人员按照不同涉密等级在相应的年限内进行复审。

复审时发现涉密人员个人情况发生重大变化,不符合涉密人员上岗条件的,应当立即终止其涉密资格,调离涉密岗位,并采取相应措施消除隐患。

(4)保密履职考核

《保密法》第三十九条明确要求机关单位对涉密人员履行保密职责情况要开展经常性的监督检查。

涉密人员所在部门和保密工作部门要加强对涉密人员的监督管理,所在部门每季度开展一次保密自查,单位保密工作部门每半年组织一次保密检查,发现违规现象要及时督促整改,按规定进行处理。在单位的月度、季度考核(或检查)时,应将涉密人员遵守保密纪律的情况纳入考核(或检查)内容,单位人力资源部门在进行年度考核时,应当要求涉密人员的年度述职报告中填写履行保密责任、遵守保密制度的有关情况,考核结果与年终绩效挂钩,考核不合格应及时调离涉密岗位;保密履职情况在年度综合评优中行使一票否决权;单位考察干部时,要对其遵守保密纪律情况进行考察。对涉密人员严重违反保密纪律、造成失泄密事件的,单位依法依纪追究其责任。

(5)出国(境)管理

涉密人员因公、因私出国(境),一律按照干部人事管理权限进行审批。一般情况下,核心涉密人员因私出国(境)不予批准,特殊情况须报请政府主管部门或保密行政管理部门批准。

单位应将涉密人员基本情况及时报公安机关出入境管理部门备案,脱密期满的及时报原备案的出入境管理部门撤销备案。涉密人员未按规定办理出国(境)审批的,公安机关出入境管理部门不得为其办理出入境证件。

因公出入境证件由单位外事管理部门集中保管,涉密人员应在回国7天内交回证件;因私出入境证件由单位人力资源部门统一保管,涉密人员应在回国10天内交回。逾期不交或不执行证件集中管理规定的,暂停因公、因私出国(境)审批。

因公出国(境)前,派出单位提出保密审查意见,由上级主管部门审批,本单位外事管理部门负责行前保密提醒、谈话,做好行前教育记录,签订保密承诺。涉密人员返回后归还证件的同时,要做好回访记录。

因私出国(境)前,个人申请填写出国(境)审批表,所在部门提出意见,报人力资源部门审批。由人力资源部门进行保密提醒、谈话,做好行前教育记录,个人保密承诺。涉密人员返回后及时归还证件,做好回访记录。

擅自出国(境)或者逾期不归的涉密人员,单位应当立即向上级主管部门和安全部门报告(见本章附件3)。

(6)岗位与密级调整

涉密人员内部岗位调整将导致工作职责或岗位密级发生变化,调整主要有两种情况:一是涉密人员在部门内部岗位变动或因岗位职责调整导致人员密级发生变化;二是涉密人员在部门间调动,岗位职责或人员密级发生变化。当涉密人员发生岗位调整或密级变化时,应当对涉密人员进行审查,审查方式及内容与人员复审相同。

(四)离岗、离职

1. 管控要求

涉密人员离岗是指离开涉密岗位,继续在本单位工作的情形;涉密人员离职是指辞职、辞退、解聘、调离、退休等离开本单位的情形。离岗、离职人员应当对其管理、使用的涉密载体办理清退手续,并签订《涉密人员离岗离职保密承诺书》(见本章附件4)。

涉密人员无论离岗还是离职,都必须要进行脱密期管理。

2. 重点环节

(1)涉密载体移交、清退

当涉密人员办理离职、离岗手续时,所在业务部门、人力资源部门须会同保密工作部门，督促其将管理、使用的全部国家秘密载体、涉密设备建立清单，办理清退或移交手续；对其所有计算机信息系统账户及权限、工作场所出入权限进行监管并及时回收（表4－3）。

（2）签订离岗、离职保密承诺书

单位须与离岗、离职涉密人员签订保密承诺书，对其进行保密教育，明确脱密期应当承担的保密责任和义务。

（五）脱密期管理

1. 管控要求

脱密期管理是指在一定时间内，在就业、出国等方面对离岗离职涉密人员采取限制措施。脱密期管理是涉密人员离岗、离职保密管理的关键环节。

2. 脱密期管理的类型

（1）轮岗、离岗、退休人员由本单位或原来所在部门负责脱密期回访和监督管理。

（2）交流或调动到外单位人员，接收单位属于党政机关、人民团体、事业单位、有保密资质的企业，人力资源部门在办理调动手续时，出具《脱密期委托管理书》，委托调入单位负责脱密期管理。

（3）借调或挂职人员，用人单位属于党政机关、人民团体、事业单位、有保密资质的企业，人事关系所在单位应当向用人单位出具《脱密期委托管理书》，委托用人单位负责脱密期管理。

涉密人员离职去向明确，但具体接收单位未确定或者不具备脱密期管理的，单位人事部门、保密管理部门可以根据其社保关系、户口所在地，委托当地保密行政管理部门协调当地人力资源社会保障部门、公安机关共同负责脱密期管理。

（4）涉密人员离职去向不明的，单位要及时报告上级主管部门和当地保密行政管理部门。

3. 重点环节

（1）明确择业从业要求

脱密期内，离岗、离职涉密人员不得到境外（驻华）机构、组织及外商独资企业工作，也不得为境外（驻华）机构、组织及外商独资企业提供劳务、咨询或者其他服务。

（2）脱密期出国（境）管理

脱密期内，离岗、离职涉密人员出国（境）证件仍须由原单位保管，进行出国（境）审批，未经批准不得出国（境）。

在脱密期内不得撤销离岗、离职涉密人员在公安机关出入境管理部门的备案，不得将出入境证件交给本人保管。

（3）重大事项报告

脱密期内，个人情况发生重大变化，或遭遇利诱、胁迫、渗透和策反等情形时，离岗、离职涉密人员应当向负责脱密期管理的单位及时报告。

（4）脱密期回访

脱密期内，由原所在单位、部门或者委托脱密期管理的单位人力资源部门定期对离岗、离职涉密人员进行回访，了解其工作、生活等有关情况，并做好回访记录。

第三节　需要关注的环节和问题

一、上岗审查

涉密人员的上岗审查，应尽量采用实地考察、访谈、面试等方式，对拟聘用人员应进行多维度、全方位的了解，必要时可进行心理测试和忠诚度测试。

二、在岗管理

（一）教育培训

对涉密人员的培训不仅限于保密工作形势任务、国家法律法规、单位保密制度、保密知识、防范技能、出国境前的教育提醒等，还要特别关注“三观（世界观、人生观和价值观）”教育和“忠诚”教育。通过持续不断的教育培训，使涉密人员能够明法、正观、守诺、知底、履职、忠诚，即熟悉保密法律法规制度，树立正确的世界观、人生观、价值观，信守保密承诺，知悉红线、底线，履行保密职责和义务，具备良好的保密素养。

（二）日常管理

在涉密人员的日常管理中，要及时了解掌握涉密人员的思想动态，注意观察其日常表现和行为，定期进行分析，做好早期排查工作。建有党组织的单位，要充分发挥党管保密的优势，尤其是要充分发挥党支部和党小组的战斗堡垒及监督岗、瞭望哨的作用。

（三）离岗控密

1. 在涉密人员离岗、离职时，相关部门要相互配合、沟通信息，严格做好交接回收复核等工作，特别是对本人主动提出离职者，要对其复制、打印、刻录等情况进行倒查核实，防止擅自留存、夹带。

2. 脱密期管理要厘清责任，各负其责，落实监督管理和定期回访职责。

3. 涉密人员管理始于确定涉密岗位，终于脱密期届满，但就涉密人员个人来说，即使脱密期届满，作为一个公民仍有保守国家秘密的责任和义务，也有保守原单位商业秘密的义务，这一点离岗时单位应告知本人，并保留追究泄密责任的权利。

第四节　其他人员的管理

一、挂职、返聘、借调人员

尽量控制挂职、返聘、借调人员数量，确因工作需要的要加强审查，将其纳入涉密人员管理，用人单位依照在岗在职涉密人员的管理要求对其进行全程控制管理。

二、学习、实习、临时人员

学习、实习、临时人员如因工作需要也应当纳入涉密人员管理，但是考虑到其存在一定流动性，应当限制知悉范围，控制活动区域，用人单位依照在岗在职涉密人员的管理要求对其进行全程控制管理。

三、外协、外包人员

首先要选择具备相应资质的外协、外包单位，控制外协、外包人员的知悉范围，签订保密承诺，提出保密管理要求，并全程跟踪，监督管理。

四、退休人员

退休人员在退休时应完成涉密载体移交，签订脱密承诺。人事管理部门和原业务部门应对其做好持续管理，适时回访及提醒。

五、工勤服务人员

应当严格控制工勤服务人员知悉范围，限制其活动区域，做到出入涉密部门严格受控，经常接受保密教育培训。

总之，涉密人员的管理是一项系统工程，应当作为人力资源管理部门的一个业务分支，与人力资源管理其他业务紧密融合，贯穿于人员管理的始终。用人业务部门、人力资源部门、保密主管部门和其他相关部门要密切配合，各负其责，各司其职，形成合力，建立科学化、常态化的管理体系和横向到边、纵向到底的责任体系，做到人员不漏管、责任不缺失。

附件1　涉密人员保密承诺书

我了解有关保密法规制度，知悉应当承担的保密义务和法律责任。本人庄重承诺：

一、本人提供的信息真实有效，自愿接受保密审查。

二、自觉遵守国家保密法律、法规和规章制度，接受保密检查和监督。

三、不以任何方式泄露所接触和知悉的国家秘密。

四、积极参加保密教育、培训，学习保密知识，提高保密技能。

五、不私自到境外（驻华）机构、组织和外商独资企业兼职工作。

六、不擅自离职或违规出国（境）。

七、出国（境）期间，受到境外机构、组织和人员盘查、纠缠、威胁、策反、馈赠、扣留等情况，及时向单位报告。

八、遇到重大情况或个人家庭情况发生重大变化时，主动向单位报告。

九、离岗离职时，主动清退个人持有的涉密载体。

十、脱密期内，接受单位的回访。脱密期届满后，继续承担保守国家秘密的责任和义务。

若违反上述承诺，自愿承担法律后果（党纪、政纪责任）。

承诺人签名：

年　月　日

附件 2　涉密人员档案

编号：

涉密人员档案

单位：
部门：
姓名：

××××× 制

表 4－1　涉密人员基本情况

姓名		性别		国籍		民族		一寸 彩色 照片
曾用名				籍贯	省、市			
政治面貌				宗教信仰	非党团员可填写			
学历学位				职务职称				
身份证号				联系方式				
户籍地址	与户口本登记地址一致，如××省市××区××小区××楼××单元××号			户籍地 公安机关				
常住地址	填写现实际居住地址，格式同上			常住地 公安机关				
参加工作 时间	××××－××－××			入职来源	何学校分配（何单位调入、转业、招工招干）			

持因公出入境证件情况	无 □	护照 □	港澳通行证 □	台湾通行证 □
持因私出入境证件情况	无 □	护照 □	港澳通行证 □	台湾通行证 □
拥有外籍、境外永久居留权或长期居留许可情况	无 □	有 □	证件号码	

家庭成员和主要社会关系（直系亲属）

与本人 关系	姓名	国籍	是否有境外居留权、长期居留许可	单位及职务（涉外须标明国别与所在机构名称）	政治 面貌	
配偶						
子、女						
父、母				注：无业、下岗、离退休的填档案管理单位		
岳父母 公婆						
兄弟姐妹						

主要学习、工作简历（中学毕业后开始）

起止年月	主要经历	证明人
××××－××—××××－××	注：从高中毕业后的经历写起；未上高中从上中专、中技或参加工作写起	

入职前从事涉密工作情况

起止时间	具体工作、担任职务、涉密程度
××××－××—××××－××	

表 4－1(续)

入职前出入境基本情况				
出入境证件号码			有效期	
起止时间	所到国家或地区			事由
接受境外资助情况				
时间	国家地区	机构名称	资助内容	金额

表 4－2　年度考核表

填写时间：　　年　月　日

单位		姓名		政治面貌	
行政职务		技术职务		岗位任务	
个人年度工作总结及自我评价： 全年任务完成情况和个人履职情况（含质量、保密、安全等）；工作中存在的问题；改进措施和下一步工作设想。					
部门考核委员会意见：					
任务饱满程度：饱满（　）　一般（　）　不饱满（　） 任务完成情况：好（　）　一般（　）　差（　） 工作态度：　好（　）　一般（　）　差（　） 综合评价：　优秀（　）　称职（　）　基本称职（　）　不称职（　） 负责人签字：　　年　月　日					
质量部门意见： 负责人签字：　年　月　日					
保密部门意见： 负责人签字：　年　月　日					
考核委员会意见： 签字（盖章）：　年　月　日					

附件3 涉密人员出国(境)注意事项

1. 所有出国(境)人员须明确任务和应遵循的方针、政策;了解国内外形势,特别是国(境)外的不安全因素,做到预先防范;遵守出国(境)人员纪律及注意事项,做好安全保密工作。

2. 按照《中华人民共和国保守国家秘密法》的规定,出国(境)人员不得携带涉密文件资料、图纸、内部报刊或记有内部情况的笔记本,不得携带工作证及内部票证出国(境)。必须带出国(境)的秘密文件、资料,应当按照规定的程序事先经过批准,做好保密措施。

3. 在国(境)外期间,不得单独外出或擅自离开行动,如须约见国(境)外亲友或应邀参加境外人员组织的活动时,须十分谨慎,“不得有危害祖国的安全、荣誉和利益的行为”(《中华人民共和国宪法》第五十四条规定)。在对外交往中,要做到热情而不失立场,谦虚而不失尊重,礼让而不失原则。

4. 保守国家秘密。在国(境)外任何场合都不要妄议敏感问题;商量对策和交换意见应在有保密条件的地方进行;私人通信、打电话不得谈及内部事宜,严禁涉及国家秘密。

5. 提前了解去往国家的相关政策,进出境管制措施,谨慎合理安排出行。去往敏感国家,妥善保管个人的电子设备、箱包等。

6. 提高警惕,做好防范,预防意外事件的发生,确保自身安全。为此,出国人员必须:自觉遵守所在国家地区法律、法规、风俗、习惯;不准参与黄、赌、毒活动;不准参与走私和外汇交易;不准到黑市购买东西。

附件4 ××涉密人员离职离岗保密承诺书

我了解有关保密法规制度,知悉应当承担的保密义务和法律责任。本人庄重承诺:

一、认真遵守国家保密法律、法规和规章制度,履行保密义务;

二、不以任何方式泄露所接触和知悉的国家秘密;

三、已全部清退由个人持有的各类国家秘密载体;

四、不在接入国际互联网计算机或非涉密计算机上处理、传递国家秘密信息和航大工业内部信息;

五、未经原单位审查批准,不擅自发表涉及原单位未公开工作内容的文章、著述;

六、自愿接受脱密期管理,自　　年　月　日至　　年　月　日服从有关部门的保密监管,在脱密期间不因私出国(境)。

违反上述承诺,自愿承担党纪、政纪责任和法律后果。

承诺人签名:

年　月　日

表 4－3　密件、密品、载体移交清单

<table>
<tr><td>姓名</td><td></td><td colspan="3">部门</td><td colspan="6"></td><td>职称</td><td></td></tr>
<tr><td>职务(职级)</td><td></td><td colspan="4">涉密等级</td><td colspan="3"></td><td colspan="2">联系方式</td><td colspan="2"></td></tr>
<tr><td>流动方式</td><td colspan="10">☐ 跨部门调动　☐ 部门内调动　☐ 退休
☐ 离职　☐ 离岗　☐ 借调、挂职</td><td>去向</td><td></td></tr>
<tr><td rowspan="15">个人载体交接清退情况</td><td rowspan="4">纸质载体</td><td colspan="3">名称</td><td colspan="2">密级</td><td>份数</td><td colspan="2">页数</td><td colspan="3">(经管人或负责人核定后签名)</td></tr>
<tr><td colspan="3"></td><td colspan="2"></td><td></td><td colspan="2"></td><td colspan="3"></td></tr>
<tr><td colspan="3"></td><td colspan="2"></td><td></td><td colspan="2"></td><td colspan="3"></td></tr>
<tr><td colspan="3"></td><td colspan="2"></td><td></td><td colspan="2"></td><td colspan="3"></td></tr>
<tr><td rowspan="6">电子载体(含计算机、光盘、存储介质等)</td><td colspan="3">名称</td><td colspan="2">密级</td><td colspan="3">个数(编号)</td><td colspan="3">(经管人或负责人核定后签名)</td></tr>
<tr><td colspan="3"></td><td colspan="2"></td><td colspan="3"></td><td colspan="3"></td></tr>
<tr><td colspan="3"></td><td colspan="2"></td><td colspan="3"></td><td colspan="3"></td></tr>
<tr><td colspan="3"></td><td colspan="2"></td><td colspan="3"></td><td colspan="3"></td></tr>
<tr><td colspan="3"></td><td colspan="2"></td><td colspan="3"></td><td colspan="3"></td></tr>
<tr><td colspan="3"></td><td colspan="2"></td><td colspan="3"></td><td colspan="3"></td></tr>
<tr><td rowspan="4">保密本</td><td colspan="3">编号</td><td colspan="2">密级</td><td>份数</td><td colspan="2">页数</td><td colspan="3">(经管人或负责人核定后签名)</td></tr>
<tr><td colspan="3"></td><td colspan="2"></td><td></td><td colspan="2"></td><td colspan="3"></td></tr>
<tr><td colspan="3"></td><td colspan="2"></td><td></td><td colspan="2"></td><td colspan="3"></td></tr>
<tr><td colspan="3"></td><td colspan="2"></td><td></td><td colspan="2"></td><td colspan="3"></td></tr>
<tr><td>其他</td><td colspan="11"></td></tr>
<tr><td>情况说明</td><td colspan="12">(以上个人载体未交接需进行说明)</td></tr>
<tr><td>信息化管理部门</td><td colspan="2">涉密信息系统访问权限回收情况</td><td colspan="7">涉密信息系统权限已调整 ☐
涉密信息系统权限已关闭 ☐
Key 已收回 ☐
其他:</td><td colspan="3">(经管人或负责人核定后签名)</td></tr>
<tr><td>涉密场所管理部门</td><td colspan="2">场所出入权限调整、回收情况</td><td colspan="7">出入权限已收回☐
出入权限已调整☐
其他:</td><td colspan="3">(经管人或负责人核定后签名)</td></tr>
<tr><td>备注</td><td colspan="12">涉密载体较多时可另附页</td></tr>
</table>

注:此表由清退人所在部门留存,涉密人员管理部门备案。

第五章　要　害　清

保密要害部门、部位的管理是保密管理体系中的重要内容之一，作为涉及较多国家秘密事项信息或涉密设备与载体管理的内设部门或所属部位，是涉密单位关键、重要的管理目标，应当做到要害界定准确、防范设施到位、人员管控有效，采取多维度防护措施加以保护。

第一节　保密要害部门、部位概述

一、保密要害部门的概念和特点

保密要害部门是单位日常工作中经常产生、传递、使用和管理绝密级或者较多机密级、秘密级国家秘密的内设机构。

保密要害部门是单位内部设立的“管事”的“机构”，所管之事是涉及国家秘密的核心事、重要事，这些机构可以是具有相对独立而完整的行政权利或科研职能部门、处、办、科、室，是单位核心任务、中心工作的管理部门或承研部门。保密要害部门的领导对本部门所有业务工作，包括保密安全工作负直接管理责任，对分管业务、所属工作区域和所属人员有管理权和管理责任。

二、保密要害部位的概念和特点

保密要害部位是单位集中制作、存放、保管国家秘密载体及重要密品研制、实验的专门场所。

保密要害部位是单位集中“管物”的“场所”，所管之物是涉及国家秘密的信息设备、存储设备、涉密载体或者是重要的密品，这些集中存放、保管、研制的“物”，不受项目、任务所限，而是根据物的属性、单位内部分工、研制实验条件等因素，集中在不同的场所内，这样的场所是所在“部门”管辖的工作场所之一，不覆盖所在“部门”的全部业务。保密要害部位所在部门的领导对要害部位负直接管理责任，对保密要害部位的管理（包括人员、场所、设施、工作规则）应当符合保密要害的管理要求，严于普通工作人员和办公场所。

三、要害清的重要性

（一）保密要害管理的“事”“物”是防护的核心

从保密要害部门、部位的定义中不难看出，保密要害部门管理的是单位最核心的涉密项目，保密要害部位存放的是单位集中管理的涉密设备、涉密载体，承载着国家秘密，这些国家秘密事项以及较多涉密设备、载体的集合正是涉密单位开展保密工作要保的“重点”、要护的“核心”。与其他部门、部位相比，保密要害部门、部位管理的国家秘密更加集中，体量也比其他部位更加庞大，一旦被窃取、被泄露，因其数量较大、范围较广、程度较深，给国家安全和利益造成的不良影响和损失也就较大。单位所建立的保密制度、保密工作规则、保密行为规范都是围绕国家秘密这个重点、这个核心开展的，这些重点、核心既是我们要保护、珍藏的对象，也是被别人觊觎、窃取的重点目标。

（二）保密要害工作人员是管理的关键

保密要害部门、部位的工作人员因为岗位职责所在往往管理着多个涉密项目或者多个项目的涉密载体，有机会参加各种项目中的会议，了解更多的项目背景、顾客信息，有条件掌握项目的合同、核心技术文件，熟悉研制任务的应用方向、工作进展甚至是技术瓶颈或质量缺陷等信息，在部门内部有机会接触到其他同事分管项目的一些信息，他们所掌握的国家秘密信息远远多于其他岗位人员。这些工作人员一旦被策反，或者自身思想意志发生了质变，会造成更加严重的后果，这些损失与影响无论是对国家安全，还是对单位发展而言都将是致命的打击，单位必须清晰掌控保密要害工作人员的思想动态，做到有效管控。

（三）三防措施是保密要害的重要防护手段

鉴于保密要害防护的重要意义，单位必须遵循人防、物防、技防“三防结合”的原则开展保密要害管理和防护工作，既要了解要害部门、部位不同的防护重点，掌握实际业务需求，也要熟悉三防措施的具体内容和综合部署，才能有针对性地建立全方位、全过程、多渠道的综合防护体系。人防、物防、技防各项措施是相辅相成、相互依托的，具有多重性、互补性和实效性，是对单位场所、人员出入、科研经营活动的综合防护管理措施，是保密要害部门、部位安全保密工作预先防范、应急处置、事后追查的重要手段。

第二节　相关法律法规及有关标准要求

一、法律法规要求

《保密法》第三十二条规定：“机关、单位应当将涉及绝密级或者较多机密级、秘密级国家秘密的机构确定为保密要害部门，将集中制作、存放、保管国家秘密载体的专门场所确定为保密要害部位，按照国家保密规定和标准配备、使用必要的技术防护设施、设备。”

二、武器装备科研生产单位保密资格标准要求

武器装备科研生产单位保密资格标准及其解读中规定了保密要害部门、部位的管理要求，明确了保密要害部门、部位确定、区域隔离、技防、物防、人防等管理措施，细化了对安防值班员和进入保密要害部门、部位的工勤服务人员的管理要求，强化了涉及保密要害部门、部位的工程建设项目在审核、设计、竣工、使用等环节开展同计划、同设计、同建设、同验收的要求。

三、其他法规要求

国家有关部门先后出台了关于涉密工程、安防工程建设技术规范等的法规、标准。

第三节　保密要害部门、部位的管理实践

保密要害部门、部位的管理应当遵循"严格管理、本质安全""保核心、保重点"的原则，按照"最小化、精准化"原则确定保密要害部门、部位。

一、保密要害部门、部位的界定

单位应当正确理解保密要害部门、部位的定义，依据有关保密法规标准规定要求，结合涉密科研生产业务的开展和承办情况，由保密工作机构或专职人员会同业务主管部门及其他相关部门及人员，根据实际业务工作情况准确确定保密要害部门、部位，并按规定的程序履行报批手续，没有上级主管部门的须经本单位保密委员会或保密工作领导小组审批，申报材料中应当明确保密要害部门、部位的名称、地点、负责人、确定依据或事由，描述对该部门或部位部署的人防、物防、技防等措施。

（一）保密要害部门、部位界定的原则

保密要害部门、部位应当根据所防护目标的保密价值、重要程度来确定风险等级，遵循"最小化""精准化"的原则，按照要害产生、存储或保管的国家秘密事项或密品的最高密级、风险等级进行确定，开展安全防范系统的设计和建设，落实不同程度的目标防护措施。

（二）以下部门可以确定为保密要害部门

1. 直接从事涉密事项承办、涉密项目研制和试验任务的管理部门、技术部门、生产部门。可以是计划、科研、质量、生产、外经贸、科技委等部门中涉及绝密级或较多机密级、秘密级国家秘密事项的部门，也可以是承担研究、设计、试验（实验）、检测、测试等工作的技术部门，还可以是承担涉密产品装配、加工的生产部门。
2. 承担重大工程、重大专项任务的专项管理办公室。
3. 配备有密码设备的机要部门。
4. 其他确需列入的最小涉密行政部门。

（三）以下场所可以确定为保密要害部位

1. 制作、储存、保管涉密项目文件、资料（含声像资料）、图纸等各类档案的档案馆（库、室）、印刷车间（室）或保密室。
2. 涉及涉密项目或重大工程、重大专项任务产品的展室和陈列室。
3. 储存重要军用产品、特种装备或关键军用元器件、零部件的库房。
4. 涉密信息系统中心机房、密码通信机房、密码设备库房。
5. 其他确需列入的涉密部位。

（四）保密要害部门与部位的区别

保密要害部门与要害部位在防护目标、管理措施、防护措施等方面都存在着区别。

1. 保密要害部门以事项和人员作为主要防范目标，是工作人员的办公场所，其管理措施和防护措施既要符合保密保卫的相关要求，也要便于工作人员开展日常管理工作。保密

要害部门应当实行区域隔离，可以采取出入口控制、身份识别、视频监控、入侵报警等技防措施，对于出入保密要害部门的外来人员实行审批、登记制度，严禁携带具有无线发射功能的手机和智能穿戴设备、网络设备、摄录设备进入保密要害部门。

2. 保密要害部位以涉密载体、涉密设备和密品等实体物品为防护目标，是应当严防死守的部位，实行严密的物理防护，有不易被破坏的坚固实体墙，可以采取出入口控制、身份识别、视频监控、入侵报警等技防措施。对于保密要害部位的工作人员应当进行审查、授权，采取出入身份识别措施，对于本部位之外的本单位人员、外来人员均需实行审批、登记制度，严禁携带具有无线发射功能的手机和智能穿戴设备、网络设备、摄录设备进入保密要害部门。

（五）保密要害部门、部位的调整

保密要害部门、部位确定之后不是一成不变的，根据单位的实际工作情况可能发生一定的变化，如部门负责人、长期工作人员、办公地点、涉密程度等均有可能发生变化。

部门负责人、长期工作人员、其他授权人员发生变化时，可以通过办理出入授权/取消授权的审批手续进行审批、备案。

保密要害部门、部位的地点发生变化时，新的地点应当按照保密要求和安防建设等相关要求落实人防、物防、技防措施，经过保密部门参与的新址建设验收后方可调迁，调迁应当办理保密要害部门、部位调整的审批、备案手续，调迁工作应当另行制定保密工作方案并组织落实，确保调迁全过程安全受控，不发生失泄密事件。

涉密程度发生变化时应当区分具体情况，承担专项任务的部门，在专项任务结束后可以视后续工作情况撤销要害部门。新增绝密级文件资料的要害部门、部位，应当根据具体情况采取增设密码保险柜、加装专用视频监控设备等物防、技防措施，涉及绝密的保密要害部门、部位应当在保密部门书面备案，有上级主管部门的应当向上级主管部门备案。

二、保密要害部门、部位的防护要求

保密要害部门、部位应当根据相关规定确定安全控制区域，防护措施应当符合国家相关安全防范系统的法规和技术要求，通常采取周界防护、区域防护等纵深防护体系，对防护目标进行多角度、多方位、多措施的立体防护。关于安全防范工程（含人防、物防、技防）的设计、建设、施工等工作均有相关国家标准、行业标准和地方标准，建设单位应当根据实际工作需要，依据上述标准和规范开展相关工作。

（一）保密要害部门、部位的人防措施

保密要害部门部位所在的楼宇、本单位工作区域的各出入口、楼层出入口等通道应当设立安保或值班人员。出入口是进入本单位工作区域的第一道“大门”，在第一道“大门”之后的楼层、楼道可以酌情安排人防。与其他单位共用一栋建筑物的单位可以在单位之间的分界处设立本单位的人防防线，指定专人负责出入管理，负责查验出入人员的身份证件。单位应当建立安保人员定期巡更制度，明确工作时间、非工作时间的定期巡查保卫要求。

设有独立安防监控室的单位应当同步配备相应班次的安防值班人员，视频监控应当落实双人双岗 24 小时值班制度。安防值班人员上岗前须通过单位审查，签订保密承诺书，经过治安保卫、保密相关知识与技能的培训，并参加安全技术防范业务培训、经考核取得合格

证书后方可上岗。安防值班人员应当熟悉安防设备操作技术，训练有素，严格按照要求开展值班、巡逻、应急演练等工作，熟悉值班工作的流程，认真记录值班情况、设备情况，具有一定的突发事件应急处置能力。单位保卫部门应当会同保密部门定期对安防值班人员进行安全保密教育，将单位的具体工作要求和操作方法给安防值班人员培训教育到位，定期对安防值班工作进行检查并留有工作记录。

（二）保密要害部门、部位的物防设施

物防设施包括各种实体防护手段，如围墙、围挡、防盗门、防盗窗、保密柜，甚至是一组隔离柜台。物防设施是根据不同需求、不同位置、不同功能配备和使用的。物防设施可以让保密要害部门、部位不易被入侵、被破坏、被偷盗，能够延迟风险的发生。常见的用于建筑物外周界的物防设施有院落围墙、实物围挡、铁丝网、防护沟渠、防攀爬的异形异物等；用于楼宇内或保密要害部门、部位门外的物防设施有防藏匿设施、防盗门、防盗窗、物品（手机）放置柜等；用于保密要害部门、部位内部的物防设备有隔离设施、保密柜、密码保险柜等。物防设备、设施的配备位置和种类应当根据实际情况选用，不过度追求设施齐全，有效即可。

（三）保密要害部门、部位的技防设施

技防设施主要是指运用各种电子信息设备、网络设备组成的技术防范系统，与人防、物防相比，技防设施具有更有效的大区域、全时段的探测、报警、阻断等应急反应功能，单位经常使用的身份识别、电子围栏、楼宇对讲、电子门禁、视频监控、巡更、入侵报警等系统都属于技防设施。保密要害部门、部位使用的设备和产品，应当符合保密管理要求和保密技术标准；使用进口设备和产品时，应当进行安全保密技术检测。

技防系统的设计、施工单位应当取得涉密信息系统集成保密安防监控资质，技防系统所使用的设备必须符合国家法律法规和现行有效的相关标准要求，并经法定机构检验检测或认定合格。其中，屏蔽机房的建设应当遵守专业的标准并通过国家保密行政管理部门的技术检测。

保密要害部门、部位使用的涉密计算机、涉密电磁介质应当符合国家有关保密规定，对涉及绝密级国家秘密的计算机、电磁介质应当采取严格的控制措施。

涉密信息系统中心机房、涉及绝密级的保密要害部位应当根据有关要求建设屏蔽工作间，配备专用密码保险柜，建立更为严格的使用、登记手续。

严禁将手机、智能穿戴设备和网络设备带入保密要害部门、部位；未经批准，不得将具有拍摄、录音等功能的电子设备带入保密要害部门、部位。目前，市场上已经有专门用于防护区域内是否带入手机等无线发射设备的检测、报警器材。

三、保密要害部门、部位的管理职责

（一）保密部门

保密部门负责组织有关部门确定和调整保密要害部门、部位，对保密要害部门、部位界

定的事由进行把关，提出确定或调整的工作意见，对管理制度、防护措施进行把关，负责对保密要害管理情况进行监督、指导和检查。

（二）保密要害所在部门

保密要害部门、部位所在的部门是该保密要害的责任部门，负责本部门、所属部位的日常安全保密管理，指定专人负责其他工作人员、外来人员的进入审批、登记、检查，对拟进入人员进行保密提醒并全程旁站陪同，负责对安防设备、设施进行日常检查，发现故障或异常立即向保卫部门报修，如遇门、窗破损等需紧急处理的问题应当督促保障部门当天完成修缮，或会同保卫部门采取有效的临时防护措施，不得拖延。

（三）保卫部门

保卫部门负责具体落实保密要害部门、部位的人防、物防、技防措施，按要求配备并管理保卫、保安人员和安防监控室值班人员，负责建设、管理安防设备并定期巡检维护、故障排除，定期对保密要害部门、部位的安全防范工作进行监督检查。

（四）保卫部门及工勤服务使用部门

保卫部门及工勤服务使用部门负责对进出保密要害部门、部位的工勤服务人员进行岗前审查、保密教育、日常管理和监督检查。

四、保密要害部门、部位的具体管理措施

（一）保密要害部门、部位授权名单管理

在保密要害部门、部位长期工作的人员及因主管业务工作经常需要进入保密要害部门、部位进行工作指导或检查的领导、特殊管理岗位人员（如保卫、保密、安全生产等管理岗位），应当经过审查，办理审批手续后，在本部门和保卫、保密部门备案（表 5－1），成为单位授权许可进入人员，由保卫部门列入单位授权名单（表 5－2），授权名单应当以审批手续为依据，作为保卫部门管理各出入口及保密要害部门、部位出入口的授权管理记录，定期更新，记录每个保密要害部门、部位的授权和取消授权的情况。授权名单中的人员进入被授权的保密要害部门、部位无须另外办理审批手续，但必须由保密要害部门、部位长期工作人员全程陪同。保卫部门负责按照审批的范围办理相应区域或部位门禁的授权和取消授权等工作。

授权名单应当根据实际工作需要及时调整、更新，授权名单中的人员因故需要进行岗位变动时，应当由人事部门（或人员所在部门）及时通告要害所在部门，由要害所在部门及时办理取消授权的审批手续，明确取消原因和时限等要求，由保卫部门按照审批的范围办理相应区域或部位门禁的授权和取消授权等工作。

表 5－1 进入保密要害部门、部位授权/取消授权审批表

要害部门部位名称：　　　　　　　　　　　　　　　　经办人：

<table>
<tr><td>序号</td><td>姓名</td><td>部门</td><td>岗位</td><td>岗位
密级</td><td>审批事项
（授权/取消授权）</td><td>申请
事由</td><td>授权
部位</td><td>申请执
行时间</td></tr>
<tr><td></td><td></td><td></td><td></td><td></td><td></td><td></td><td></td><td></td></tr>
<tr><td></td><td></td><td></td><td></td><td></td><td></td><td></td><td></td><td></td></tr>
<tr><td colspan="2">本部门领
导意见</td><td colspan="7">（是否因工作需要同意进入）
签名：　　　　年　月　日</td></tr>
<tr><td colspan="2">要害部门
领导意见</td><td colspan="7">（是否因工作需要，允许进入）
签名：　　　　年　月　日</td></tr>
<tr><td colspan="2">单位领
导意见</td><td colspan="7">（是否因工作需要，允许进入）
签名：　　　　年　月　日</td></tr>
<tr><td colspan="2">保卫部门
办理情况</td><td colspan="7">授权人员序号：
取消授权人员序号：
经办人：　　　　操作时间：　　年　月　日</td></tr>
<tr><td colspan="2">保密部门
备案情况</td><td colspan="7">（已备案）
经办人：　　　　操作时间：　　年　月　日</td></tr>
</table>

表 5－2 进入保密要害部门、部位授权名单

序号	保密要害名称	授权人员	所属部门	岗位密级	授权时间	取消授权时间	其他记录	备注

（二）保密要害所在部门管理

保密要害部门、部位主要负责人，应当把保密要害的管理工作列入本部门重要议事日程，建立健全保密工作岗位责任制，明确部门内部关于保密要害管理的职责分工，定期组织保密要害工作人员学习、研究、布置要害管理工作，组织保密检查并留有工作记录，发现问题要及时报告单位保卫、保密部门，能够自行整改的要立即组织整改，降低管理风险。保密要害部门、部位应当制定处置各类安全突发事件的应急预案（见本章附件1），并组织演练，保证发生问题时，能够及时发现和妥善处置，将损失减少到最低程度。

（三）保密要害部门、部位出入管理

1. 非保密要害部门、部位授权人员不得单独进入保密要害部门、部位或在保密要害内独自工作、停留。保密要害工作人员和其他授权人员应当自觉遵守保密要害部门、部位管理要求，规范使用出入门禁卡和身份鉴别装置，不得转借或混用门禁卡。没有出入管理技防措施的应当落实人防措施，指定专人负责出入口管理，授权范围以外的人员进入时应当办理审批手续，一事一批。

2. 保密要害工作人员应当对拟进入保密要害部门、部位的人员做安全、保密提醒，告知其要害管理的相关要求，并督促其将手机等个人电子设备放在指定位置，不得带入保密要害部门、部位，拟进入人员应当按要求如实填写出入记录，记录应包括拟进入人员姓名、单位、身份证件号码、进入事由、携带物品、陪同人员姓名以及进入和离开的具体时间。

3. 保密要害部门、部位的大门，在下班后或长时间离开时必须使用钥匙锁门，不得仅使用门禁控制房门，否则一旦遇到停电或门禁系统故障、被破坏等特殊情况，保密要害的大门便会失去防护能力，不能成为该部门、部位的有效屏障。任何人发现门禁系统发生故障时，都应当立即向保密要害所在部门的领导、保卫部门报告、报修，并在保卫部门的指导下采取有效的临时安保措施。

4. 保密要害部门、部位出入管理的区别。

进入保密要害部门的外单位人员和单位内部非涉密人员应当经过审批、登记并由专人全程陪同，单位其他涉密人员进入可以不单独办理审批、登记手续，但必须有该保密要害部门、部位工作人员全程陪同，采取这样的做法时，此管理模式应当写入单位保密要害部门、部位的管理制度。

进入保密要害部位的非授权人员均需经过审批登记并由该保密要害部门、部位工作人员全程陪同，单位其他涉密人员进入也应当单独办理审批、登记手续。

五、涉密展厅管理

展示信息涉密或者存放展品涉密的展厅是涉密展厅，涉密展厅的管理应当参照保密要害部位进行管理。

（一）涉密展厅保密管理职责

单位应当指定归口部门负责展厅的建设、使用、维修的管理，可以是同一个部门负责，归口部门为多个部门时应当明确每个部门的分工与职责，归口部门负责制定展厅管理制度，明确展厅建设和使用过程的保密要求以及相关审查、审批手续。保密部门负责对展厅管理和展示内容的保密工作进行指导、监督和检查。信息化部门负责信息化媒体设施及设备使用的技术支持，负责部署信息设备的安全产品，并定期开展技术检查。

（二）涉密展厅筹建管理

建设部门应当负责按照保密和信息安全要求组织开展涉密展厅的基础建设，涉密展厅

所使用的网络、设备应当符合保密要求，涉及局域网络的应当经过分级保护测评，设备应当彻底拆除无线上网功能的模块，涉密展厅应当落实人防、物防、技防等防护措施。展示内容（包括实物、模型、展板、宣传画册、音像、多媒体等信息）应当由主管业务部门事先办理相关保密审查手续，涉密资料应当办理定密手续，展品、展板、影视资料应当在制作前办理保密审查手续，选择具有相应保密资质的单位、公司承制。展品和展示资料内容更新时，应当由业务主管部门或牵头部门组织重新办理保密审查审批、定密手续。

（三）涉密展厅使用管理

1. 涉密展厅因其所展示的内容涉及国家秘密、单位商业秘密、内部信息，应严格控制参观范围。涉军项目原则上不得私自接待参观，应当书面报请上级单位、军方业务主管部门，经其审批同意后方可接待。

2. 参观展厅须严格履行审批程序，由接待部门提出申请，注明参观日期、时间、事由、来访单位名称及人员情况、展示区域、展示内容等，展示内容为电子版的应当明确选择适合的版本，经审批同意后，由展厅管理部门具体办理，留存审批手续。未经审批的单位或个人不得参观展厅。涉密的展示内容务必对参展人员范围进行准确确定，不得扩大涉密信息的知悉范围。

3. 接待部门应当指派专人全程陪同参观活动，参观前负责向参观人员进行安全、保密及消防等工作提醒。展厅管理部门应按审批意见选择展示区域、展示内容，现场办理进出登记，做好现场管理，无关人员禁止进入展厅。

4. 进入涉密展厅的人员一律不得携带背包、手提包、手机等移动通信工具、摄影摄像录音等设备，不得对展厅内容进行记录。进入展厅时，接待人员须提醒参观人员将以上物品存放在展厅外的放置柜内。

5. 展厅内严禁个人摄像、拍照、录音、记录。因声像、图片资料归档需要确需摄像、拍照的，须由接待部门提前办理摄影、摄像审批手续，由新闻宣传部门负责办理。

6. 展厅管理部门负责展厅的维护、定期检查，确保展示设备、技防设施安全运行，使用中设备出现异常、损坏，应当办理保修手续，请有关专业人员检修排故，排故时全程旁站陪同，收回换下来的零部件并登记、妥善保管。

7. 展厅的展品应当进行登记，如展品从展厅撤出或转移，需办理审批、交接手续，并做好记录。

第四节　常见问题及解决方案

一、保密要害部门、部位的确定没有量化指标

保密要害部门、部位的确定没有规定具体的量化指标，即没有规定管理多少个涉密事项的部门应当被确定为要害部门，没有规定存了多少件涉密载体的部位就要被确定为要害部位。保密要害部门、部位要根据单位的规模、体量以及所承担的涉密事项的重要程度、所处的周边环境，以及内设机构中涉密事项管理、涉密载体承办的相对数量等多方面的因素综合评估确定。如果单位涉密事项多、涉密人员多、涉密载体多、涉密场所多，相应的就会产生更多保密要害部门、部位。

二、保密要害部门、部位安装视频监控设备的位置

视频监控设备通常安装在保密要害部门、部位外，对进、出大门的人员情况和窗口的入侵等异常情况进行监控，安装时要充分考虑视频监控的目标、监控范围与角度，监控设备距离门、窗不宜过远，监控范围应当覆盖所有被监控区域，不要有监控盲区，监控应当做到定位精准、图像清晰，可以有效回查、回放，为安防事件的处置提供准确的视频依据。

实际工作中，有一些保密要害部门、部位有特殊监控需求，需要在要害内部安装视频监控设备时，要特别注意，安装在保密要害部门、部位内部的视频监控设备不能直接监控涉密计算机的屏幕，也不能直接监控纸质涉密载体查阅、使用的位置，以免涉密信息通过视频监控图像传递到安防监控计算机中，被安防值班或维修等无关人员获取，因为通常安防值班员、保安以及安防设备维修人员都不是涉密人员，没有涉密信息的知悉权。应当对保密要害部门、部位内部的监控视频单独存储，设置密码，授权专人查看，不得让外聘保安、非密人员及其他维修维护人员随意知悉。

三、保密要害部门按"最小化、精准化"原则管理

根据界定要害的"最小化、精准化"原则，可以依据保密要害部门分管的不同涉密业务、非密业务进行详细分析和界定，对于部分承办非密业务或涉密程度不深的业务的办公场所可以不纳入保密要害部门管理。例如，在科研项目主管部门中有分管安全生产的管理岗位，这些岗位人员可以在单独的办公室办公，不能与涉密科研项目管理岗位共用办公室，那么在界定保密要害部门的时候，就可以明确该部门涉及要害的具体房间是哪几个，可以不包括安全生产管理的办公室，同时明确安全生产管理岗位出入保密要害部门的要求，他们同单位内其他涉密人员一样，也不能单独进入保密要害部门的房间。

四、密品集中存放部位的管理

密品和民用产品的存放都应当在符合安全、保卫、保密的前提下做到划区域、分类别、建台账、立标识的规范管理，还应符合产品的环境要求，绝不能在现场随意摆放，无序、杂乱的环境容易带来各类安全隐患。密品集中的部位应当确定为保密要害部位，遵守保密要害部位的授权、进入审批、出入登记等制度。密品的出库、入库、领用、归还等过程管理也应当按照密品保密要求形成相应的书面记录。密品与民用产品混存的部位应当划分非密区域和涉密区域，对于外形即涉密的密品即使在库房内也应当做好外形的遮挡，或者放置于单独的房间，且门、窗均不可透视观看，只有经过审批可以接触、知悉的人员方可接触。

五、安防值班人员的管理

单位对安防值班人员的管理很重要，这个岗位通常是外聘保安，他们文化程度不高、流动性大，全年 365 天每天 24 小时除去休息日都在单位工作区中轮班，比其他涉密人员在单位的时间都要长，节假日更是以安防值班人员为主。安防值班岗位负责的视频监控系统遍布工作场所的各个角落，巡更路线也是走遍了关键、重要部位，安防值班员把所有保密要害部门、部位出入情况尽收眼底，对安防设备的故障、待修情况、单位安防系统的漏洞也是了如指掌，对这样的岗位人员必须采取有效措施加强管控，避免他们监守自盗、玩忽职守、失职渎职。

单位应当采取有效措施对安防值班员等工勤物业人员行进管控,可以采取并不限于以下的管控措施:

(1)岗前审查,对拟聘用人员进行背景审查,要求公安机关出具无犯罪记录证明,留存个人和家庭成员的相关信息、本人身份证件复印件。

(2)岗前培训,对拟聘用人员进行保密、安全教育,进行安防业务培训(取证),组织签订保密协议或保密承诺书,明确相关的安全保密权利与义务。

(3)在岗期间,定期对安防值班员等工勤物业人员进行安全保卫、保密、消防等教育和提醒,时刻牢记自己的岗位职责,绷紧安全防范之弦,对失职渎职人员进行处理、追责。

(4)离岗时,追缴回收安防值班员等工勤物业人员在岗时获取的所有出入证件、工装、钥匙以及其他工作工具,进行离岗前的保密提醒,签订离岗保密承诺书。

(5)发现安防值班员等工勤物业人员有偷盗、窃密等迹象或行为时,应当立即向国家安全机构、公安机关和上级单位报告,并配合调查与处理。

六、涉密工程确定的程序

涉密工程的确定是一种定密行为,由单位工程承办部门提出确定涉密工程的意见,报本单位保密委员会审核同意后,经本单位法定定密责任人确定,自 2018 年 6 月起无须报请保密行政管理部门审查确认。涉密工程保密管理坚持谁建设谁负责、积极防范、突出重点、全程监管、确保安全的原则。建设单位对涉密工程保密管理负总责,保密行政管理部门对单位涉密工程定密后、建设中,以及建设完成后相关国家秘密事项保密工作的执行情况进行监督管理。

附件 1　保密要害部门、部位应急预案纲要

一、总则

(1)编制目的:为做好失泄密事件的应急处理工作,将失泄密事件造成的损失和影响降到最低限度,依照“积极防范、突出重点、严格标准、严格管理”的原则制定应急预案。

(2)编制依据:相关保密管理规定。

二、组织机构

根据实际需要,成立保密突发事件应急工作小组(以下简称“应急小组”)及其办公室。

组长:单位分管保密工作负责人。

副组长:保密部门负责人。

成员:办公室、科研、人事、保密、保卫、行政等部门的相关人员。

三、应急小组职责

(1)负责应急处置预案的制定和组织实施。

(2)组织制定泄密事件查处工作方案。

(3)确定泄密事件的范围和等级。

(4)组织泄密事件的调查与处理工作。

(5)对发生的失泄密事件在规定时限内上报上级有关部门。

(6)积极配合检察、国家安全、公安机关对需要立案的失泄密案件进行侦查和调查工作。

四、应急响应程序

(一)设立24小时应急工作电话,随时处置突发事件

略。

(二)涉密场所发生盗窃案件应急预案

(1)发现人应立即拨打24小时应急工作电话,按指导保护现场,接报人员立即向保卫部门、失盗现场部门负责人和应急小组领导报告。

(2)保卫部门应当组织保护失盗现场,通过监控系统追踪案发事件。

(3)应急小组应立即赶到事发现场,迅速了解失盗情况,开展现场保护工作,控制嫌疑人,在紧急情况下可运用非常规措施,并报告保密委员会。

(4)应急小组负责召集失盗现场可信赖人员投入防控工作,在保密委员会领导下负责向公安机关报案和提供案件情况。

(5)应急小组负责配合公安机关核实案情,拟定密品密件失盗案件报告,在保密委员会领导下向上级有关部门报告。

(6)应急小组负责做好案件的查处和总结工作,并将查处和总结情况向上级有关部门报告。

(三)涉密载体外出丢失应急预案

(1)携带涉密载体外出,严格履行审批手续,按保密管理规定采取安全措施,一旦发现丢失,立刻报告应急小组。

(2)应急小组接报后,及时向有关责任人了解丢失涉密载体的密级、数量和丢失基本情况后及时报告保密委员会,并向上级有关部门报告。

(3)应急小组负责采取有效措施,迅速布置丢失涉密载体知悉程度和国家秘密损失控制。

(4)当事人如外出遭遇抢劫、盗窃等原因丢失涉密载体,注意保护失盗现场,在最短时间报告所在部门领导和应急小组,同时立即就近向公安机关报告。

(5)涉密载体失盗人员积极配合对事件的调查取证工作。

(6)应急小组负责做好对事件的查处和总结工作,并将查处和总结情况向上级有关部门报告。

(四)网络信息安全保密突发事件应急预案

(1)网络管理员应对网络信息资源安全保密负责。

(2)制定单位网络安全保密应急预案,在发生信息安全突发事件时负责执行该预案。

(五)产品运输试验发生失泄密事件应急预案

(1)产品运输试验应认真做好防火、防盗、防破坏、防失泄密、防事故的工作。

(2)在运输试验进行停车检查等情况时,应做好对产品保卫保密安全检查工作,必要时采取24小时值班制度。

(3)在产品运输试验中发生被盗、被抢等突发性危机事件,或者由于天气、自然灾害等不可抗拒等原因导致涉密产品和资料可能遭遇危险时,随行负责人应立即报告当地公安机关或110巡警,并在最短时间内报告应急小组。同时组织随行押运和试验人员等对现场进行保护,严禁无关人员靠近。

(4)应急小组在接报后,应立即报告保密委员会和上级主管部门,请求上级有关部门协助,在必要时请求政府部门进行协助。

(六)重大涉密活动、涉外活动应急预案

(1)负责接待的主管部门需事先履行审批手续,制定保密工作预案、拟定交流口径并严格执行保密要求,事先检查路线和现场的警戒工作,严格监控意外事件的发生。

(2)如遇对方要了解交流口径之外的信息或扩大参观场所与内容时,接待部门应报应急小组批准后方可执行。

(3)未经审批,擅自带领外来人员参观或者进行其他活动的,一经发现或接到报告后,立即前往现场予以制止,将外来人员清出现场,并对相关人员进行调查处理。

(4)过程中,一旦发现未经审批携带摄录设备的,应立即制止并扣押相关设备,马上报告保卫部门,对相关设备进行审查,如果发现记录有相关涉密信息的,电子存储载体进行扣押检查,磁带、光盘类载体检查确认后进行收缴、销毁。

(七)保密要害部门、部位发生火情工作预案

(1)保密要害部门、部位发生火情、失泄密事件时,应急工作小组接到报警后应立即赶到事故现场,并执行有关防火应急预案,对火情现场内的国家秘密资料进行抢救和保护,指派专人看守,并及时报告保密委员会。

(2)配合公安、消防机关和上级有关部门对失火案件的调查和查处工作。

(八)遇到不可抗拒自然灾害的预案

(1)发生自然灾害时,优先保障人员生命安全,按照有关突发自然灾害事件应急预案组织救援。应急小组人员应尽快赶到现场,对存放国家秘密资料和产品的场所采取保护措施。

(2)及时请求当地公安机关、武警部队参加保密要害的现场保护,防止盗窃、破坏、失泄密事件的发生。

(3)对具备实施抢救措施的场所,应立即组织人员对涉密资料和产品实施现场保护和抢救。对抢救出来的涉密资料和产品转移到具备安全保密措施的场所,安排专人守护。

(九)人员不辞而别和出国不归事件应急预案

(1)发现人应立即向应急小组报告,告知所掌握和了解的有关情况。

(2)应急小组把所掌握了解的情况向保密委员会报告,同时报上级有关部门。

(3)应急小组按照保密委员会的指示,对人员不辞而别和出国不归事件进行调查,调查结果和可能造成的失泄密评估情况应当逐级上报。

(4)应急小组对当事人提出处理意见,并做好总结工作。

(十)其他类与失泄密相关的事件应急预案

(1)任何职工发现或发生失泄密事件或有可能导致失泄密时,应在发现或者发生事件半小时内报告应急小组。

(2)应急小组接报后,应立即组织人员对泄密事件或有可能造成失泄密的事件进行调查,查清泄密事件原因、内容、密级、性质等情况,将基本情况立即报告保密委员会。保密部门4小时内向上级主管部门报告。

(3)发现或发生失泄密事件的单位、当事人要积极配合上级主管机关和有关部门对事件的调查工作。做好对事件的查处和总结工作,并将查处和总结情况向院主管部门报告。

构成违法犯罪的事件移交公安机关传讯、审查。

五、附则

(一)考核奖惩

(1)发生失泄密事件时,对于执行本预案不力的单位和个人将视情况和造成的后果给予经济处罚、行政处分。

(2)发生失泄密事件时,对于及时执行本预案,并挽回重大损失的单位和个人将给予奖励。

(二)责任追究

发生失泄密突发事件时,对瞒报、缓报的相关人员和部门将依据保密管理规定追究有关责任,直至移交司法机关。

第六章　载　体　清

载体管理是保密管理的关键要素之一，在保密管理体系中占据着至关重要的位置。可以说，涉密载体管理贯穿涉密业务活动的始终。涉密载体也是泄密、窃密的目标。我们分析每一起泄密案件，均与涉密载体管理中的漏洞有关。管好涉密载体，对国家秘密管控至关重要。本章所述涉密载体，包括涉密载体和密品。

第一节　涉密载体

一、涉密载体概念

涉密载体是指以文字、数据、符号、图形、图像、视频和音频等方式记载国家秘密信息的纸介质、磁介质、光介质、半导体介质等各类物品。

纸介质是以文字、图形、符号等书面形式记录信息的载体，如文件、资料、书刊、档案、电报、信函、照片、图纸、保密本等。

磁介质是以磁性物质记录信息的载体，如计算机内置硬盘、移动硬盘和磁带、录音带、录像带等。

半导体介质是以电子器件存储信息的载体，如 U 盘、存储卡等。

光介质是以光信号记录信息的载体，如光盘。

随着科技的发展，载体的种类不断出新，能够承载涉密信息的一切物质，均为涉密载体，都要执行涉密载体保密管理规定。

二、建立载体清的重要性

党和国家非常重视涉密载体的管理，有关法律法规对涉密载体的管理提出了明确要求，并做出违规处理规定。《泄密查处办法》（2018 年 1 月 1 日执行）规定存在下列情形按泄密事件处理：

（1）属于国家秘密的文件资料或者其他物品下落不明的，自发现之日起，绝密级 10 日内，机密级、秘密级 60 日内查无下落的；

（2）未采取符合国家保密规定或者标准的保密措施，在互联网和其他公共信息网、有线和无线通信中传递国家秘密的；

（3）使用连接互联网和其他公共信息网络的计算机、移动存储介质等存储、处理国家秘密，且该设备被远程控制的。

《最高人民检察院关于渎职侵权犯罪案件立案标准的规定》中，对故意泄露国家秘密案件和过失泄露国家秘密案件的立案标准做了进一步细化。故意泄露国家秘密，涉嫌下列情形之一的，应予立案：

（1）泄露绝密级国家秘密 1 项（件）以上的；

（2）泄露机密级国家秘密 2 项（件）以上的；

(3)泄露秘密级国家秘密3项(件)以上的;

(4)向非境外机构、组织、人员泄露国家秘密,造成或者可能造成危害社会稳定、经济发展、国防安全或者其他严重危害后果的;

(5)通过口头、书面或者网络等方式向公众散布、传播国家秘密的;

(6)利用职权指使或者强迫他人违反保守国家秘密法的规定泄露国家秘密的;

(7)以牟取私利为目的泄露国家秘密的;

(8)其他情节严重的情形。

过失泄露国家秘密,涉嫌下列情形之一的,应予立案:

(1)泄露绝密级国家秘密1项(件)以上的;

(2)泄露机密级国家秘密3项(件)以上的;

(3)泄露秘密级国家秘密4项(件)以上的;

(4)违反保密规定,将涉及国家秘密的计算机或者计算机信息系统与互联网相连接,泄露国家秘密的;

(5)泄露国家秘密或者遗失国家秘密载体,隐瞒不报、不如实提供有关情况或者不采取补救措施的;

(6)其他情节严重的情形。

《保密法》是我国保密工作的根本大法,其中关于国家秘密载体保密管理的条款,有很大占比。《保密法》第三章保密制度的第一条就是关于国家秘密载体管理的规定:"第二十一条　国家秘密载体的制作、收发、传递、使用、复制、保存、维修和销毁,应当符合国家保密规定。"第二十五条、第二十六条、第二十七条进一步重申国家秘密载体的管理要求,指出了明令禁止的行为。《保密法》第四十八条中,列出了12种将予以处分、处理或追究刑事责任的严重违规行为,其中有5种是有关国家秘密载体的:

(1)非法获取、持有国家秘密载体的;

(2)买卖、转送和私自销毁国家秘密载体的;

(3)通过普通邮政、快递等无保密措施的渠道传递国家秘密载体的;

(4)邮寄、托运国家秘密载体出境,或者未经有关主管部门批准,携带、传递国家秘密载体出境的;

(5)非法复制、记录、存储国家秘密的。

《保密法实施条列》作为《保密法》的细化和补充,用较大篇幅进一步明确了国家秘密载体保密管理要求,在第二十一条中从七个方面对国家秘密载体的保密管理提出具体要求;第二十二条特别明确了国家秘密的销毁规定。

可见,管好涉密载体既是保密管理的基本要求,又是重要的基础工作。涉密载体管控不好,保密就无从谈起。

三、怎样建设体系中的载体清

载体清是指涉密载体从制作产生到销毁消亡的全生命周期、全过程的管理要清晰、清楚。涉密载体的保密管理要贯穿涉密业务、涉密活动的始终,在制作、收发、传递、使用、复制、保存、维修和销毁8个环节严格管控,有审批、有记录,过程明了。涉密载体的管理,要做到相对集中,专人管理,依法获取、持有和接触,个人不允许长时间留存涉密载体。

涉密载体是有形的国家秘密,是看得见、摸得着的实物。所以,载体的保密管理是实实在在的一项工作，必须务实。要建立载体管理制度；要配备专、兼职载体管理员；要配备制作、存放载体的设备设施；要设置专门制作、存放载体的场所；场所要配备符合国家保密规定的技防设施。

管好载体的前提是管理住人。一是建立涉密载体管理制度，紧密结合业务工作实际，全面、准确、规范、操作性强。规定责任、考核与处罚，规范要求、流程与操作。二是要建立检查评估体系，通过保密检查和内、外审，汇总情况，归类问题，分析原因，制定整改措施，为制订保密工作计划提供输入。三是建立风险识别机制，预防为主，防患于未然。关注载体管理中出现的新事物、新问题，开展风险辨识及评估，并制定控制措施。保密工作无止境，涉密载体的管理永远在路上。

四、载体清的实施方法

一般涉密单位涉密载体分为三类：一类是党政机关和其他相关单位、上级单位制发的国家秘密载体，二类是甲方（军方、军工单位等）提供的涉密载体，三类是单位生产、研发、管理工作中产生的国家秘密载体。涉密载体的性质决定了与之相关的每一项工作、每一个业务环节、每一个操作，都不能由任何人擅自处理，要有一定的流程和手续，都要处理得清清楚楚，明明白白。因此，我们提出“载体清”。

（一）“载体清”必须规则明确、过程管控、记录完整

（1）规则明确：建立涉密载体管理规则，宣贯到位，让每个涉密人员都熟记掌握。

（2）过程管控：每一个过程认真履行审批、交接手续。

（3）记录完整：每一个环节都要留有记录，做到可追溯，至少保存3年。

（二）“载体清”应当落实8个环节的管理

（1）制作是涉密载体产生的过程。涉密载体的制作分为两类：内部制作和外部制作。

内部制作首先要履行报批手续，填写《国家秘密载体内部制作审批表》。对制作的必要性（用途）、可行性（符合保密要求）、合规性（数量最小化）进行审查，不同密级审批层级不同。内部制作遵守打印、复印、刻录、录制等相关规定，填写《涉密载体内部制作登记表》，做好交接记录。

涉密载体一经产生，就要标明密级，不能与正文分离。电子文档同样要进行标注，标注位置可以是文件首页（封皮）或文件名或文件夹。输出后要加盖受控章并编号。这个编号如同载体的“身份证号”，是单位现行文件的标志，是与载体伴随一生的唯一编号。

外部制作必须选择有资质的单位，事前审批、事中监管、事后总结。重点控制载体的外带、交接、验收环节，认真核实，留有记录。

（2）收发涉密载体，应通过合法渠道、方式获取。无论是单位自行产生还是机要渠道、外单位移交或开会带回的涉密载体，均要交由载体专（兼）职管理人员进行清点、盖章编号、登记、建账，成为本单位现行文件，从而受控。机要文件，双人开封，逐一清点、登记，记录机要号，留存机要袋或文件清单。

（3）传递涉密载体分为外部传送和内部传阅。对外传送涉密载体应办理审批手续，填写《涉密载体对外提供（携带）审批表》，留存回执单。内部传阅涉密文件应经相关业务主管领导签批，遵照“最小化”的原则，确定知悉范围。填写《涉密载体传阅登记表》，记录传

阅人。

借阅涉密文件，应当履行审批手续，跨业务范围借阅要由主管领导审批，并做好登记手续。不同密级的涉密载体，借阅期限不同，一般绝密级文件不允许借阅，机密级文件不超过10天，秘密级文件不超过30天，单位也可根据本单位实际，适当加严。借阅期满应当归还，办理归还手续。仍需继续使用，办理续借手续。

（4）使用是阅读、摘录、引用、汇编的总称，应当履行审批手续。摘录、引用、汇编的关键点是准确确定密级，依据原文件密级按相关要求履行定密手续，必要时提交单位定密责任人审定。摘录涉密文件内容要使用保密本。引用涉密内容形成的文件，应确定密级并进行标注。文件汇编的密级应以所汇编文件中的最高密级进行确定并标注。

（5）载体复制要审批，填写《涉密载体复制审批单》，审批表要有"5W"的内容：即复制什么，谁申请复制，为什么复制，在哪里复制，什么时间复制。在单位设置的集中复制点进行，专人操作、盖章编号。填写《涉密载体复印登记表》，领取人签字。复印、复制的废页、废光盘应当回收、登记，集中存放在保密柜内，待日后统一销毁。

（6）涉密载体的保存应当建账登记，按照涉密载体的密级分别存放在相应的密码保险柜和密码文件柜中。涉密人员、班组、部门、单位要建立《涉密载体台账》，做到相对集中动态管理，定期核对，做到账账相符、账物相符、账人相符。离岗离职人员应进行载体清退，填写《涉密载体清退表》，规定接收人。岗位调动要办理载体移交手续，交接双方清点核对后，签字确认。载体的移交意味着责任的移交，必须明晰。

（7）涉密载体的维修，须履行报批手续。申请人要说明载体的涉密内容、密级、维修载体类型、方式（内部或外部）及维修项目、维修原因、拟维修单位、送修及站陪人等。内部维修应当填写维修记录，注意台账及时更新。

涉密载体的维修分为内部维修和送外维修。内部维修单位应当设立维修室，配备专门维修人员。涉密载体维修时，应当先提交维修申请单，经批准后，办理移交手续。维修完成后办理领回手续。在内部场所进行维修，并做好维修记录。

单位可以选择本系统涉密单位或者由保密部门批准或授权的专业维修单位承担维修任务。应当签订维修服务合同和保密协议。进入单位进行维修的外部人员应当确认并记录身份信息、联系方式，告知保密要求，签订保密承诺，维修过程安排专人全程站陪。

送外维修应当指定一个部门统一送修。送出前应当拆除硬件和固件并按规定管理。维修完成后应当进行保密检查。

（8）涉密载体销毁。涉密载体管理的最终环节处理形式有两种：一是退回原发文单位；二是本单位自行销毁。对于没有保留价值的原发文单位不回收的涉密载体或者单位自产的涉密载体，应当集中统一销毁。销毁要履行清点、登记、审批手续，统一送交保密行政管理部门指定的销毁工作机构（××销毁中心）或指定的销毁单位（如造纸厂）销毁。销毁要选择无法还原的方式。特殊情况下，可以使用符合国家保密标准的销毁设备（光盘粉碎机、碎纸机、焚烧等）自行销毁少量涉密载体，由2人以上操作，同时做好记录。

五、常见问题及解决方案

(一)交给领导的涉密文件不办理交接手续,涉密文件长时间留存在领导手中

这种情形比较常见,存在较大的保密风险,危害也比较大。有些管理员不敢对领导严格要求,认为领导的,手续就可以简化,就可以不执行保密规定,是非常错误的。第一,涉密人员管理存在问题。该领导首先是涉密人员,应当自觉遵守保密规定,法律面前人人平等,领导不能搞特殊化。否则一旦发生泄密,当事人必将受到处理而影响个人前程。第二,涉密载体管理存在问题。单位未严格落实涉密载体管理规定,涉密文件长时间存放在个人手中,按照涉密载体管理规定是属于失控状态的,如果出现载体下落不明的情况,达到一定时限就可以判定为泄密事件。涉密文件因无交接手续而无法追溯,对查明真相、评估危害和采取补救措施造成困难。单位发生泄密事件,首先是责任人要被追责;其次要暂停武器装备科研生产保密单位资格,被收回资格证书;如果正在申请保密资格的单位,将被认定为不具备申请保密资格的基本条件,受理单位将拒绝其申请;再次,保密管理部门履职存在问题。单位保密检查不到位,对于领导不敢查、不敢管,存在管理上"真空层"。解决方案如下:第一,单位领导班子应当从讲党性讲政治的高度认识保密工作,本着对国家负责,对企业负责的态度,从领导抓起,做好保密工作。第二,建立保密管理体系,做到全要素、全员、全过程、全周期的闭环管理,不留死角。第三,培养政治可靠、作风过硬、坚持原则,秉公办事的保密管理队伍,通过认真履职,特别是保密检查提醒,为企业、为职工守住保密红线。

(二)机要管理员退休无交接手续

机要管理员因掌管着大量涉密文件,是单位比较重要的岗位。按保密规定,涉密人员退休时,应当办理清退手续。清退单不光是自己使用的计算机、密钥等,更重要的是所经管的涉密文件,这一项在一些单位往往被忽视。老机要管理员退休时未对经管的涉密文件进行清点交接是违反保密规定的,也是不负责的行为。新机要员上岗前应当接受保密教育,了解涉密文件的管理要求,接手时应当主动提出清点交接。不能因为是老机要管理员、是老同事、熟人比较了解,或者因为自己是刚刚入职的新人而碍于面子不好要求清点交接等,而为以后的工作留下隐患。新老交替一定要对涉密文件进行一一清点,核对无误后由当事人亲自签字,不得代签,相关记录永久留存。交接清单是一个界限,意味着在清单上的文件,今后由新机要管理员负责,不在清单的文件,由老机要管理员负责。部门主管领导应当督促交接工作,监督过程,做到心中有数。必要时,可以要求保密管理部门参与交接。

(三)机构调整,涉密人员留存的涉密文件如何处理

机构调整,涉密人员留存的涉密文件不多的情况,可以采取原路退回,再从新部门重新借阅的方式。文件较多的情况,可以由原部门文件管理员批量办理移交手续,具体步骤如下:提出移交申请,主管领导批准后,列出清单,移交给新部门文件管理员,列入新部门载体台账,再由涉密人员办理借阅手续。杜绝因机构调整造成的涉密文件失控。

涉案文件收文、打印、复印受控章样式如图 6 – 1 所示。

国家涉密载体管理波及表格见表 6 – 1 至表 6 – 11。

北京×××公司 收文专用章	
收文编号	
收文日期	
收文单位	

北京×××公司 打印涉密文件受控章	
审批单号	
文件编号	
打印日期	

北京×××公司 复印涉密文件受控章	
审批单号	
原文编号	
复印日期	

图 6－1　涉密文件收文、打印、复印受控章

表 6－1　国家秘密载体内部制作审批表

文件名称		密级	
申请部门		申请人	
制作数量		制作方式	打印 □　刻录 □　其他：
用途			
部门领导	年　月　日		
业务主管领导	年　月　日		
单位负责人	年　月　日		
载体编号			

备注：

1. 制作秘密级由部门领导审批；制作机密级由单位业务主管领导审批；制作绝密级由单位负责人审批。
2. 制作 10 件(含)以下，部门领导审批；制作 10 至 20 件(含)，业务主管领导审批；制作 20 件以上，单位负责人审批。

表 6－2　国家秘密载体外部制作审批表

申请部门		申请人	
文件名称		密级	
载体类型	光盘 □　U 盘 □　其他：	编号	
制作数量			
制作方式	印刷 □　展版 □　录制 □　其他：		
用途			
部门领导	年　月　日		
业务主管领导	年　月　日		
单位负责人	年　月　日		

备注：

1. 制作秘密级由部门领导审批；制作机密级由单位业务主管领导审批；制作绝密级由单位负责人审批。
2. 制作 10 件(含)以下，部门领导审批；制作 10～20 件(含)，业务主管领导审批；制作 20 件以上，单位负责人审批。

表 6－3　涉密载体内部制作登记表

序号	文件/光盘编号	文件名称	密级	制作方式	操作人	份数/页数	制作时间	审批单号	用途/去向	备注

表 6－4　涉密文件收文登记表

序号	收文时间			收文编号	原文号	来文单位	文件名称	密级	份数	每份页数	承办部门	备注
	年	月	日									

表 6－5　涉密文件登记台账

序号	日期	载体来源	收文编号	原文号	文件名称	密级	份数	页数	载体类型	备注

制表日期：　　　　　　　　　　　　　　　　责任人：

表 6－6　涉密载体传阅登记表

序号	日期	文件编号	文件名称	密级	页数	份数	接收部门	接收人	备注

表 6－7　借阅文件资料登记表

序号	日期	文件编号	文件(资料)名称	密级	借阅部门	借阅人	审批单号	归还时间	备注

表 6－8　涉密载体对外提供(携带)审批表

<table>
<tr><td>申请部门</td><td colspan="2"></td><td>经办人</td><td colspan="4"></td></tr>
<tr><td>事由</td><td colspan="2"></td><td>提供公司</td><td colspan="4"></td></tr>
<tr><td rowspan="4">提供或携带
资料明细</td><td>序号</td><td>资料名称</td><td>载体类别</td><td>密级</td><td>份数</td><td>页数</td><td>编号</td></tr>
<tr><td></td><td></td><td></td><td></td><td></td><td></td><td></td></tr>
<tr><td></td><td></td><td></td><td></td><td></td><td></td><td></td></tr>
<tr><td></td><td></td><td></td><td></td><td></td><td></td><td></td></tr>
<tr><td>项目负责人
审核意见</td><td colspan="7">签字：　　　年　月　日</td></tr>
<tr><td>主管领导
审批意见</td><td colspan="7">签字：　　　年　月　日</td></tr>
<tr><td>备注</td><td colspan="7"></td></tr>
</table>

回执单

<table>
<tr><td>送达单位、部门</td><td colspan="4"></td><td colspan="2">载体类别</td><td></td></tr>
<tr><td>文件、资料名称</td><td colspan="7"></td></tr>
<tr><td>载体编号</td><td></td><td>密级</td><td></td><td>份(张)数</td><td></td><td>页数</td><td></td></tr>
<tr><td>接收人签字</td><td></td><td colspan="2">接收日期</td><td colspan="4"></td></tr>
<tr><td>备注</td><td colspan="7"></td></tr>
</table>

表 6－9　涉密载体借阅审批单(存根)

部门		借阅人	
文件(资料)名称		密级	
借阅时间		归还时间	
借阅理由			
部门领导意见		主管领导	
备注			

表 6－10　涉密载体借阅审批单

部门			借阅人	
文件(资料)名称			密级	
借阅时间		归还时间		
借阅理由				
部门意见		主管领导意见		
备注				

表 6－11　涉密载体清退表

姓名			部门		
原岗位		离岗类型	退休 □　外部调动 □　内部调动 □　辞职 □		
涉密岗位类型	涉密管理岗 □　涉密业务岗 □				
涉密等级	核心涉密人员 □　重要涉密人员 □　一般涉密人员 □				
涉密载体清退情况					
载体类型		密级	份数	页数	接收人签字及交接日期
存储介质是否清退 U 盘 □　光盘□　移动硬盘 □　其他 □					
文件资料是否清退 □					
便携式计算机是否移交 □					
涉密计算机及 UKEY 等 □					
办公室的钥匙是否移交情况：					
各类有效证件是否移交情况：					
涉密场所出入权限回收情况：					
涉密计算机访问权限回收情况：					
所在部门意见	签字(盖章)：　年　月　日				
信息化管理部门意见	签字(盖章)：　年　月　日				
保密管理部门意见	签字(盖章)：　年　月　日				
备注	涉密载体较多时可另附页				

第二节　密品管理

一、密品管理的概述

密品管理是指在对密品的研制、生产、试验、保存、流转、运输、维修、使用和销毁等全寿命、全过程中的动态管理,应做到密品防护到位、账物相符、过程受控和可追溯。做好密品管理,要在充分理解密品定义的基础上,针对密品的属性、形式和风险等采取有效管控措施,保证密品全过程有效管控。

(一)定义

密品是指在涉及国家秘密的预研、研制、生产、试验、试飞、维修、保障等环节产生的,直接含有国家秘密信息,或者通过观察、测试、分析等手段能够获取所承载的国家秘密信息的设备或产品。

(二)密品的特点

密品和涉密载体在定义和管理方式上既存在相同之处,也有不同之处。

二者相同之处在于属性完全相同,都属于国家秘密,都承载着国家秘密信息,一旦泄露都会使国家的安全和利益受到损害。有一部分类型的密品与国家秘密载体基本完全相同,那就是直接存储或含有国家秘密信息的产品或设备,如涉密软件安装光盘。

除了直接含有国家秘密信息的密品以外,另外一部分就是与国家秘密载体不太相同的密品,即承载国家秘密信息的方式不同,只有通过观察、测试、分析等手段才能获取所承载的国家秘密信息的设备和产品,这类密品往往是外形尺寸反映国家秘密信息的。

由于密品可以通过观察、测试、分析等手段获得国家秘密信息,所以在日常保管、使用、传递等管理过程也较国家秘密载体日常管理的难度要大,复杂度更高,管理成本也更高。总而言之,密品在国家秘密信息的承载和表现形式等方面与国家秘密载体存在明显差异,其过程管控难度也更大。

(三)密品类型划分

从定义中看出密品属于设备和产品的范畴,但不同密品之间存在一定的差异性。我们可以根据密品的组成构成形式、体积大小和国家秘密信息承载方式等方面,可以将密品分为“单体与集成型”“微小与庞大型”以及“观测与存储型”三大类。

1. 单体与集成型

(1)单体型,以单一个体、单一形式、单一材料存在的密品。

(2)集成型,多种形式、多个物品组合或混合而成的密品(战斗机、混合涂料)。

2. 微小与庞大型

(1)微小型,体积小,容易泄露,或者泄露不易被察觉的密品(电子元器件、高新材料粉末等)。

(2)大中型,体积庞大,不便于随身携带和运送的密品。例如大型武器装备的部(组)件、大型设备等。

3. 观测与存储型

(1)观测型,不直接含有涉密信息,但可以观察、分析、测试获得的国家秘密的密品。

(2)存储型,本身存储、记载有国家秘密信息的密品。

一件密品可能只属于以上一种类型,也可能同时符合以上不同类型。也正是由于不同类型密品,其承载国家秘密信息的方式和特点不同,所以在日常管理过程中,也要针对密品的特点采取不同的管控手段和措施来确保国家秘密的安全。

(四)相关法律法规及有关标准要求

1. 法律法规要求

《保密法》第二十二条规定:"属于国家秘密的设备、产品的研制、生产、运输、使用、保存、维修和销毁,应当符合国家保密规定。"《保密法实施条例》第十五条规定:"国家秘密载体以及属于国家秘密的设备、产品的明显部位应当标注国家秘密标志。"条款中提到的"属于国家秘密的产品、设备"就是密品最初的定义。以上两个条款对密品的管理的基本要求进行了明确,也就是密品管理必须满足国家秘密载体管理的基本要求。

2. 武器装备科研生产单位保密资格标准要求

密品一直被作为国家秘密载体的一种形式进行管理,但是随着国家秘密产品、设备的形式更多样化,研制环境更复杂,应用范围更广泛,仅按照国家秘密载体的要求来管理密品很难满足当前密品的管理需求。标准中密品作为保密管理的要素单独提出,对密品标密原则、台账要素以及密品研制、生产、试验、运输、保存、维修、使用及销毁等过程的管理要求进行了明确,为军工单位在密品管理提供了清晰的指导。

二、建立基于科研生产全过程的密品管理体系

要做好密品管理,首先要认清密品的特点。密品对于军工单位来说,就是科研生产的"主角",所有的科研生产经营工作都是围绕密品在开展,因此军工单位要建立密品的全生命周期就是科研生产经营全生命周期的意识和思维习惯。在科研生产经营管理过程中,要充分考虑密品管理的特殊要求,才能真正做到既确保国家秘密安全,又便利信息资源合理利用,否则,会造成管理成本浪费,降低工作效率。

军工单位可以分三个阶段建立科研生产全流程的密品管理体系,即建立密品管理的保密风险知识库、保密管理要求融入业务制度、科研生产信息化流程设置保密管控节点。

(一)建立密品管理的保密风险知识库

依据国家相关法律法规和武器装备科研生产单位保密资格标准要求,识别本单位在科研生产过程中密品管理所存在的问题和保密风险隐患,形成类似于知识库的保密风险库。风险库应包含风险隐患的描述、风险所造成的损失、发生的概率以及应对措施等内容,风险库建立以后,单位要根据法律法规的变化和单位实际管理情况,通过不断的检查纠偏对风险库进行不断的更新完善。

(二)保密管理融入业务制度

单位应建立保密管理要求融入业务制度的机制。在单位制度审签流程中加入类似于标准化审核的保密审核环节,由保密管理部门和业务归口管理部门共同进行审核。这样可

以保证保密管理要求能够与科研生产实际相结合，针对不同的业务工作采取针对性的管控，将保密风险降低。同时可以通过业务工作的实际应用情况来验证保密风险库的有效性，以便对保密风险库进一步优化完善，不断满足和适应单位科研生产实际的需要。

（三）基于科研生产的信息化平台加入关键管控措施

将保密风险管控措施融入到业务活动的信息化流程中。基于单位现有的科研生产信息化平台进行二次开发，将保密风险管控措施融入到产品设计、开发、研制、生产、使用、交付和售后服务等全过程的业务活动关键环节中，让保密管理融入业务真正落地。

但是，在实际操作过程中会遇到科研生产信息化平台不能满足二次开发的要求，所以军工单位在信息化平台建设时，应当充分考虑保密管理需求和不同平台之间的兼容性，避免多次开发的情况。

三、科研生产全流程的密品管理

密品管理应遵循“谁主管谁负责；积极防范、突出重点、规范定密、依法管理，贯穿密品全寿命”的原则，既确保国家秘密安全，又方便工作。因为密品属于产品或设备，研制和生产的周期较长，使用、维护过程中存在很多保密风险，军工单位要对密品研制和使用过程中的保密风险进行识别，同步采取有效管控措施，确保国家秘密安全可控。以下是针对密品在研发、制造、交付、使用和销毁等阶段的管理注意事项。

（一）密品研发阶段的管理

密品研发阶段最为重要的是密品密级确定的工作。如果未按要求及时或准确确定密品的密级、保密期限和接触范围，在研制过程中会导致密品安全保密防护措施不到位、接触范围扩大，造成较大的安全保密风险隐患。

密品的定密工作必须在立项论证的阶段开展，以便确定后续整个研制过程中保密管理标准和管控措施。密品应当按照国家法律法规及有关规定确定密级和保密期限，明确接触范围，对接触人员进行文字记载。

1. 密品密级的确定

密品定密的程序遵循国家秘密确定、变更和解除的程序，但对于较为复杂的集成型密品的定密，我们必须要先确定各个不可拆分的最小化单元的密级，以便在后续使用、维修、销毁等环节中，能够准确识别集成密品拆分后的单元密级，从而采取相应的保密措施。同时，复杂集成型密品的定密不能仅仅以其密级最高的单元密级来作为集成型密品的密级，应当根据集成后的最高密级保密要点的密级来确定密品的密级。

2. 密品知悉范围和接触范围的确定

密品本身承载的国家秘密信息的知悉人员包括设计人员、管理人员等。但在密品流转到研制、使用和维修单位时，有的人员不需要知悉其中的国家秘密信息，但需要接触这些密品，比如装配人员、保管人员等。

知悉范围是控制密品所承载国家秘密信息的安全，而接触范围更多的是控制密品的物理安全，如果密品超出接触范围被非法获取了，也就超出了知悉范围。所以，为了更好地确保密品的安全可控，在密品研制、使用和流转过程中，应该由单位负责人根据实际工作需要，依据最小化原则确定密品的接触范围。

3. 密品保密措施的确定

密品在流转到研制、使用和维修等单位时，有些单位不一定知悉密品所承载的国家秘密信息，也不清楚承载的形式，是直接存储含有国家秘密，或是通过某种观察、测试手段从中能够获取国家秘密信息，因此，在确定国家秘密密级、保密期限和知悉范围的同时，应该在密品技术说明书（履历书）中明确该密品的具体保密措施，来指导下游接收单位做好安全保密防护措施。

（二）密品制造阶段的管理

密品在制造过程中保密管理要素较多，管理难度相对较大，需要考虑制造和存放密品的场所条件、密品标密和密品台账管理等。

1. 密品制造和存放场所条件要求

密品研制过程中，对外形或者构造容易暴露国家秘密信息的，应采取遮盖措施或者其他保护性措施，对于绝密级密品的研制应当在封闭场所进行。密品制造完成后，单位内部可以采取相对集中的形式保存密品，集中存放密品的场所按照保密要害的管理要求进行建设和管理。密品制造和存放场所的非涉密摄像监控应当避免直接照射密品本身。

2. 按要求标注密级

密品的密级，原则上应当在密品的壳体及封面、外包装的显著位置进行标注国家秘密标志，但在实际操作过程中会存在很多不能标密、不易标密、不准标密的情况。例如，一些粉末状、液态密品不能标密；形状复杂、不规则的微小型密品不易标密；还有一些粘贴密级标识（图 6－2）和喷涂密级标志会影响表面质量的密品不准标密等各种无法标密的情况。出现无法在密品本身标注或者不宜做出国家秘密标志的情况，要确保对密品密级的准确识别，我们应当在密品技术说明书（履历书）中注明密级、保密期限。

密级★保密期限
密品名称：__________
密品型号：__________
密品编号：__________

图 6－2　密品标识

有特殊要求的密品，应在出厂前对可能暴露国家秘密信息的文字标志、特征标志采取伪装或遮盖等措施。

3. 及时建立密品台账

密品台账的管理要求，基本上和涉密载体台账的管理要求相同，最根本的是要保证账物相符。生产制造出来的密品，如果未建立台账，或者台账信息与密品实物的名称、密级、编号、状态等不一致，单位就很难有效管控密品的去向，无法有效开展对密品管理状况的监督检查，难以保证密品的安全可控。

生产制造的密品应第一时间建立台账，且与实物相符合。台账基本要素包括：密品名称、编号、密级、保密期限、数量、登记日期、责任人、来源、去向、备注，如表 6－12 所示。同时应根据实际情况的改变，及时更改台账信息，保证账物相符。

表 6－12　密品台账示例

序号	登记时间	密品名称	型号	编号（件次号）	数量	密级	保密期限	知悉/接触范围	来源	责任单位（责任人）	状态	备注

（三）密品交付阶段的管理

1. 密品交接管理

在密品交付过程中，如果不按要求履行签收手续，会导致责任不明确，也无法对密品的流转过程进行追溯和监控，对台账信息的维护也造成影响，导致整个密品管控过程的失控。

因此，密品收发过程中应当履行清点、编号、登记和签收手续。在办理签收交接单时，应当仔细核对交接单上密品信息与实物的一致性，做好签字，签收时间应精确到分钟。跨单位进行密品交接时，应当履行保密审查审批手续后办理交接，且密品接收单位应在交接单上加盖公章或反馈接收回执。密品对外提供/携带外出审批表示例见表 6－13，密品跨单位交接表示例见表 6－14。

表 6－13　密品对外提供/携带外出审批表示例

申请部门：

密品名称	型号	密品编号	密级	数量
（可附页）				
用途	对外提供 □　携带外出 □			
是否为重要密品	是 □　否 □	接收单位及部门		
传递方式	公司内交接 □　申请部门自行运送 □　武装押运 □　机要 □　其他 □____			
外出目的地		运输路线		
申请人/工号		携带人/工号		
对外提供/携带外出事由				
申请部门意见	签章：　年　月　日			
业务主管部门意见	签章：　年　月　日			
运输方式	公司派车 □　公共交通工具 □　外租车辆 □　其他 □________			
实际外出日期		实际返回日期		

表6－14　密品跨单位交接表示例

序号	密品名称	型号	密品编号	密级	数量	备注
1						
2						
3						

注:1. 表格中所有内容必须完整填写,不得空缺。

2. 本表格一式两份,移交单位移交部门、接收单位接收部门各留存一份。

3. 接收单位应加盖公章。

移交单位:　　　　　　　　　　　　接收单位(盖章):

移交部门:　　　　　　　　　　　　接收部门:

移交人(签字):　　　　　　　　　　接收人(签字):

交接日期　　年　月　日　　　　　　交接日期　　年　月　日

《携带密品外出保密提醒告知》书示例:

根据公司保密管理的相关要求,现就密品携带外出保密管理要求提醒如下:

1. 妥善保管密品,确保密品安全可控。

2. 未经批准,严禁将密品交由他人保管,确保密品在自己可控范围内;

3. 严禁携带密品探亲访友、进出与工作无关的休闲娱乐等公共场所、参加与业务无关的社会活动,或将密品带回家中;

1. 未经审批,不得擅自修改、下载、处理密品中所存储的信息;

2. 严禁将密品联入互联网或公共信息网络,严禁使用非授权存储介质;

3. 密品外出返回后,必须及时返还管理人员;

4. 若发生密品丢失、失控等紧急情况,需及时向单位及公司报告;

5. 未尽事宜,按照《密品管理办法》等相关规定执行。

本人已知悉上述提醒事项,并愿意严格遵守上述内容。

被提醒人:　　　　年　月　日

2. 密品运输管理

风险点描述:在运输过程中,对外形或者构造容易暴露国家秘密信息的,应采取遮盖防侦察或者其他保护性措施;有特殊要求的密品,应对可能暴露国家秘密信息的文字标志、特征标志采取伪装或者遮盖等措施。

密品禁止通过普通邮政、快递等渠道传递。对于重要密品运输,如果不对密品运输的方式、路线和安全警卫措施进行充分部署安排,不能保证密品在运输途中的安全可控。首先单位结合实际情况,依据相关要求,组织研究确定本单位的密品清单。重要密品运输时,应当制订保密方案,将密品密封包装,发货、收获、承运单位对密品的名称、运输方式、运输时间和路线、中途停靠、安全警卫措施等情况应当保密,并做好记录。对负责运送密品的人员应当采取签订保密事项告知书的形式,提醒督促其做好运输过程中的安保工作和与外单位交接记录工作。

（四）密品使用阶段的管理

1. 密品使用过程管理

在密品使用过程中，单位首先应当确定密品接触和使用范围。接触和使用范围的确定可以通过制度明确、审批单等形式，同时根据不同情况，可以采取一事一审批或者一次性审批长期有效。

密品的借用、使用过程中，对于接触密品的人员应当做好文字记载（密品流转登记），使用、操作密品时，对外形或者构造容易暴露国家秘密信息的，也应采取遮盖措施或者其他保护性措施。

密品内部流转登记表示例见表6－15。

表6－15　密品内部流转登记表示例

部门：

序号	密品名称	型号	编号/件次号	密级	数量	移交人（签字）/工号	接收人（签字）/工号、接收时间	归还接收签字/归还时间	备注

2. 密品维修管理

密品的检修和维修应当办理审批手续，维修人员履行维修操作登记，选择有保密保障的部门、场所进行，并指定专人负责监督。密品在维修过程中，对外形或者构造容易暴露国家秘密信息的，应采取遮盖措施或者其他保护性措施，有特殊要求的密品，应对可能暴露国家秘密信息的文字标志、特征标志采取伪装或者删除等措施，对于绝密级密品的维修应当在封闭场所进行。

当密品发生故障，单位不能自行维修，须由外单位进行维修的，应当选择具有相应保密资格的单位。在维修前，应拆除具有存储功能的模块，维修过程中做好全程陪同和维修操作登记。

（五）密品销毁阶段的管理

密品承载国家秘密，如果未经审批擅自销毁，可能会由于操作方式不当，达不到销毁标准，造成有保密价值的物质泄漏，危害国家利益或安全。因此，密品销毁应当履行相应登记、审批手续，选择有保密保障的部门、单位、场所进行，并指定专人进行监销，确保销毁后不再具有国家秘密信息；外形上能直接反应国家秘密的密品，应当彻底毁形；对仍有保密价值的碎屑、粉末、液体等残留物质，应当及时收集并妥善处理。

四、密品管理常见问题及解决方案

（一）密品定密常见问题及解决方案

常见问题：密品定密滞后。

问题描述:在产品立项论证和设计阶段,未充分考虑产品密级,未及时确定产品的密级、保密期限、接触范围和保密措施等因素,导致下游管理环节和接收单位无法按照相应密级进行管理。特别是在涉及多个密品装配组成一个产品的时候,单位未履行定密程序,确定产品密级。

解决方案:产品和设备密级的确定,应该从源头做起。设计、研制单位应当在立项论证阶段就进行产品密级的确定,首件生产过程中,应严格按照涉密产品进行全过程管理。

(二)标密

常见问题:未按要求标注密品密级。

问题描述:密品实物无标识,且密品技术说明书和履历本无具体明确。很多情况,军工单位都将履历本的密级视作产品的密级,这种做法是不准确的。

解决方案:密品制造单位应严格按照武器装备科研生产单位保密资格标准的要求进行产品密级的标注。如果产品接收单位对产品密级有所质疑,应通过书面形式进行确认。产品制造单位应通过书面形式对产品密级、保密期限和知悉接触范围进行明确。

(三)密品的保管

常见问题:密品保管场所条件不符合要求。

问题描述:大型密品和数量较多的密品保管条件,无法满足保密管理要求。

解决方案:单位可以根据密品的数量、重要程度和密级进行划分,结合实际,以保核心、保重点的原则,确定密品保管的要求。比如,集中存放机密级和大量秘密级密品的场所,应该满足保密要害的防护措施。

(四)密品传递

常见问题:密品传递不符合保密要求。

问题描述:重要密品在传递过程中,未按要求制订运输保密方案。军工单位未界定本单位重要密品的范围。

解决方案:单位科研生产的主管部门明确重要密品的定义,同时要求在重要、大型密品的运输过程中,对密品的运输路线、时间和保密措施进行保密,依据相应要求制订保密运输方案,保证密品传递过程中安全可控。

第七章 设 备 清

本章所称的“设备清”包含信息系统、信息设备和存储设备的管理。武器装备科研生产单位使用的设备是多样化的，其采购渠道是多途径的，使用要求和管理方法也各有不同，而信息系统、信息设备和存储设备的安全保密管理则要求将不同类型、不同采购渠道、不同用途的设备统一管起来。摸清底数，弄清楚一个单位到底有什么设备、有多少设备是十分必要的，也是做好网络信息安全工作的前提和基础。只有底数清（即设备清），我们才能对号入座，遵循相关的安全保密管理要求，识别不同类型设备存在的安全保密风险，采取有针对性的控制措施，融入业务流程，促使安全保密工作落地。

第一节 设备清的概念、依据及原则

一、什么是设备清

“设备清”就是要弄清信息系统、信息设备和存储的定义、种类、数量和安全保密管理的基本要求。

二、为什么要设备清

人、事、物、信息是保密管理的基本对象，其中人、事、物、信息都离不开设备，设备清是我们做好保密工作的前提和基础。

三、设备的分类及定义

（一）信息系统、信息设备和存储设备

信息系统、信息设备和存储设备是指在日常工作和科研生产活动中配备和使用的各类应用系统、服务器、计算机、网络设备、外部设施设备、存储介质、办公自动化设备、声像设备和安全保密产品。

（二）涉密信息系统

涉密信息系统指由计算机及其相关配套设施、设备构成的，按照一定应用目标和规则存储、处理、传输国家秘密的系统或网络，以及与涉密信息系统连接的其他信息系统，如传感器系统、智能车间网络等。

（三）应用系统

各类应用系统指由硬件设备及系统、接口部件、外部设备、应用软件、支持软件和工具软件组成的，为武器装备科研生产服务的人机系统，以及安装在信息系统中，实现某些专门用途的综合系统。

(四)测试、调试、仿真、工控、数控等信息设备

测试、调试、仿真、工控、数控等信息设备指应用于科研试验、生产制造、产品测试、质量控制、库存配送等活动的专用信息设备。

(五)外部设备

外部设备指与计算机或者信息系统直接物理连接的、不能独立行使其功能的信息设备,包括打印机、扫描仪、移动光驱、读卡器等。

信息系统、信息设备和存储设备保密管理特别容易出现扩大化或缩小化的情况。扩大化即所有信息系统、信息设备和存储设备必须遵循相关的安全保密管理要求;缩小化就是只要求办公电脑(用户终端)和办公网络遵循信息系统、信息设备和存储设备的安全保密管理规定。不管上述哪种情况,都会面临"故意隐藏信息系统、信息设备和存储设备"的风险和由此带来的其他安全保密风险,如果出问题,往往是大问题甚至构成失泄密事件,影响正常的科研生产。

随着设备信息技术的广泛应用,与产品结合的具有计算功能的设备越来越多,这类设备的保密管理边界不易划分,容易出现管理漏洞,作者根据在实际工作中服务于不同类型科研生产业务的范围把计算机类设备分为三种类型:

第一种类型,以计算机形态交付的产品或者具有计算机功能的产品。这种情况下,应该遵循密品或产品的管理要求,满足订货方对产品的技术指标要求。

第二种类型,具有计算机功能的设备。往往这种类型的设备是军工单位自行设计制造的(也有只做设计,外协生产制造的;或者只提供技术指标,外协设计制造的),这种情况下,应该遵循设备的管理要求,明确与产品连接的要求。

第三种类型,与设备配套的计算机。即计算机类型的信息设备,应该遵循信息系统、信息设备和存储设备的管理要求。

四、实施依据

《中华人民共和国保守国家秘密法》;

《中华人民共和国保守国家秘密法实施条例》;

《武器装备科研生产单位保密资格认定办法》;

《武器装备科研生产单位保密资格标准》;

《武器装备科研生产单位保密资格评分标准》;

《关于印发涉密信息系统测评审查管理规定》;

《涉密信息设备使用现场的电磁泄露发射防护要求》(BMB5—2000);

《涉及国家秘密的信息系统分级保护技术要求》(BMB17—2006);

《涉及国家秘密的信息系统分级保护管理规范》(BM20—2007);

《涉及国家秘密的载体销毁与信息消除安全保密要求》(BMB21—2007);

《涉及国家秘密的信息系统分级保护测评指南》(BMB22—2007);

《涉及国家秘密的信息系统分级保护方案设计指南》(BMB23—2008)。

除此之外,依据性文件还应包括军工单位所属行业内主管机构明确的要求和上级机构要求。

五、实施原则

(一)管理规范

归口负责,责任清晰,技术、管理互为依托。

(二)运行稳定

操作规范,风险可控。

(三)安全可靠

业务与安全融合贯穿,相辅相成。

第二节　设备清的实施

一、建立信息系统、信息设备和存储设备的信息安全保密管理体系

(一)建立全生命周期的制度体系,提出不同环节的管理要求。

一个单位的信息系统、信息设备和存储设备的制度体系应该是围绕设备的全生命周期管理建设的。设备的全生命周期是指从采购到销毁的全过程,涉及的业务环节包括需求提出、实施采购、建设验收、转固上账、日常使用、维护维修、报废处置。全生命周期的每个环节都有不同的管理要求,都要严格遵循不同的安全保密管理规定。因此,制度体系建设不仅包括信息安全保密管理体系文件(以下简称安全体系文件,包括安全策略、管理办法和操作规程),还应在全生命周期不同环节的业务制度中明确安全保密要求。

1. 提出需求

“需求”是项目定密、设备界定和落实安全保密措施的源头。很多单位在准备保密资格认定时,常会碰见有的设备安装不了安全产品,例如,某设备有无线模块,有些设置无法更改等难题,归根到底就在于在进行需求分析时,没有考虑定密或者没有准确定密,没有根据设备的性质和用途,结合未来使用的场景、环境分析可能存在的安全保密风险。

军工单位的设备涉及的管理制度有采购管理办法、固定资产投资管理办法、设备研制管理要求等,在这些制度中应该明确设备定密和功能要求,明确安全保密的措施。

2. 实施采购

实施采购主要涉及固定资产投资管理办法、采购管理办法、信息化工作管理办法、安全体系文件等。这些办法中应明确根据需求制订实施方案,同步提出定密要求。在实施方案中,信息系统、信息设备和存储设备的选型应考虑:使用功能需求和保密管理要求的型号、规格、指标和国别,基础设备设施等配套条件,对制造商和实施商的资质和人员要求,实施采购的性质(直接采购还是招投标)。

若是直接采购,应在采购合同中明确根据需求提出的密级和功能要求使用场景,提出对设备携带的无线功能、音视频功能、摄录像功能、存储功能、序列号的唯一性、正版化、国

产化(根据需求)等要求,同时还应该明确提出质保售后、人员服务等具体的合同条款,应用系统采购应明确代码漏洞病毒的要求,明确数据库的要求和开发人员的要求,并且规定签订合同前应查验单位的法人和其他组织统一社会信用代码、法人身份证明和相关资质证明材料。

若是招投标,则实施方案中应该明确招投标的类型(委托邀请和公开招标),应要求在招投标方案(一般分商务部分和技术部分)中明确对设备的具体功能指标要求及设备携带的无线功能、音视频功能、摄录像功能、存储功能、序列号的唯一性、正版化、国产化(根据需求),还应明确质保售后、人员服务等相关的要求。如果招标有其他要求,可以在投标文件递交时增加查验相关资质有效性及其辨别真伪的环节。招标完成后,根据招标结果和投标文件签订合同。这里特别注意的是签订的合同内容应与中标人的投标文件一致,这也是为什么要尽量注意在招标方案中一定要明确相关要求,评标时要关注投标文件对相应的条款是否响应。这样做的目的就是从源头上落实保密要求,即落实保密管理"五同时"要求。

3. 建设验收

建设验收主要是进场的设施建设、设备安装、设备调试、设备验收,涉及固定资产投资管理办法、采购管理办法、信息化工作管理办法等。关键控制点是与施工实施人员签订保密协议,查验现场派驻人员身份是否是合同签订时的乙方单位工作人员(对乙方外聘的人员要提出安全保密管理要求,明确接触的系统设备和活动范围),对施工实施人员进行保密教育,明确本单位的安全保密要求。实施施工安装过程要注意对涉密场所其他环境条件和设备的保护,全部系统设备应查验数量、型号、规格、指标、国别和功能,是否按照合同规定条款已经对设备上的无线功能、音视频功能、摄录像功能、存储功能等进行了处置,系统自身调试与其他系统(设备)联调是否正常、有无病毒、有无漏洞,日志审计权限配置等关键功能是否可以正常记录,日志存储空间是否满足要求,配套的设备设施条件和防护条件是否到位等。特别要注意的是调试测试过程应独立进行,不能使用涉密数据、连接涉密设备或密品,对于非标类的测试台(使用工控机组成的)应制定专项保密管理要求。系统设备验收时要注意查验合同中规定的安全保密相关要求是否全部落实,相关文档记录或实物是否提供完整,涉及二次开发的源代码是否提供完整,是否可编译。验收环节可能会根据项目的性质分为设备单项验收和项目整体验收两个环节。

4. 转固上账

这个环节看似简单,但在实际工作中很容易出现问题,也是设备清的关键。对于军工单位,我们所指的设备台账,在很多单位都会被默认为资产台账。资产是一个财务概念,它有其特定的使用范围和要求,按照财务管理的要求,在项目完成验收后,项目中采购或建设的设备要进行转移,变为固定资产并形成台账。固定资产台账形成的粗细程度实际上是和建设或采购的设备类型、项目的性质有关。资产台账与实物台账可能会因为这个原因产生差异。另外,在实际工作中设备转为固定资产是一个长期的过程,它受项目的整体进度影响或者单位财务资产管理要求的影响,往往会出现已经投入使用的设备没有台账的情况。有一个解决的办法是在传统的转固上账前增加一个控制点:实物验收上账,即先完成实物的到货验收,形成"实物台账";再根据项目的验收进度和要求根据已有的"实物台账"进行设备的转固验收,形成"资产台账",就形成了可以满足不同业务视角关注的"一本帐"。

信息系统、信息设备和存储设备的台账在安全保密管理中的主体是实物台账,实物台账应如实记录设备实际情况,确定台账要素、粘贴保密标识,可不去考虑设备所属的项目要素,既可以保证单位内实物台账的及时性、准确性,也可以满足项目管理要求,形成一本台账。需强调的一点:实物台账和资产台账只是从两个不同业务的视角为了方便理解提出来的,其核心就是一本帐。

5. 日常使用

信息系统、信息设备和存储设备的日常使用应遵循国家保密法规标准,结合本单位工作实际,制定安全体系文件,并严格执行。一般情况下安全体系文件包括以下三部分内容。

(1)管理制度

管理制度与保密管理基本制度中的信息系统、信息设备和存储设备的安全保密管理办法是一致的(文件的结构可以不一样,但内容要一致),它保障安全策略提出的对策和解决方案能够正确执行,包括信息系统、信息设备和存储设备的管理、使用、维护,以及保障安全策略相关的各项规定和要求,制定时应该涉及以下方面的内容:范围和原则、职责与分工、人员配置及要求、体系的构建与运行、基本要求(禁止项)、信息系统(建设和测评、专用系统和设备、机房和服务器、备份与恢复)、应用系统(建设、测试、测评、运行、维护、废止)、信息设备和存储设备(台账与标识、定密和变更、外出携带、导入导出、软硬件拆卸安装、维护维修报废和销毁、存储设备和集中存储、绝密级计算机、非密计算机、互联网计算机)、安全保密产品(配置、使用)、监督与奖惩。

(2)安全策略

安全策略是对安全问题提出对策和解决方案,应当包括信息系统、信息设备和存储设备安全保密的整体目标和范围、安全原则、安全方针、安全组织机构、安全管理人员、安全保密产品和工具、物理和环境安全、通信和传输安全、信息设备安全、存储设备安全、操作安全(主要是身份鉴别、访问控制和导入导出)、应用系统安全、信息交换安全、数据和数据库安全、备份与恢复安全、开发和维护安全、审计安全,以及相关的运维安全管理等。

(3)操作规程

操作规程是安全策略在信息系统、信息设备和存储设备上具体实现的操作步骤,应当明确实施安全策略的资源、设备、工具和人员,确定安全配置管理权限的划分和变更流程,明确实施安全策略时应当履行的规定程序和具体步骤。在制定操作规程时可以简单的理解为既然操作规程是安全策略具体实现的操作步骤,那在文件结构上这两份文件基本是一致的。

6. 维护维修

军工企业中纳入信息系统、信息设备和存储设备的类型有很多,在实际工作中这些设备的维护维修是由多个部门来进行维护维修的。但不管谁来承担维护维修工作,属于信息系统、信息设备和存储设备范畴的设备的维护维修都应该遵循安全保密要求,并将安全保密要求纳入自己的业务管理规定。这里说的"承担维护维修工作"包括负责维护维修管理工作和实际维修工作的管理机构和运维机构。

有的设备采购时往往是设置了质保期条款要求的,使用过程中各类设备出现问题的维护维修如在质保期内就会执行质保期要求。因此在合同(或者招标文件)设置质保期条款时就应考虑信息安全保密要求,质保期内的维修也应遵守和履行安全保密规定。不能拿合同规定的质保期要求当作拒绝执行安全保密管理要求的"挡箭牌",这样既暴露出业务和安全保密"两张皮"的状态,也会出现有重大失泄密隐患的风险。

7. 报废处置

在固定资产处置管理办法、废品废件处置程序、报废销毁管理办法等制度体系中应该增加落实信息安全保密管理要求，确保处置符合各方面的管理规定。

（二）建立职责清晰的管理体系，明确部门职责及岗位人员分工

军工单位的信息系统、信息设备和存储设备安全保密管理应在保密委员会（网络安全和信息化工作领导小组）的领导下，由网络安全专业负责人或信息化总师负责专业技术，由相关的业务部门履行安全保密管理责任，保密总监和保密工作机构负责指导、监督和检查责任落实情况。相关的业务部门按照归口管理的要求在各自的业务管理办法中落实信息安全保密管理要求和技术措施。相关部门和岗位的信息安全保密管理职责如下。

1. 信息化管理部门

信息化和信息安全保密归口管理部门负责信息化的规划、建设、运行维护及安全保密的管理工作。负责组织制定安全体系文件，会同人力资源部门建立“三员”的安全保密管理制度；负责签订运维（维修）合同（含保密协议和保密承诺），监督运维机构的日常工作；会同设备管理部门建立总台账，定期组织对信息系统、信息设备和存储设备进行清查核对和登记，负责组织信息系统、信息设备和存储设备报废；负责标识的确定、制作和管理；负责组织安全审计和风险自评估。信息化管理部门要接受保密工作管理部门的指导、监督和检查。

2. 信息化运维机构

信息化运维机构主要负责信息系统、信息设备和存储设备的全生命周期运行维护；负责建立信息系统、信息设备和存储设备全生命周期档案；负责制定运行维护工作制度和操作规程；负责安全产品的部署、状态和策略检查记录；负责落实安全审计和风险自评估，并编制相关报告；负责安装各类系统的补丁；负责机房及其配套设备设施的使用管理；负责信息设备和存储设备、信息输入输出、外出携带和互联网计算机的使用管理。

信息化运维机构可以根据军工单位从事的信息化业务进行职责划分，如信息系统、信息设备和存储设备的全生命周期运行维护；信息化的发展规划、总体架构、建设实施、应用设计开发等信息化技术工作；信息导入导出、外出携带、存储介质、互联网计算机使用等信息服务工作。在一个单位中，运维业务既可以是一个运维机构负责，也可以是多个部门负责，但都得落实信息化管理部门制定的安全体系文件要求，接受信息化管理部门的监督和管理。

信息化运行维护机构可以是接受本单位信息化管理部门业务监管的内设机构（如信息中心、网络中心、计算中心、计算机室等），具备信息系统、信息设备和存储设备日常运行维护和安全保密管理的能力。

信息化运行维护机构也可以由非本单位机构负责涉密信息系统、涉密信息设备和涉密存储设备运行维护工作。但要注意以下三个方面的要求：

（1）被委托单位与委托单位为同一法人（或者同一上级法人）的直接下属单位的内设机构，受信息化管理部门委托开展运行维护工作，并接受监督指导。一级保密资格单位仅能选择此种方式委托运维工作。

（2）选择非同一法人（或者非同一上级法人）的机构（单位）承担运行维护工作的，被委托机构（单位）应当具备国家保密行政管理部门颁发的涉密信息系统运行维护资质，并指派专业技术人员（涉密人员）在信息化管理部门监督管理下负责运行维护工作。

(3)委托单位信息化管理部门应当与被委托承担涉密信息系统运行维护的机构(单位)签订运行维护工作合同和保密协议,会同人力资源部门对受委托承担运行维护的人员进行保密审查和保密教育,并确保实际参加运维的人员与合同确定人员一致。受委托承担运行维护的人员应当签订保密承诺书。

3. 保密管理部门

保密管理部门负责指导、监督、检查信息化管理部门是否履职;负责组织特殊设备或信息系统接入方案和安全保密方案专家评审;负责组织信息系统、信息设备和存储设备的销毁,建立销毁清单。

4. 其他职能部门

其他职能部门负责各自对口业务的信息系统、信息设备和存储设备的使用管理;负责其采购设备和建设项目的安全保密管理要求和技术措施的落实。例如,人力资源管理部门负责三员管理、安全体系培训管理;设备(资产)管理部门会同信息化管理部门建立总台账,定期组织对信息系统、信息设备和存储设备进行清查、核对和登记;档案和宣传管理部门负责声像设备和多媒体设备的使用管理;行政和会议管理部门负责数字化会议室和视频会议系统的使用管理;基础建设管理部门负责信息系统、信息设备和存储设备所需的强弱电(综合布线)基础设施建设及维护管理;保卫管理部门负责信息系统、信息设备和存储设备所在物理位置的安防设备设施管理;密码管理部门负责网络密码机密匙的管理等。

5. 其他使用单位

其他使用单位负责各种业务范围内使用的信息系统、信息设备和存储设备的使用管理;提出各自业务范围内信息系统、信息设备和存储设备的建设需求和指标要求;负责根据需求进行定密。

6. 机构岗位设置

军工单位从事信息安全体系的队伍并不仅仅是信息化管理部门的人员和运维机构的人员,它需要多方配合、相互协同、各司其职、通力合作才能有效完成工作,上至分管负责人,下至单位内部每一名工作人员。信息安全体系的人员队伍建设和分工方面,应重点关注以下几个层次的岗位和人员:

(1)信息系统、信息设备和存储设备安全保密工作实行领导责任制和岗位责任制。单位法定代表人或者单位主要负责人为第一责任人,分管业务负责人为直接责任人,其他业务负责人对分管业务范围内的信息安全保密工作负直接领导责任,信息安全技术负责人负专业化技术和管理责任,各部门负责人对本部门网络安全保密工作负直接管理责任。

(2)信息化管理部门明确主管信息化的领导,配备一名信息化和信息安全专业技术管理人员进行专业化管理。

(3)涉密信息系统、信息设备和存储设备配备系统管理员、安全保密管理员和安全审计员(简称"三员"),分别负责系统运行、安全保密和安全审计工作;网络管理员、数据库管理员、应用系统管理员等其他人员也属于"三员"范畴。其中涉密应用系统的"三员"可设置在业务部门,或者经过业务部门的授权设置在信息化技术部门。

(4)信息系统、信息设备和存储设备配备除"三员"外的其他维护维修人员,应参照"三员"要求和管理。

(5)各部门指定一名领导负责本部门的信息系统、信息设备和存储设备的安全保密管理工作,指定一名兼职计算机管理员协助"三员"做好本部门信息系统、信息设备和存储设备的运行维护和安全保密工作。若由兼职计算机管理员承担“三员”职责范围内的工作(操作系统重装除外),该兼职计算机管理员应纳入“三员”范畴。

7. 有关岗位职责分工要求

(1)领导层

①单位法定代表人或者单位主要负责人、党委书记是信息安全保密的第一责任人,对单位涉密网络的安全保密工作负组织领导责任,协调、督促相关部门落实人力、物力、财力等保障条件,督促检查信息安全保密工作领导责任制的落实情况。

②分管业务负责人是信息安全保密的直接责任人,负责信息安全保密工作重要事项决策、队伍建设和安全考核。

③主管保密的领导负责监督指导检查信息安全工作的落实的有效性。

④其他主管业务负责人按照“业务谁主管保密谁负责”的原则,对分管业务工作范围内与信息系统、信息设备和存储设备有关的安全保密工作负领导责任。

⑤信息安全技术负责人(可以是网络安全总监、信息化总师/副总师)负责组织、指导本单位信息安全保密总体规划和体系建设,并推进规划落地实施,督促信息化管理部门和运维机构履行职责;掌握信息安全保密工作情况,组织向单位领导报告信息安全保密重大事项,提出工作部署、检查、总结、考核等工作建议;组织开展信息安全保密检查和泄密隐患排查、安全事件调查和审查,对重大隐患整改提出建议或整改意见并督促落实。

⑥保密总监负责监督指导检查单位信息系统、信息设备和存储设备相关的国家保密有关政策法规的落实情况。

(2)管理层

信息安全保密管理人员负责信息安全保密的专业化管理工作,监督指导检查信息化技术部门和人员落实涉密信息系统安全管理的情况。

保密工作机构技术人员负责监督指导检查信息化管理部门和人员落实涉密信息系统安全管理的情况。

(3)技术层

①系统管理员

系统管理员主要负责系统的日常运行维护工作,系统管理员可分为网络管理员、数据库管理员、操作系统管理员和应用系统管理员,负责对涉密计算机信息系统的软硬件系统进行维护和管理,保障涉密计算机信息系统的正常运行。系统管理员应清楚地了解信息系统、信息设备和存储设备的运行条件、技术性能、空间分配、参数设置等技术指标,并熟练掌握其操作规程。其具体职责包括:

a. 负责网络系统、服务器系统的日常运行管理和维护及技术支持,保障网络系统、服务器系统、数据库系统和各种软硬件系统正常运行。

b. 负责定期分析网络设备、操作系统等的系统日志,针对系统异常、错误或报警等日志分析原因,提出和实施解决办法。

c. 对信息系统、信息设备和存储设备的系统日志、策略配置文件等数据定期进行备份。

d. 在安全保密员配合下,定期升级安全保密设备及其规则库。

e. 根据信息系统、信息设备和存储设备运行需求的变化,不断优化系统运行环境,及时调整网络运行状态,合理配置网络资源。

f. 配合安全保密管理员定期进行病毒的查杀、处理工作,保障信息系统、信息设备和存储设备与安全设备相协调，确保系统管理操作符合安全保密策略。

g. 负责网络信息统计分析，每月编写网络运行报告。

h. 负责应用系统用户注册、应用系统内部配置等工作。

②安全保密员

安全保密管理员负责信息系统、信息设备和存储设备的日常安全保密管理工作。安全保密管理员应了解信息系统、信息设备和存储设备的安全隐患、安全策略、用户权限以及参数设置等技术指标，并熟练掌握安全保密产品的操作规程。其具体职责包括：

a. 负责提出文档化的信息系统、信息设备和存储设备安全策略文件编制建议，实施各类安全保密设备的安全策略，并根据环境、系统和威胁变化情况及时调整、更新安全策略，及时备份安全保密策略。

b. 检查分析安全保密设备、操作系统用户操作日志。

c. 协助系统管理员完成操作系统的各项配置，制定和实施安全策略。

d. 负责编写职责范围内的安全管理系统日志审计、异常事件和行为统计。

e. 负责对普通用户及安全审计员的操作行为进行审计。

f. 负责网络安全日志、事件信息统计分析，定期开展风险评估工作并形成文档化的风险分析报告。

g. 负责应用系统的用户权限管理和用户的操作日志审查分析工作。

③安全审计员

安全审计员负责对系统管理员、安全保密管理员的操作行为进行审计、跟踪、分析和监督检查，以及时发现违规行为，安全审计员应具备系统日志分析、安全事件分析和取证的技术和能力。其具体职责包括：

a. 对系统管理员、安全保密管理员制定和更改操作系统、应用系统、网络设备、安全设备的安全策略、用户权限以及参数设置等进行审核和监督操作。

b. 定期分析操作系统、应用系统、网络设备、安全设备的安全日志，每月检查系统管理员、安全保密管理员填写的维护记录，通过记录对系统管理员和安全保密管理员的操作行为实行监督，对可疑的信息进行安全审计和跟踪控制，发现违规行为应及时向信息化管理部门和保密管理部门汇报相关情况。

c. 每月组织及汇总安全审计报告，并向信息化管理部门和分管信息化的负责人、信息安全技术负责人报告安全审计情况。

④维护维修人员

负责信息系统、信息设备和存储设备软硬件拆卸安装及硬件的维护维修报废，重装操作系统工作经系统管理员授权后可由维护维修人员负责。

(4)业务层

相关业务部门应指定负责归口业务范围的信息系统、信息设备和存储设备及配套的设备、设施的全生命周期内的设备管理人员。职责如下：

a. 负责对本部门管理和使用的信息系统、信息设备和存储设备的安全保密管理和运行维护进行监督、检查。

b. 负责本部门管理和使用的信息系统、信息设备和存储设备的软硬件资源的日常维护，包括定期组织病毒库升级、查杀病毒和系统补丁升级。

c. 负责本部门管理和使用的信息系统、信息设备和存储设备运行监控、故障信息传递。

d. 负责定期开展本部门管理和使用的信息系统、信息设备和存储设备安全检查工作，发现问题应及时报告给保密管理部门和信息化管理部门，配合信息化运维机构做好问题闭环处理。

e. 负责本部门管理和使用的信息系统、信息设备和存储设备的部门级台账，台账中的基本要素与计算机设备台账中的要素必须一致。

⑤“三员”管理要求

a.“三员”相互独立、相互制约，不得兼任或交叉替代；机密级（含）以上涉密信息系统“三员”应当确定为重要涉密人员，秘密级信息系统“三员”可以确定为一般涉密人员；应用系统“三员”的涉密程度根据应用系统密级来确定。

b.“三员”须通过国家保密行政管理部门、国防科技工业管理部门，或者国家保密行政管理部门授权的其他部门或者单位组织的专业培训，具备上岗能力后，由人力资源部门进行任命或者下发相应的上岗文件。未参加培训或者不具备岗位能力的人员不得任命为“三员”，也不得从事与涉密信息系统、涉密信息设备和涉密存储设备相关的运行维护工作。

c.“三员”上岗后，单位应根据工作需要，定期安排“三员”参加安全保密管理和专业技能方面的培训，坚持持续教育。

d.“三员”配备、录用、管理、资质和培训、监督、离岗执行人力资源部门制定的“三员”安全保密管理办法。

e.“三员”不再从事涉密信息系统运行维护工作时，须向人力资源部门提交个人重大事项报告并办理交接手续，对各种证件、钥匙、IC 卡、USBKEY（个人办公及全部“三员”用）、涉密文件、技术资料、软件、介质（含工具光盘）、管理口令和安全保密设备等物品进行清查登记并全部退还，并做相应的工作交接。新上岗“三员”应立即对交接的各类系统管理口令进行变更；交接过程须全部留有记录。

重点提示：一是“三员”是涉密岗位中的一种（可根据需要细分）；二是“三员”权限划分原则中分级保护标准和保密认定标准提的要求不一样，认定标准严于分级保密标准；三是“三员”任命前须通过专业培训，具备上岗能力，再由人力资源部门进行任命，方能上岗开展工作；四是“三员”上岗后，应根据工作需要，定期安排“三员”参加安全保密管理和专业技能方面的培训，进行持续教育。

（三）建立可持续改进的信息安全保密管理体系，确保体系的有效性、合规性

构建具有生命力、具有可操作性的信息安全保密管理体系需要注意以下内容：

（1）信息化管理部门制定安全体系文件，内容至少要覆盖涉密信息系统、与涉密信息系统互联互通的专用信息系统、非涉密系统等。

（2）信息化运维机构制定运行维护工作制度和操作规程，落实信息系统、信息设备和存储设备的安全保密要求。

（3）各归口管理部门应按照各自的业务分工，在本部门业务管理办法中落实安全体系文件提出的要求，其中“三员”的安全保密管理办法由人力资源部门制定（可纳入单位的人员管理办法）。

（4）安全体系文件由信息化管理部门发文，经保密管理部门审核后，报分管信息化和保密工作负责人批准施行，安全体系文件发文需符合单位的公文规范和流程；信息化运维机

构制定的运行维护工作制度和操作规程,原则上由运维机构内部完成审批即可,但为了确保其与安全体系文件的匹配性和可操作性,建议由网络安全专业负责人或信息化总师批准。

(5)安全体系文件需对全员开展宣贯培训,确保策略制度规程有效落实;运行维护工作制度和操作规程应在信息化运维机构内部开展实操型培训,确保运行维护人员的操作能够执行安全体系文件。安全体系文件的培训应纳入单位的培训计划,并提供全员培训的完整记录。

(6)物理环境、安全保密设施、风险威胁变化时,需及时调整更新安全体系文件,调整依据安全风险分析的结果,以不降低整体安全强度、确保国家秘密安全为原则。当涉密信息系统、涉密信息设备和存储设备的物理环境发生重大改变,涉密设备发生较大的增加、延伸、扩展、缩减、拆卸等变化,出现新的安全隐患和风险时,都应当进行调整。

(7)定期对信息系统、信息设备和存储设备进行安全审计,对审计内容进行综合安全分析,形成审计报告,报信息化管理部门、信息安全技术负责人和分管信息化负责人审阅。相关人员审阅时应根据审计报告反馈出的现象和问题给出审阅意见,信息化管理部门要根据审计报告和审阅意见,监督运维机构完成问题整改并形成记录。

(8)每半年信息化管理部门会同保密管理部门、运维机构和相关业务部门(主要是设备资产管理部门和人力资源部门),进行一次安全保密检查和设备核查,并形成检查记录(简报)。

(9)定期对涉密信息系统、信息设备和存储设备进行风险自评估,查找脆弱性和威胁,确定风险和隐患,及时采取整改措施,形成风险自评估报告,报信息化管理部门、信息安全技术负责人和分管信息化负责人审阅。相关人员审阅时应根据审计报告反馈出的现象和问题给出审阅意见,信息化管理部门要根据审计报告和审阅意见,监督运维机构完成问题整改并形成记录。

(10)安全审计、风险自评估和检查中发现需要修订完善安全体系文件的,应及时修订。

二、设备清的实施要求和方法

搞清楚怎么建立设备清,那么接下来我们要做的就是如何实施设备清。除了上述在弄清楚信息系统、信息设备和存储设备的定义基础上,明确军工单位内部各机构的职责权限、不同岗位人员工作要求,构建可持续运行和完善的信息安全体系外,实施层面主要是关注以下几个方面。

(一)基本要求

实施落实信息安全保密管理体系,首先要搞明白安全保密的红线,绝不碰触这些红线。

(1)禁止将涉密信息系统、信息设备和存储设备接入(含直接或间接)互联网及其他公共信息网络(有线电话网、有线电视网、微波通信网、移动通信网等)。

(2)禁止在未采取防护措施的情况下,在涉密信息系统、信息设备和存储设备与互联网及其他公共信息网络之间进行信息交换。

(3)禁止使用非涉密信息系统、信息设备和存储设备(无论是否连接互联网)存储、处理、传输国家秘密信息。

(4)禁止在未采取保密措施的有线或者无线通信中传递国家秘密。

（5）禁止未经安全技术处理，将退出使用的涉密信息设备、涉密存储设备赠送、出售、丢弃或者改作其他用途。

（6）禁止擅自卸载、修改涉密信息系统、信息设备和存储设备的安全技术程序、管理程序。

（7）禁止修改、删除涉密计算机保密技术防护专用系统的监控程序报警回联地址。

（8）禁止擅自访问、下载、存储、传输知悉范围以外的国家秘密。

（9）禁止擅自扫描或者检测涉密信息系统的网络基础设施、安全保密产品以及应用系统等。

（10）禁止故意隐藏信息系统、信息设备和存储设备，规避安全保密管理要求。

（11）禁止未经审批更换涉密服务器、涉密计算机硬盘，或重装操作系统；年度内经过审批重装系统和更换硬盘的设备数量不得超过涉密信息设备总数的20%；保密认定现场审查前6个月内涉密计算机、信息交换机、中间机、涉密便携式计算机更换硬盘和重装系统数量不得超过其各自总数的20%。

（12）涉密信息系统、信息设备和存储设备不得存储、处理或传输高于其设备涉密等级的涉密信息。

（13）涉密信息系统、信息设备和存储设备不得具有无线通信功能/模块，不得连接具有无线通信功能的外部设备或部件。

（14）禁止委托无相应资质单位承担涉密信息系统集成工作（含系统集成、软件开发、综合布线、安防监控、屏蔽室建设、系统咨询、工程监理、运行维护、数据恢复），且不得由境外企业（公司）或独资、合资企业（公司）承担。

（15）禁止将安防监控（涉密安全传感器系统除外）、消防、智能楼宇等系统和设备接入国密网。

（16）禁止涉密信息系统和信息设备与其他非涉密信息系统（门禁、考勤、用餐卡等）共用身份鉴别物理装置。

（17）涉密信息系统、信息设备和存储设备应当按照规定程序进行维修和报废，禁止维修人员恢复、读取和复制待修设备中的涉密信息，禁止通过远程维护和远程监控，对涉密信息设备进行维修。

（18）严禁在涉密信息系统、信息设备和存储设备中使用国家保密行政管理部门明文禁止使用的软件、硬件等设备产品。

（19）禁止携带手机等无线通信设备（含智能手环、手表等），以及与工作无关的具有录音、录像、拍照、信息存储等功能的设备进入主机房。

（20）禁止将个人具有存储功能的信息设备和存储设备带入涉密场所。

（21）涉密信息设备不准处理、保存与工作业务无关的信息，不得将单位的涉密信息设备私自转借他人使用。

（二）信息系统建设

1. 信息系统建设

（1）信息系统建设前应先明确建设的依据，并依据相关标准制定建设方案和安全保密方案，保密管理部门应参与方案论证；建设方案中应提出系统拟定密级，即进行系统定级。

（2）建设前需根据工程的具体情况划定保密范围；建设选址需选择可控的安全区域内，

远离涉外场所、对外服务的公共场所以及公用区的场地或部位。

(3)建设完成后试运行期间,不得在系统内存储、传输和使用涉密数据;非涉密专用系统接入涉密信息系统前,需按照相关要求组织专家进行方案评审并进行系统定级。

(4)若单位需要将单台涉密计算机组网构建涉密信息系统(原先无涉密信息系统),应先制订方案、系统定级,通过专家评审后,先建立涉密信息系统,涉密信息系统通过测评后,方能按照对应的安全域将原有的单台涉密计算机接入涉密信息系统。

2. 信息系统测评

系统投入正式运行前申请测评时应如实申报拓扑结构、安全机制和运行全部应用系统,由通过符合要求的保密测评机构进行测评,取得《涉密信息系统审查合格证》后,方可投入涉密运行;在下次审查日期的30个工作日前提出测评审查申请,每两年通过一次风险评估,更新合格证;取得合格证后,涉及事项发生重大变化时,应当向上级主管单位及时报告,根据国家保密行政管理部门的综合评估结果重新接受测评或者风险评估。涉及重大变化事项如下。

(1)需要整网重新测评的

密级或保护等级上调的;边界安全防护措施、安全域划分等变化导致系统原有网络拓扑结构发生重大变化;跨不可控区域密码保护等措施发生重大变化或者失效;两个或两个以上涉密信息系统合并;其他变化可能导致整个涉密信息系统出现系统性安全保密风险的。

(2)需要对变化部分及其相关部分进行测评审查的

新增涉密应用系统(包括原有涉密应用系统升级改造或者其部署方式发生重大变化)或者新增与涉密应用系统直接进行信息交换的非涉密应用系统;新增信息单向(双单向)导入系统;新增涉密信息系统互联互通相关的接入区、公共服务区等安全域;系统所在楼宇、机房所在房间等物理环境发生变化的;系统周边物理环境发生重大变化的;新增跨不可控区域的接入节点;接入终端数超出系统规划终端总数或终端连接范围超出系统使用范围;其他变化可能导致系统出现局部性安全保密风险的。

(3)需上报备案后即可投入使用的

新增与涉密应用系统无直接信息交换的非涉密信息系统;新增终端未超出系统连接范围、所采取的防护措施与审查通过的终端防护措施一致且接入终端数未超出系统规划终端数;系统建设使用单位、保密责任部门或运维责任部门名称发生变化等情况。

3. 专用系统或设备

专用系统或设备应当根据用途以及存储和处理信息确定是否涉密。如果涉密,应当履行定密程序,确定每台设备的密级,按照密级明确管理要求和应用采取安全保护措施。

(1)不接入涉密信息系统的,以单台设备独立运行的单台涉密专用设备,应当指定责任人负责管理和维护。原则应安装相应的安全保密产品,设置安全策略;确实无法安装安全保密产品,或者安装后影响设备正常使用的,应当说明理由提出申请,经批准后可不安装。使用中应制定专项管理制度、安全保护策略和技术控制措施,加强管理。

(2)独立构成涉密网络的专用系统和设备,应当按照涉密信息系统分级保护的要求,申请涉密信息系统的系统测评或风险评估,取得国家保密行政管理部门颁发的《涉密信息系统审查合格证》。

(3)需接入涉密信息系统进行实时信息交换的专用系统或者设备,应制定专门的接入方案和安全保密方案，通过专家评审后，报国家保密行政管理部门审查，此类系统和设备施行分级分域管理，采取技术管控措施实现不同安全级（域）间的信息流向控制。

（4）连接涉密信息系统专用系统为非密系统的，不得直接或间接连接互联网或其他公共信息网络；与涉密信息系统连接的专用设备应物理封堵或拆除不使用的网络、USB、串行、并行、读卡器等数据接口，充分利用操作系统提供的功能进行安全策略配置，并定期检查其安全状态；涉密科研生产现场视频监控系统由涉密人员实施管理和监控；专用系统和设备维修、报废、销毁遵循设备管理，其中具有存储功能的固件或硬件若涉密，应遵循涉密信息设备和存储设备的维修、报废、销毁管理。

4. 机房和服务器

（1）涉密信息系统机房包括主机房、辅助区、支持区等，其中主机房应当确定为保密要害部位，配备相应的物防和技防措施，并粘贴相应标识，主机房应当与机房的其他区域之间采取隔离控制措施；涉密信息系统设备间应按保密要害部位进行管理，配备相应的物防和技防措施。

（2）涉密信息系统主机房所在楼宇出入口配备值班人员，实行出入刷卡验证。

（3）涉密信息系统机房实行专人管理。任何人（含信息系统运行维护人员）进入主机房，应当办理进出保密要害审批并进行登记记录，因工作需要带入具有录音、录像、拍照、信息存储等功能的设备也需办理审批程序。

（4）日常运行维护工作须使用辅助区的堡垒机或者 KVM 设备，记录操作内容，妥善保存操作记录和审计日志，不得修改和清除；涉密服务器和非密服务器不得使用同一套 KVM 系统进行管理，不得通过办公计算机或远程终端设备进行运维；确因工作需要进入主机房直接对服务器等设备进行操作时，还需办理审批手续，由至少两名以上单位内部运行维护人员同时进入，共同完成操作，形成文字记录，双人签字，工作结束后同时离开。

（5）涉密信息系统服务器须设置符合要求的访问控制机制，禁用默认共享，任何人员不得擅自或越权访问、操作服务器，严禁越权访问或者操作涉密信息系统服务器。应当明确每个服务器对外开放的端口，关闭服务器多余端口和服务，并形成列表文档，说明每个运行服务和开放端口的用途。

（6）涉密信息系统服务器需设置符合要求的身份鉴别措施，未实施 PKI 系统身份鉴别的服务器应启用复杂口令策略，删除多余用户，禁用 Guest 用户，限制单个用户对系统资源的最大或最小使用限度，并办理相关审批手续。

（7）涉密信息系统服务器需采取安全加固措施，充分利用操作系统提供的安全策略进行安全设置，配置必要的安全保密产品并设置相关的安全策略，对于服务器上不使用的各种接口和端口应当采取技术手段或者物理措施进行封堵，防止被非授权利用。

（8）用于存放及下载软件白名单安装程序的服务器，仅限于该服务器系统管理员能上传安装软件，其余用户终端通过规定方式获得安装软件的使用权限，禁止该服务器存储和处理涉密信息，不得通过该服务器访问其他涉密服务器。

（9）涉密信息系统中关键业务数据和涉密信息应采取备份措施，并实现备份与恢复中的权限控制。

①关键数据备份应当包括涉密信息系统中的重要应用系统的安装文件和运行文件、数据库数据、文件数据、关键设备的配置参数以及安全保密产品的策略文件、日志文件等。

②应用系统备份主要包括应用系统的配置备份以及应用系统程序备份等。

③数据(信息)备份主要包括数据库备份和关键业务数据(信息)备份等。

④机密级以上服务器应当定期对服务器操作系统、应用系统、安全策略配置文件、安全日志等进行系统备份,提供服务的应用程序产生的日志也应当进行备份。

⑤备份工作应当根据相关管理制度和备份策略进行。备份前,应办理审批,由“三员”负责操作;“三员”只有一个人时,不得进行备份与恢复操作。

(10)主要服务器硬件、部件以及相应的操作系统应采取备份措施。对于关键应用服务器和安全控制服务器,应当配有备用设备,原则上应采取双机热备方式;服务器操作系统配置应当定期备份,服务器操作系统配置发生变化时应当及时进行备份。

(三)应用系统建设

1.应用系统建设方案

应依据相关标准制定方案,在应用系统需求提出阶段,根据其存储和处理信息的最高密级确定密级,方案中应明确安全保密要求,明确应用系统拟定密级、使用环境和范围,设计和开发时应同步进行安全保密功能的设计开发,履行定密审批。

2.应用系统测试与运行

应用系统开发和测试所使用的网络环境和设备应与涉密信息系统分离;禁止使用涉密信息作为测试数据;应用系统投入正式运行前都应通过测评(可进行单项检测),涉密信息系统中的应用系统名称与《涉密信息系统审查合格证》批准的内容一致。

3.应用系统维护与废止

应用系统进行维护或升级应参照维护维修规定程序履行审批记录;应用系统废止,应向保密管理部门备案,并按照有关保密规定妥善处理涉及国家秘密信息的设备、产品、介质、数据库和文档资料,防止失泄密事件的发生。

(四)使用和管理

1.台账和标识

信息系统、信息设备和存储设备应该按照以下内容分类建账。

(1)信息系统:包括涉密信息系统、内部非涉密信息系统、互联网及与其相连的其他专用系统和设备(含涉密科研生产现场的视频监控系统、工业控制系统、视频会议系统等),包括服务器(应用系统服务器、数据库服务器、安全保密产品服务器、安全控制服务器、数据备份服务器等)、小型机、中型机、大型机、巨型机、操作终端、堡垒机、交换机、路由器、网关、网闸、VPN 设备、KVM 设备等。

台账中至少应当包括以下要素:编号、名称、型号、密级(绝密、机密、秘密)、用途、所属部门、放置地点、责任人、操作系统安装日期、硬盘序列号、设备序列号、IP 地址、MAC 地址、启用时间、使用情况(包括在用、停用、归库、维修、报废)等。

(2)信息设备:包括各类台式计算机、便携式计算机、各种工作站、非线性编辑机、工业控制机、打印机、打字机、复印机、传真机、多功能一体机、制图机、绘图仪、晒图机、扫描仪、速印机、外接式光盘刻录机、移动光驱、照相机、摄像机、硬盘录像机、录音机、投影仪、音视频矩阵、视频会议设备、专用显示器或电视机、读卡器等。

台账中至少应当包括以下要素:编号、名称、型号、密级、用途、所属部门、放置地点、责任人、操作系统安装日期、硬盘序列号、设备序列号、IP 地址、MAC 地址、启用时间、使用情况等。

(3)存储设备:包括各类硬盘和固态存储器、移动硬盘、光盘、U 盘、软盘、存储卡、记忆棒、录音带、录像带、录音笔等,非涉密光盘可以不建立台账,但是操作系统安装、软件安装、病毒库升级、清除工具、检查工具等工具光盘应当上账,并应当根据用途分为涉密专用和非涉密专用。

台账中至少应当包括以下要素:编号、名称、型号、密级、用途、所属部门、放置地点、责任人、设备序列号、硬盘序列号(仅适用于集中存储类设备)、启用时间、使用情况等。

(4)安全保密产品:包括病毒防治、密码产品、身份鉴别(IC 卡、USBKEY、指纹仪等)、访问控制、接入控制、输入输出控制、监控审计、入侵监测、边界控制和防护、电磁辐射和传导泄漏发射防护产品、漏洞扫描、存储保护、信息消除、移动存储设备销毁工具、检查工具等。安全保密产品台账分两种,一种是安全保密产品分类台账,一种是同一类安全保密产品下多个物理装置的台账。

安全保密产品分类台账至少应当包括以下要素:编号、名称、型号、密级、生产厂家、检测证书名称和编号、责任人、部署位置、购置时间、启用时间、使用情况等。

安全保密产品物理装置(IC 卡、USBKEY、指纹仪、单导盒等,红黑隔离电源不用建立物理装置台账)台账至少应当包括以下要素:编号、名称、型号、密级、用途、所属部门、放置地点、责任人、序列号、启用时间、使用情况等)。

(5)应用系统:有各种硬件设备及系统、接口部件、外部设备、应用软件、支持软件和工具软件组成的,为武器装备科研生产服务的人机系统,以及安装在信息系统中实现某些专门应用的综合系统。

其中打印机、扫描仪、移动光驱、读卡器等又称外部设施设备,特指与计算机或信息系统相连接的、不能独立行使其功能的信息设备。

其中打字机、复印机、多功能一体机、碎纸机、速印机、晒图机、绘图仪等,及其相关存储附件和耗材(其中部分设备也可以看作是计算机的外部设备),日常工作中又称办公自动化设备。

其中照相机、摄像机、录音机、投影仪、非线性编辑机、扩音设备、音频矩阵、视频矩阵、视频会议设备、数字化会议设备、存储卡、记忆棒、录音带、录像带等,及其相关存储附件和耗材,日常工作中也统称声像设备。

信息系统、信息设备和存储设备实行全生命周期管理,涉及采购、定密、申领(入网)、使用、变更(涉密等级、责任人、放置地点、用途)、维修、退网、停用、报废、销毁十个环节。涉密信息系统、涉密信息设备和涉密存储设备应当形成全生命周期档案。

信息系统、信息设备、存储设备应当具有标识,标识的信息要素应当完整,能够表明信息设备和存储设备的涉密属性、用途、分类、责任人(责任主体)等信息涉密的标明密级,非涉密的标明用途并粘贴保密提醒;涉密信息设备和涉密存储设备中存储的涉密信息应当具有密级标志。

这里需要提示的一点是信息系统、信息设备和存储设备台账中“在用”的界定:只要接入涉密信息系统(单机通电)即视为“在用”。

2. 定密及变更

(1)信息系统、信息设备和存储设备应当根据存储处理、传输信息的最高密级确定涉密等级和责任人;信息系统、信息设备和存储设备应在需求提出阶段由需求提出部门按照规定程序进行定密，采购或建设时应当落实安全保密要求，不得具备禁止使用的模块或功能。

(2)应当按照岗位职能、涉密程度和知悉范围、业务需求，为人员配发涉密信息设备和涉密存储设备。

①绝密级信息设备和存储设备须由重要以上涉密人员配备和管理；机密级信息设备须由一般以上涉密人员配备和管理，但机密级信息设备中年度内处理机密级信息不得超过6份；秘密级信息设备由涉密人员配备和管理；非涉密人员不得配备、管理涉密信息设备和存储设备。

②因工作需要，非涉密人员确需少量接触、存储、处理涉密信息的，经过批准可以使用秘密级信息设备和存储设备，但是年度存储和处理秘密级信息不得超过6份。

涉密信息设备和存储设备的变更(包括涉密等级、责任人、放置地点、用途、入网、退网、维修、停用或者退出使用、归库、报废等)都应当履行审批程序，并对存储过涉密信息的硬件和固件以及相应的安全保密产品进行保护和控制。

①低密级信息设备和存储设备需要变为高密级的(含非密变为涉密)，应重新安装操作系统，进行安全策略配置，安装相应的安全保密产品按照新确定的涉密等级进行管理和使用。

②高密级信息设备和存储设备需要变为低密级的(不含涉密变为非密)，应更换存储过涉密信息的硬件和固件，或进行信息消除(消除工具应当符合保密要求)重装操作系统后，进行安全策略配置，安装相应的安全保密产品，按照新确定的涉密等级进行管理和使用。

③涉密存储设备不得变更为非涉密存储设备使用。

3. 外出携带

根据工作需要，可配备专供外出携带和内部使用的涉密信息设备和存储设备，专人集中管理；专供外出携带和专供内部使用的涉密信息设备和存储设备一般不得相互借用，确因工作需要，经批准后相互借用的次数年度不超过3件。

携带外出应当履行审批程序，带出前和带回时应当进行保密检查和信息清除(禁止清除各类日志)。携带外出期间设备的日常使用、输入输出、软硬件设备的拆卸安装、接入信息系统等，应按照保密要求管理和使用，并留存相关记录。记录内容主要有：设备使用人、开关机时间、外部设备(含投影仪)接入、接入外单位涉密急系统或者与其他涉密信息设备连接、导入导出等情况进行记录；导出的涉密信息应当做到安全可控，存储涉密信息的载体按保密要求管理；如果外出前未批准允许导入导出，则禁止在外出期间进行导入导出操作。

专供外出携带的审批单至少应当包括外出的时间、地点、事由，从事的涉密工作或事项的名称和密级，携带的涉密信息设备和涉密存储设备的名称、密级和编号，设备中存储的涉密电子文档信息的名称和密级，接口和端口的开放需求，外部设备接入的需求，接入外单位涉密信息系统或者与其他涉密信息设备连接的需求，是否允许导入或导出操作，外出期间使用涉密信息设备和涉密存储设备的人员名单，外出前的保密检查情况、领用和预计返还时间等。

专供外出携带的涉密信息设备和存储设备应在申请事项完成后及时归还，交还时，管理人员和借用人共同进行安全保密检查并建立完整的检查记录，两人应同时在检查记录表上签字确认。超期借用应重新办理审批续借，注明原因；特殊情况原申请人无法回单位办理，应由借用人委托所在部门的兼职保密员或兼职计算机管理员代办。

4. 信息导入导出

应当依据业务工作需求，按“最小化”原则（按部门/科室/机构/场所设置 1 ~2 个）设置涉密信息系统和信息设备的导入导出点，实行集中管理、专人负责。

非涉密信息导入涉密信息系统和信息设备，应通过涉密中间机上配备的“三合一”单向导入装置“绿口”（外来载体形式为 USB 接口设备）或非涉密中间机（外来载体形式为非密光盘或 USB 接口设备）按规定程序导入，导入前应当办理审批手续；审批单上应当注明信息的名称、来源、用途、承载的移动存储设备（包括移动存储设备的名称、型号、容量、序列号）等。

涉密信息导入涉密信息系统和信息设备，应当通过信息导入机上配备的“三合一”单向导入装置（仅适用单位内部使用的红盘）或涉密中间机（外来载体形式为涉密光盘）按规定程序导入，导入前应当办理审批手续，审批单上应当注明信息的名称、来源、用途、承载的移动存储设备（包括移动存储设备的名称、型号、容量、序列号）等。

中间机作为单向导入设备，不允许处理与信息导入无关的业务工作，禁止进行除单向导入以外的任何导出操作。

涉密信息系统和信息设备中的信息导出应履行审批程序，审批单上应包含导出信息的名称、密级、页数、分数、用途、去向、申请人相关信息等，建立管理和技术控制措施，保证导出信息在审批和导出过程中的完整性和唯一性，并采取控制措施禁止变更信息内容或者增加附件。没有确定为信息导出点的涉密服务器和计算机等信息设备，禁止连接具有导出功能的信息设备。

涉密信息系统和信息设备导出涉密信息时，形成的涉密载体应遵循涉密载体的管理要求。导出的纸质涉密文件或涉密光盘应当有不可篡改的标志，保证导出信息的唯一可核查性。

涉密信息系统和信息设备中的非涉密信息导出时，应当导出到纸介质/光盘/红盘。非涉密信息导出后，由指定的专人对信息内容进行非涉密审查，确认无涉密信息后，方可领用以及对外传递和发布。

5. 维护维修报废和销毁

涉密信息系统、信息设备和存储设备应当按照规定程序进行维护维修和报废，维护维修和报废中应当对存储过涉密信息的硬件和固件采取有效的管控措施，对外部维修人员履行审批登记程序，办理维修审批后实施，并由设备责任人全程旁站陪同。

涉密信息系统、信息设备和存储设备发生故障时，可根据故障原因分为在单位内部维修间维护维修、现场维护维修和送外维护维修三种类型。

（1）单位内部维修间维护维修：维修间应当设立在单位内部涉密区域内，并配备专门内部运行维护人员。送修和维修后领回，内部运行维护人员应当与责任人办理涉密信息设备和涉密存储设备的交接手续，明确保密责任。

（2）现场维护维修：由单位内部指定的内部运行维护人员或外单位负责上门服务的外部维修人员承担，维修时设备责任人应全程旁站陪同。维修前，应当对涉密信息和存储涉密信息的硬件和固件采取必要的保护措施。

（3）送外维护维修：涉密信息系统、信息设备和存储设备原则上应在单位内部维修。确实在单位内部无法维修的，应区分以下两种类型：维修的部件不带存储功能和维修的部件带存储功能。

维修的部件不带存储功能,可以按归口管理的原则,由设备各归口管理部门统一送外维修,送出前应拆除所有存储过涉密信息的硬件和固件,并按照保密要求妥善保管。维修完成后,应当进行保密检查,安装存储涉密信息的硬件和固件,由责任人办理交接手续后取回使用。

维修的部件带有存储功能,应由设备责任人办理履行审批程序,由设备各归口管理部门和设备责任人一起送外维修和取回(必须双人),且必须选择具有国家保密行政管理部门颁发的涉密信息数据恢复资质的单位进行维修。

单位应与提供信息系统、信息设备和存储设备维修服务的外单位签订维修服务合同和保密协议,所选择的外单位应有相关设备的维修服务资质和能力;上门服务的外部维修人员应为协议单位的正式员工,其到单位内部进行现场维修时,应当提供身份信息和联系方式,信息化运维机构留存相关记录并与维修人员签订保密承诺书,告知保密要求,并对其进行保密提醒。

信息化运维机构进行日常运行维护所使用的硬件或软件,包括移动光驱、检查工具、工具光盘等,应当根据用途分为涉密专用和非涉密专用,并纳入台账管理,使用时应当随具体运维事项进行审批。

设备各归口管理部门应当建立维修日志档案,对涉密信息设备和存储设备的维修情况进行记录。需要更换硬盘等存储设备的,应当记录旧硬盘和新硬盘的名称、型号、容量、序列号,旧硬盘的去向,明确硬盘责任人,办理交接手续后妥善保存。

涉密信息设备和存储设备需要退出使用或者报废时,应按规定办理审批程序,并经信息消除后,将所有存储过涉密信息的硬件和固件送交保密管理部门指定部门。

存放退出使用或者报废待销毁的涉密信息设备和涉密存储设备,应当符合保密要害部位的要求;若退出使用或者报废待销毁的涉密信息设备和存储设备需要重新起用的应当办理审批后方能启用,并对设备重新起用的各个环节和流程进行详细记录。

保密管理部门应建立销毁涉密信息设备和存储设备的清单,对涉密信息设备和存储设备定期进行销毁。销毁前,应当将待销毁设备与清单一一核对,经单位主管保密领导审批,送国家保密行政管理部门指定的销毁机构进行销毁。销毁机构出具的销毁证明和清单应当妥善保存。

自行销毁的涉密信息设备和存储设备,应当保存销毁清单和相关记录,对涉密信息设备和存储设备的名称、密级、序列号、经办人、采取的销毁方法和控制措施,以及销毁后残留物的最终去向等进行记录并存档(可采取拍照、摄像等方式),自行销毁确保涉密信息不可恢复。

6. 软硬件拆卸安装

涉密信息系统和信息设备的软硬件的安装、扩展、缩减、拆卸应履行审批手续,采取技术手段控制擅自安装和卸载任何软件或改变任何外部设备的状态的行为。

涉密信息系统和信息设备格式化或安装操作系统应按要求办理审批,重装操作系统应当由系统管理员或者其授权的人员负责安装,由安全保密管理员安装必要的安全保密产品,配置完整的安全策略;新购计算机确定为涉密计算机后,须重新安装操作系统。

重装操作系统应使用正版安装光盘,如果采用 GHOST 盘或者硬盘备份等方式进行操作系统安装,则安装记录表中应当记录 GHOST 盘或者硬盘备份盘上的操作系统时间和实际的操作系统安装时间,需注意的是这种方式仅限于单位自己制作的工具盘。

工具软件和应用软件应列入软件白名单（操作系统、安全保密产品、检查检测工具、清除工具等除外），列入软件白名单前应先进行计算机病毒与恶意代码的查杀、查验后，列入软件白名单后按照信息交换的要求存放在指定的服务器或固定的存储设备中；用户安装或卸载软件白名单的软件不须履行审批程序，但需获得系统管理员授权。

涉密信息系统和信息设备因工作需要安装不在软件名单中的软件，应当办理审批程序、留存安装记录，对软件进行计算机病毒与恶意代码的查杀、查验后方能安装。

因工作需要，必须配备的涉密信息设备和存储设备上的各类无线功能部件无法拆除，应采用物理或技术手段，对无线功能部件做破坏处理，同时采取硬件禁用的方式，使其在任何情况下无法启用无线通信功能。

涉密信息系统和信息设备未经审批办理审批，不得擅自删除存储介质及外部设备连接等日志记录。

7. 存储设备与集中存储

涉密信息设备（特指用户终端）上一般不得大量存储涉密信息，除日常工作使用的涉密信息和数据外，都应当集中存放在应用服务器、数据库服务器、文件服务器或后备存储设备中；已经完成的涉密项目所使用的全部涉密文件、资料、数据，应当归档或者转储到后备存储系统中，并从涉密信息设备上删除。

数据库服务器、磁盘阵列中集中存储的涉密信息，应采取管理和技术措施，实现安全可控。

（1）对数据库服务器、磁盘阵列、备份存储设备等集中存储的涉密信息，制定安全策略、管理要求和技术控制措施。

（2）一般应当采取加密、数据保护、“三员”权限控制等措施，防止集中存储和备份的关键业务数据和涉密信息被非授权查看和访问。“三员”未经授权，禁止查看和获取集中存储和备份的关键业务数据和涉密信息。

（3）集中存储和备份的涉密信息（文件、资料、数据）在恢复数据迁移等过程中，应当有专人负责管理，办理审批，并落实其他相关归档的审批程序，做到全程可管、可控、可追溯。

（4）集中存储和备份的涉密信息，应当按照保密要求存放在符合安全距离要求的建筑物中，其存放地点应当按照国家保密要求采取管理和技术保护措施，保证其安全、可控、可用。

涉密移动存储设备实行集中管理，专人专管、落实责任，依据最小化授权原则确定涉密移动存储设备的安全保密控制策略，依据国家秘密的知悉范围确定使用范围。存储设备出现问题需要进行维护维修时，执行维护维修报废销毁的管理要求。

（1）涉密移动存储设备应当根据涉密等级放相应的保密柜（密码保险柜）中，借用时需办理审批，用后及时归还。

（2）任何未经授权、没有标志、不在台账上的移动存储设备，不得在涉密信息系统、信息设备上使用，也不得在非涉密信息系统、信息设备上使用。禁止使用无法提取序列号或序列号相同的移动存储介质和外部设备。

（3）禁止高密级存储介质在低密级信息系统、信息设备和存储设备中使用；禁止低密级存储介质存储高密级信息；高密级存储介质用于存储低密级信息时应当按照存储介质标识的密级进行管理。

8. 非密信息设备

不得在非涉密信息设备内产生、存储、处理和传递国家秘密信息，非涉密信息设备不得连接涉密信息设备。

涉密场所的非涉密信息设备不得擅自直接接入国际互联网和其他公共服务网络，通过审批拟接入国际互联网和其他公共服务网络的计算机，应遵循互联网计算机的管理要求。

9. 互联网计算机

互联网计算机原则应实行集中使用，并指定专人负责管理和维护，对使用情况和信息的导入导出进行监控和记录。确因工作需要分散使用的互联网计算机在通过审批后，也应当明确责任人，责任人对互联网计算机使用和信息导入导出情况负责管理，并进行监控和记录。

涉密场接入的互联网应选择取得经营许可证的互联网接入服务提供商，采取有线局域网的方式接入互联网。每一处独立的科研生产园区，互联网接入口不得超过 2 个。

放置在涉密场所的互联网计算机不得配备、安装和使用摄像头、麦克风等视频、音频输入设备，配置专用非密打印机。

采用实名制登录和上网行为监控审计等技术措施，对互联网接入计算机的上网时间、浏览网页、发送邮件、下载信息等进行监控和记录，监控和记录的信息至少保存 100 天，保存期内记录不得修改或者删除。

计算机接入国际互联网前，或接入国际互联网计算机使用地点、数量、使用单位等信息发生变化时，要履行审批手续，未经批准不得接入国际互联网。

单位上互联网发布或使用信息时应根据上互联网的事项，按照相关业务要求先办理对应的审批后（如导入审批、导出审批、新闻宣传报道审批、上互联网审批等），然后再上互联网发布或使用信息。

（五）安全保密产品

涉密信息系统、信息设备和存储设备应按规定安装的相应的安全保密产品，采取符合要求的安全技术控制措施，设置相应的安全策略。确因工作需要，无法安装安全保密产品（安装后影响设备正常使用的），或者无法采取符合要求的安全技术控制措施的，应说明理由，分析评估风险，制定专项管理制度、安全保护策略和技术控制措施，对涉密信息系统和涉密信息设备的所有空余的接口和端口采取物理封堵，加强管理。

安全保密产品原则上应选用国产产品，并获得国家相关主管部门的批准，计算机病毒与恶意代码防治产品应获得国家公安部门批准，密码产品应获得国家密码管理部门批准，其他安全保密产品应获得国家保密行政管理部门批准。选择使用的安全保密产品应确认其名称、型号版本、序列号和保护功能，须与检测报告和证书一致，并在有效期内。

1. 身份鉴别机制

涉密信息系统、信息设备和存储设备需采取符合要求且唯一有效的、具有鉴别技术复杂性的身份鉴别机制，如果没有符合要求的身份鉴别产品，则应当采取设备自身能够提供的最高强度的身份鉴别方式。

（1）身份鉴别方式需采用 USBKEY 加 PIN 码、生理特征识别技术等，PIN 码应当根据涉密等级，设置符合长度、复杂性要求的 PIN 码，定期更换。用户身份鉴别成功后，空闲操作时间超过规定，应当重新进行身份鉴别。

(2)身份鉴别机制的用户身份标识符(用户名和口令,以及承载用户名和口令的USBKEY)由系统管理员统一生成并发放,确保全生命周期内的唯一性,用户身份标识符应与安全审计关联。

(3)涉密信息系统、信息设备需设置BIOS启动口令(区分管理员和用户),其口令的长度、复杂性应当符合国家保密标准规定,系统管理BIOS口令由单位内部运行维护人员统一管控。禁止以任何方式停止、复原或绕过BIOS,直接引导操作系统。

(4)涉密信息系统采用域控模式管理时,应设置有效的域控策略,绑定用户账户登录主机;不得擅自开放涉密计算机的“本地用户登录”,本地登录的用户身份标识符和口令应当由系统管理员控制。

(5)身份鉴别物理装置参照国家秘密载体的要求存放管理,未经批准不得带出工作场所。用户需妥善保管本人的身份鉴别物理装置,确保不被偷盗或者冒用。

(6)涉密人员岗位和密级变化情况时须及时调整身份鉴别措施,离休、退休、离岗、离职前,应上交本人的IC卡、USBKEY、指纹仪等身份鉴别物理装置。

2. 访问控制机制

涉密信息系统、信息设备和存储设备应当建立符合有关规定和标准要求的强制访问控制措施,或者技术措施,防止信息设备、存储设备的非授权接入以及信息的非授权输入输出;应当采取符合保密要求的技术控制措施,对信息导出进行监控审计,防止涉密信息的非授权导出。

(1)根据主体(用户)的涉密等级和对国家秘密的知悉范围,制定访问控制策略和授权机制,对每个主体(用户)建立知悉范围列表,采用最小授权原则实现主体(用户)对客体(信息)的访问授权。对于同时承担多个项目的用户,应当采取控制措施,避免该用户成为两个不同涉密项目的中介,导致涉密信息知悉范围扩大;禁止默认用户访问。

(2)应采取8021x等网络接口控制等技术,防止信息设备和存储设备的非授权接入,网络层不能采用技术措施的,应当采用与网络接口物理绑定。

(3)多人共同使用一台涉密信息设备或者涉密存储设备时,应当控制每个用户的访问权限,确保涉密信息不被他人非授权访问或者获取,防止扩大国家秘密的知悉范围。

安全保密产品应当按照保密要求管理和使用,安全保密管理员应当根据产品的功能和安全策略要求进行部署,并进行相关策略配置,未经审批,不得变更部署和策略配置,策略调整需一事一办、一事一议。

安全保密产品发生故障应当及时维修,不能维修的应当及时更换,确保安全保密产品始终处于正常的运行状态。

涉密信息系统和涉密信息设备的安装、摆放和线路敷设应当满足红黑隔离要求,保持规定的安全距离。

应当及时安装涉密信息系统和涉密信息设备的操作系统、数据库系统和应用系统的补丁程序(补丁程序发布后3个月内),未经审批,不得擅自对涉密计算机和信息系统服务器用户终端安装补丁程序。

应及时更新病毒与恶意代码防护产品特征库,涉密信息系统至少每周更新1次,单台涉密计算机至少每两周更新1次;应定期对病毒和恶意代码进行查杀(每个月不少于1次全系统或全盘查杀),并及时清除病毒隔离区。

第三节　常见问题及解决方案

1. 安全体系文件与保密基本制度中的信息系统、信息设备和存储设备安全保密管理办法不一致

解决方案：实际上这两个文件应该是相同的。即按照归口管理的要求，该文件应由信息化管理部门按照单位规定程序发文，主管保密和信息化的领导双签发。

2. 安全体系文件不符合国家保密要求、与单位实际工作结合不够，可操作性不强

解决方案：安全体系文件制定的要求有三个原则：第一，符合国家法律法规、标准规范、行业要求和上级单位要求，军工单位编写安全体系文件时不能因为自己做不到就擅自裁剪国家要求，而是应该根据业务需求与保密要求的融合去制定；第二，要结合业务实际工作需要，涵盖单位内部工作涉及信息系统的全部范围，流程结合实际工作，尽量合并和简化，让用户看得懂、能执行到位，不能照抄法规标准要求；第三，体系文件包括安全策略、管理办法和操作规程，是面向于一个单位内全体人员的，每一份文件都有自己的编写要求，以上构成了整个安全体系文件。此外运维机构还应该有内部的管理要求和操作规程。

3. “三员”设置和管理不符合安全保密管理要求，不能满足实际工作需要

解决方案：“三员”其实是三个岗位，按照“以项定岗、以岗定人”的原则，首先应该在涉密人员管理办法和涉密岗位中设置“三员”的管理要求，主要是偏向于聘用、岗位设置、教育培训、工作考核、离岗离职等；还需在安全体系文件中规定“三员”的工作要求，主要是“三员”分工和职责权限，这两部分互为补充，形成完整的“三员”管理要求。当然如果想在一个文件中体现全部要求，那就必须放在涉密人员管理办法里，因为人员的管理要求应为人力资源部门发文。“三员”岗位的具体人员和人数配置要根据企业的实际情况在符合国家保密要求来配备，确保“三员”配置人数、能力等在实际的工作中、留存的记录中符合相互独立、相对制约、不能交叉替代的要求。

4. 台账的分类不对、要素缺失、账物不符

解决方案：建立台账时应遵循“先按类别和涉密属性建立总台账，按照业务分类和部门建立分台账”的原则，不能根据自己的工作习惯来建台账，按习惯来建立台账，特别容易丢掉本来应该纳入管理范畴的信息系统、信息设备和存储设备。设备分类可以参考本章第一节推荐的五种分类，涉密属性就是涉及国家秘密和不涉及国家秘密，然后可以根据分类归属细化到单个类别里，切忌直接按部门建账。建立的台账应做到信息要素完整、账物相符。在实际工作中很多管理不到位的地方，最终都会暴露在台账上面（通过审批和记录反查），所以台账问题反映的是一个单位的信息安全保密的基本功。

5. 项目没有验收，无法上账和粘贴标识

解决方案：信息安全关注的实物管理，可以先做实物到货开箱验收、实物上账，粘贴标识，根据设备类型确定纳入相应的管理范畴；资产是财务的概念，项目验收后才需要进行资产转固。采购来源和转固验收与实物管理并不冲突。

（六）信息安全保密审批和记录表太多，给实际执行带来了很多麻烦

解决方案：涉密信息设备实行全生命周期管理，涉及定密、申领（入网）、使用、变更（涉密等级、责任人、放置地点、用途）、维修、退网、倍用、报废、销毁九个环节，设计审批记录时

应结合单位的业务工作实际,可以将各类流程表单进行整合,遵循“相同类型的事应该只办理一个审批记录流程”的原则来进行流程设计,可以结合信息系统流程涉及要求来思考,有些保密控制点是可以设计在业务流程中,而不用增加一个审批表单,如定密。所以审批和记录表不是越多越好,而是与业务融合后,涵盖安全保密管控要求,够用就好;表格设计最好将审批和记录设计在一起,填写要素设置需满足保密要求,能够预设好的提前预设好(填空最好),避免要素不全、记录不全等问题

声像设备违规使用、存放,经常出现涉密声像设备使用非涉密介质或者非密声像设备使用涉密介质的现象

解决方案:绝大部分声像设备是带有内部存储固件(部件)的,因此在实际使用时,若将声像设备及外接的介质交叉混用的话,特别是若非涉密介质接过涉密声像设备,然后再拿到接过互联网的设备上继续使用,或者接过涉密介质,然后再把非密声像设备接入连接过互联网的介质上继续使用,都构成重大失泄密隐患。因此建议做好声像设备和其配套介质的台账,做好标识,并在台账上和标识上做好这两个设备的关联关系(可通过特殊颜色或者其他方式)。

第八章　活　动　清

活动清包括新闻宣传、外场试验、密品运输、涉密会议、涉外活动和协作配套等，这些涉密活动是单位科研生产和经营管理的重要内容，对保密管理来说，控制点多、操作面广、防范线长。因此，建立安全有效的保密管理体系，强化涉密活动的管理是保密管理工作的重中之重。

第一节　新 闻 宣 传

一、加强新闻宣传保密工作的重要性

新闻宣传包括新闻发布、编辑出版、影视广播、展览展示、发表著作和论文，互联网站及其他媒体信息发布。

国防科技工业新闻宣传工作是党的新闻宣传工作的重要组成部分，是宣传党的方针政策、展示国防建设成就和军工行业良好形象、凝聚和提高广大科技工作者士气的重要工作，是一项政治性、政策性、保密性很强的工作。新闻宣传保密工作是国防科技工业保密工作的重要内容，加强国防科技工业新闻宣传保密工作，是搞好国防科技工业新闻宣传的内在要求和重要保证。因此，新闻宣传工作和新闻宣传保密工作都很重要，两者不是对立而是统一的，宣传是更好地促进发展，保密是为了更好的宣传。国防科技工业新闻宣传保密工作要始终把维护国家安全和利益放在首位，该宣传的大力宣传，该保密的坚决保密，也就是既要充分反映国防军工战线建设成就，又要坚持保密优先的原则，坚决防范严重违规违纪和泄密问题的发生。同时，重要事项还要坚持只做不说，或多做少说，特别是在重大问题、敏感问题、热点问题上切实把好关、把好度。近年来，新闻宣传违反保密纪律的事件时有发生，既泄露了装备建设秘密，又引起外界媒体的炒作，为所谓"中国威胁论"提供了口实，甚至给我们政治外交带来严重影响。

二、新闻宣传保密有关规定和要求

《保密法》第二十七条规定："报刊、图书、音像制品、电子出版物的编辑、出版、印制、发行，广播节目、电视节目、电影的制作和播放，互联网、移动通信网等公共信息网及其他传媒的信息编辑、发布，应当遵守有关保密规定。"；第二十九条规定："机关、单位公开发布信息，应当遵守保密规定。"

1992 年 6 月 13 日，国家保密局、中央对外宣传小组、新闻出版署、广播电影电视部联合印发了《新闻出版保密规定》。

2012 年 12 月 28 日，国家国防科技工业局、总装备部联合印发了《国防科技工业新闻宣传保密管理暂行规定》（科工安密〔2012〕1869 号）。

三、如何做好新闻宣传保密工作

(一)加强新闻宣传的组织领导

单位应当明确新闻宣传保密管理的主管领导,明确归口管理部门,结合本单位实际,制定新闻宣传保密规章制度和审查审批工作流程。

(二)建立完善信息发布机制

单位应当建立新闻发言人制度,统一对外宣传,新闻发布前要明确发布的具体内容和表态口径,制定工作预案,按程序审查报批。

(三)落实保密审查制度

建立健全保密审查机制,新闻宣传的承办部门和起草人应当承担保密审查的主体责任,凡涉及武器装备科研生产的新闻宣传应当严格执行业务部门、宣传部门、保密部门“三审”制度,并报单位主管领导审批。业务部门是业务审查的主体单位,要当好第一责任人,把好第一道关口;保密部门要对审查的程序进行监督,把好综合评估和保密政策关;宣传部门要担负起组织管理职责,把好新闻宣传的实际内容和政治关。报刊杂志出版应当落实责任编辑、副主编、主编逐级保密审查制度。

(四)严格个人接受媒体访谈管理

涉密人员接受媒体采访,必须纳入组织管理渠道,不能擅自接受采访,访谈内容要提前进行审批,访谈过程不得擅自更改审核过的主要观点和基本内容,严谨慎重回答媒体的现场提问,超出约定采访范畴的问题应当拒绝回答。媒体发表稿件前,要送被采访人所在单位保密审查。

(五)加强军工单位对外门户网站的保密管理

军工单位因工作需要,建立国际互联网网站、微信公众号等,要经过上一级主管部门审批,发布信息要进行严格的政治把关和保密审查,不得擅自发布涉及武器装备建设的重大敏感信息,不得转载其他媒体涉及武器装备建设的报道评述。个人开设互联网主页、博客、微博、微信公众号等,不得涉及单位名称、工作性质、军工业务以及其他方面的国家秘密和敏感信息。

(六)加强展览展示保密管理

举办涉及军工领域的展览展示,要事前进行审批,制定展览展示保密方案。委托布展时,应当选择有保密资质的单位承办,对参与布展人员进行政审,签订保密责任书,加强展区安全防护。展览时,要确定参展人员范围,现场对参展人员进行身份确认,无关人员不得邀请参展,严控知悉范围。过程中要按规定做好涉密载体的制作、运输、保存、传递、回收和销毁工作。

(七)加强新闻宣传保密监督检查

单位应当定期开展新闻宣传保密检查,及时发现和消除问题隐患,督促各项保密要求落到实处，严肃新闻宣传保密纪律，对擅自接受媒体采访、未经授权发布敏感信息、不负责乱讲乱说和违规违纪造成泄密的，按照规定严肃处理，并追究相关领导的责任。

四、新闻宣传保密工作存在的主要问题

近年来，国防军工新闻宣传保密问题频发，给武器装备建设带来严重损害，归纳起来有以下几个方面。

（一）一些重大活动宣传报道把关不严

有的单位主办武器装备试验、重要会议等重大活动的宣传报道审查不够严格，尺度把握不够准确，不恰当地进行了深度报道，导致信息在网络中快速传播，引发各种媒体炒作，造成负面消极的舆论风暴。

（二）少数人员发表言论触及“红线”

一些单位的领导和专家保密意识和政治敏感性不强，有的不经审批随意接受采访，有的接受采访不按统一口径进行，随意乱说乱讲，更有的把掌握的重要秘密作为炫耀的资本，不分场合擅自透露，造成泄密。

（三）保密审查制度落实不严格

有的新闻单位片面追求新闻实效性，对撰写的新闻稿件没有按规定进行保密审查，就予以发表，有的规定的审查程序走了过场，审查把关不严，经保密审查的稿件发表后仍造成泄密。

（四）涉密展览展示管理隐患突出

有的单位未经批准擅自举办展览，有的举办涉密展览交由无保密资质的单位承办，有的涉密展览邀请无关人员参展，扩大了知悉范围。

（五）少数新闻从业人员缺乏应有的保密责任感

分析近几年的新闻泄密事件，发现少数新闻工作者，有的思想麻痹，缺乏保密意识，有的盲目追求新闻效应，将涉密内容作为公开信息进行报道，有的名利思想严重，将国家利益作为自己出名牟利的砝码，缺乏起码的职业道德，有的不履行保密规定，不遵守保密纪律。

第二节　外场试验

一、加强外场试验保密管理的重要性

外场试验是指为检验武器装备设计方案和战术指标性能的有效性或产品质量的可靠性，在一定空域、地域、水域进行的试验活动。

外场试验是武器装备建设的重要环节，也是境外情报机关窃密的重点，近年来，境外情报机关加大了重大武器装备情报侦察能力，构建起了以太空军事侦察卫星、空中预警飞机、陆地大型雷达、海洋间谍测量船等设施设备为主体的一体化情报信息侦察与获取体系，一

些试验场区周边社情复杂,周边安全环境也很负责,对武器装备试验安全保密带来严重威胁,必须引起高度重视。

外场试验保密管理具有一定的复杂性,泄密的风险比较大,具有以下几个特点。

(1)外场试验多数处于野外,试验征候容易暴露,比如试验场人员车辆活动突然频繁、手机通信信号突然密集、测试厂房和测试设备无线信号外泄、产品运输转场缺少伪装极易暴露等。

(2)外场试验参试单位多,人员管控难度大,有的外场试验队由多个单位组成,既有军工单位也有军队单位,既有军工体系内的也有体系外的,参试单位之间没有隶属关系,难以形成统一有效的领导,加之人员流动频繁,管控难度大。

(3)保密工作环境和模式发生了变化。参试单位在自己原单位,有一套完善的保密管理模式和流程,但在试验场区,由于工作环境发生了变化,载体的保管使用、信息的传输、涉密网络安全防护都要建立新的工作状态,存在诸多安全隐患。

(4)通信工具存在较大隐患。大多试验场区保密电话数量少,不能满足试验任务的需要,试验任务的工作协调基本上使用普通电话传递,手机泄密时有发生,对试验保密安全构成很大威胁。

(5)保密检查和管理不到位。个别试验队存在临时观念,检查走过场,要求不严格,内部不设防,涉密载体、信息设备和存储设备管理不同程度存在问题,特别是对个人携带的电子设备(含各种带有无线接收或发射功能的智能设备,如相机、手表、手环等)控制不严。

二、外场试验保密管理模式

外场试验有牵头单位和参与单位,牵头单位通常是任务总承包单位,参与单位通常是与任务有关的配套单位。

试验任务的保密工作遵循"统一领导、分级负责"的原则,各级保密主管部门负责监督检查。外场试验的保密管理由试验场区所在单位统一管理,所有参试单位应当严格遵守试验场区所在单位的保密管理规定,接受试验场区所在单位的保密检查。

外场试验保密管理由牵头单位负总责,组织成立相应保密管理机构或设立专门的保密管理岗位,明确试验保密管理要求,协调开展试验期间保密工作。各参试单位的主要职责如下:

(1)落实试验场区所在单位有关试验保密管理制度和各项工作部署。

(2)审查各参试人员、服务人员的政治思想情况和现实表现。

(3)组织开展保密教育,签订保密责任书。

(4)负责本单位所属人员、密品、密件、试验现场的保密管理。

(5)协助试验场区所在单位有关部门及宾馆、招待所做好本单位住地的安全管理,做好本单位内部的安全保密管理。

(六)组织对保密管理制度和措施的落实情况进行检查。

三、外场试验保密管理有关规定和要求

军队和有关部门均对外场试验的管理有明文要求,《武器装备科研生产单位保密资格标准》对外场试验保密管理做出了相关要求,试验牵头单位和参试单位都应当制定外场试

验保密管理制度、工作规则。

(1)外场试验牵头单位和参试单位均应当制定保密工作方案,指定保密负责人。试验现场的保密管理工作由牵头单位组织协调,参试人员应当遵守试验现场的保密管理规定。

(2)外场试验数据交换和通信应当采取保密措施。

(3)对涉密载体和密品的保密管理应当符合保密要求。

(4)外场试验牵头单位应当定期对试验现场的保密工作进行检查,参试单位应当对本单位试验现场保密工作进行检查。

四、如何做好外场试验保密工作

军队和有关部门均对外场试验的管理有明文要求,2016 年修订的《武器装备科研生产单位保密资格标准》对外场试验保密管理做出了相关要求,试验牵头单位和参试单位都应当制定外场试验保密管理制度、工作规则。

1. 外场试验牵头单位和参试单位均应当制定保密工作方案,指定保密负责人。试验现场的保密管理工作由牵头单位组织协调,参试人员应当遵守试验现场的保密管理规定。

2. 外场试验数据交换和通信应当采取保密措施。

3. 对涉密载体和密品的保密管理应当符合保密要求。

4. 外场试验牵头单位应当定期对试验现场的保密工作进行检查,参试单位应当对本单位试验现场保密工作进行检查。

外场试验保密管理相关表格见表 8 – 1 至表 8 – 5。

外场试验保密安全责任书

试验队:

根据国家《保密法》上级以及单位外场试验保密安全管理相关要求,保障试验任务顺利进行,由单位领导与试验队队长共同签订本责任书。

一、安全责任分解

1. 试验队应保证安全保密工作条件,明确各岗位安全责任和人员,提出保密要求并进行教育,做好试验保密事项的计划、安排、调度、协调工作,对试验队的保密安全结果负责。

2. 严格涉密密人员、涉密载体和密品、信息设备、通信及办公自动化设备等以及试验现场的安全保密管理。

3. 对试验队进行统一管理,按照规定的要求,落实安全安全保密工作。

二、履约奖罚办法

略。

三、附则

本责任书自试验队成立之日起至试验队解散之日止。

试验队队长：

年 月 日

试验队员签字： 年 月 日

表 8-1 试验队保密承诺及教育培训记录

我单位已对下述参加试验的同志进行了以下重点保密内容的教育培训：

基本教育培训内容	
移动通信设备专项培训内容	
参试人员保密承诺	我了解有关保密要求，在此次试验中本人保证落实上述的教育内容及相关规章制度的要求，履行保密责任和义务，若有违反，自愿承担相关责任和法律后果。
	接受教育培训的人员承诺签名：
单位保密部门确认	我单位参试人员均已完成了上述的保密教育培训内容和我单位的相关制度的教育培训，具备了参试的保密资格条件。 单位保密部门（盖章） 年 月 日

表 8 – 2　试验队日常保密安全巡查表

检查时间：　　年　月

序号	检查要求	01	02	03	04	05	06	07	08	09	10	11	12	13	14	15	16	17	18	19	20	21	22	23	24	25	26	27	28	29	30	31
1	服从试验队长的现场的安全保密管理																															
2	涉密载体集中存放，有台账，借用有登记，传递、流转等有手续并留有记录																															
3	严格遵守手机等移动通信设备的专项管理要求																															
4	严格控制涉密信息知悉范围，对信息传递严格把控																															
5	正确使用工作用的计算机、设备仪器																															
6	不私自拍照，拍照必须办理相关保密手续																															
7	试验期间试验队认真开展保密安全教育																															
8	试验期间未发现违反保密违规																															

检查人：（试验队保密员）

表 8 – 3　试验队涉密载体、密品清单

试验名称：　　　　　　　　　　　　　　填表时间：　　年　月　日

序号	单位	责任人	载体类型	载体编号	密级	名称（编号）	页／份（数量）

表 8-4　试验队保密教育培训记录

试验名称：

时间		地点	
主持人		记录人	
主要内容			
教育培训签到			
备注			

表 8-5　试验队参试人员手机、个人电子设备统计表

序号	单位	姓名	职务/职称	手机统计		个人电子设备统计		其他说明
				手机型号	手机号码	设备名称、型号	是否上网	
1							□是　□否	
2							□是　□否	
3							□是　□否	
4							□是　□否	
5							□是　□否	
6							□是　□否	
7							□是　□否	
8							□是　□否	
9							□是　□否	
10							□是　□否	
11							□是　□否	

统计人：　　　　　　　　　　　　　填表时间：

外场试验保密工作方案

根据国家有关保密法规和保密管理规定,结合本次外场试验实际,制订本方案。

一、试验项目及密级

(项目)试验任务按照(密级)事项进行管理。试验(运输)任务计划、方案、产品性能、试验情况及结果、运输时间等均为涉密事项,应严格控制知悉范围。试验(运输)情况严禁对外公开。

二、职责

1. 外场试验保密管理实行"业务谁主管,保密谁负责"的工作原则。

2. 试验队长是试验队保密工作第一负责人,并应指定兼职保密员协助试验队长开展试验过程中的保密管理工作。

3. 参试人员主动接受保密教育,对岗位职责中的保密工作负直接责任。

4. 兼职保密员负责建立人员、试验设备与载体台账(含计算机、移动存储介质、设备)、产品台账等管理文档,并依据实际变化情况及时进行更新、调整,对参试人员进行保密提醒和指导,协助试验队队长进行保密检查、教育等保密管理工作。

5. 运输部门领导对试验运输过程中的保密工作负责,按试验要求安排运输人员和行程,除运输应知悉的必要信息外严禁向外透露。运输密品时应当按要求配备押运人员。

6. 参试人员对本人负责的涉密工作负全责。

三、参试人员管理

1. 进场试验前,试验组织部门应对参试人员进行保密教育。参加重大任务进场试验前,单位对参试人员进行政审,审查是否参加过非法组织,是否有犯罪记录,确保其政治可靠。

2. 试验过程中,试验队加强应对全员的保密规章制度、试验场所保密管理规定和形势的教育培训。参试人员应接受试验场区所在单位保密管理,严格遵守试验场区所在单位的保密管理规定。

四、试验现场的管理

1. 试验队领导和兼职保密员加强现场的保密监督检查,及时纠正违章,落实防范措施,保证保密安全。

2. 实行试验设备、载体、产品集中统一管理制度,统一建账,动态管理,按保密规定使用、保存、传递、回收、销毁。建立健全保密管理台账,落实使用和保管责任人,兼职保密员定期检查使用、管理情况,防止丢失泄密。

3. 加强保密管理,严格执行审批登记制度,信息输入输出、传递必须审批、登记,确保安全受控;未经审批,不得擅自对外提供、发布试验相关的文件资料、载体、数据和其他信息。

4. 参试人员手机号码应报试验队备案。严禁在工作场所内使用手机和具有无线互联、摄录功能的设备。严禁个人在试验现场拍照录像。

5. 现场的会议管理、外协管理、通信设备管理(含个人电子设备)、宣传文化活动管理均应符合保密法规。

第三节　涉密运输

一、涉密运输活动清的重要性

涉密运输活动长时间在社会公共空间进行,社会环境和人的活动处于开放状态,不可控的变化因素众多,运输过程的保密风险较高,管理难度大。

近年来,涉密运输多次发生问题,危及国家秘密安全和武器装备安全。涉及武器装备运输的问题引起了中央军委领导、国家保密局、国家国防科科技工业局的高度重视,要求装备科研生产单位采取措施加强武器装备运输的保密、保卫工作,提高尖端武器装备、密品、密件和涉及枪支、弹药、易燃易爆危险品运输的防护等级和保卫力量,防止被抢劫、破坏,防止泄露国家秘密和军事秘密,防止武器失控造成不稳定事件。

二、国家有关涉密运输活动的政策和要求

《中华人民共和国保守国家秘密法》第三十一条规定,举办会议或其他活动涉及国家秘密的,主办单位应当采取保密措施,并对参加人员进行保密教育,提出具体保密要求。

《中华人民共和国保守国家秘密法实施条例》第二十七条规定,举办会议或者其他活动涉及国家秘密的,主办单位应当采取下列保密措施:

(一)根据会议、活动的内容确定密级,制定保密方案,限定参加人员范围;

(二)使用符合国家保密规定和标准的场所、设施、设备;

(三)按照国家保密规定管理国家秘密载体;

(四)对参加人员提出具体保密要求。

这一规定明确了涉密会议的保密管理措绝和具体要求。

《武器装备科研生产单位保密资格标准》中规定:“重要密品运输应当制定安全保密方案,落实安全保密措施,并做好记录。”

国家国防科技工业局印发的《国防科研生产保密物品运输安全保卫管理规定》(科工安密〔2010〕537号),对国防科研重大工程、重大型号产品和军用核材料、核产品,涉密武器装备产品和精密仪器设备的运输做了明确规定,要求“涉及军品运输任务的军工单位应当根据运输任务的实际需要,制定和实施军品运输安全保卫管理工作方案和应急处置预案,切实做好军品运输的安全保卫管理工作,确保万无一失”。

《反恐怖主义法》《治安管理处罚法》对违规运输枪支等武器、弹药、危险化学品、核与放射物品的行为,规定了处罚内容。

三、涉密运输活动的管理要求

(一)理清涉密运输活动范围

密品的运输属于涉密运输活动。不属于密品的武器装备运输,若泄露运输信息或所运

输的产品信息会使国家安全和利益遭受损害,那么这项运输任务也是涉密运输活动。

(二)理清涉密运输活动的分类

按通行的运输方式分类,把涉密运输活动分为公路运输、铁路运输、航空运输、水路运输、管道运输等活动。按运输的实施单位分为自行运输和外包运输。

(三)理清涉密运输活动的主要流程

涉密运输活动的主要流程包括运输任务下达、制定运输任务方案和运输保密方案、车辆等运输工具调度、产品齐套、产品装载加固防护苫盖、交接启运、运输、押运、送达、卸载、产品交接、任务完成返回、任务完成档案归档等过程。

(四)理清涉密运输活动的风险和保密重点

保护好武器装备实物的安全是运输活动的重中之重。有些情况下武器装备的合同、技术资料、交付清单、使用说明书、存储载体等与实物一起运输,这些涉密资料体积较小,携带方便,便于窃取,也是运输活动需要看护的重点。武器装备装卸过程的产品有些是裸露的,泄密风险较高。运输的产品型号、数量、路线、时间、接收方、途经地、目的地、休整地、押运人数、保卫值勤等信息是运输活动涉密信息的重点内容,需要严控知悉范围。在运输过程中,运输人员与科研生产单位本部、承运单位、押运单位、接收单位进行业务通信保密管理难度大,涉密风险高。

四、涉密运输管理的实施办法

(一)确定运输任务密级

涉密运输任务提出部门根据所运输产品的密级、数量等内容确定运输任务密级,并在下达任务单中应明确任务密级和保密期限,涉密运输任务承担部门严格控制任务的知悉范围。

(二)制定运输任务安全保密方案

涉密运输任务应制定保密措施,武器装备的大型运输任务应该制定专项保密方案,专项保密方案应包括:保密责任、押运保卫人员、押运装备、保卫值勤、产品苫盖和伪装、免检信件、手机管控及通信保障方式、涉密资料管理、照相录相、保密纪律、应急处置方案等内容。

(三)精选参加运输人员

参加运输人员的基本要求政治可靠,品行良好,身体健康,无精神疾病,无吸毒、酗酒、赌博等不良嗜好。运输车辆驾驶员应具有 50 000 千米和 3 年以上的安全驾驶经验,无重大交通责任事故。针对运输产品的重要性和密级,可进一步提升运输参加人员的基本素质要求,如绝密运输参加人员可选派身体健康涉密人员,最好是中共党员、领导干部,不允许雇佣押运公司。

（四）严格控制涉密信息知悉范围

根据具体任务确定运输产品型号、数量、路线、时间、接收方、目的地、通信密语代码表等涉密信息，并严格控制涉密信息的知悉范围。如：带队司机知道行车路线和目的地就够了，其他司机都可以不用知悉，只需专心开车；押运人员知道运输车辆的数量和休息时间应够了，其主要工作是看护好产品和运输车辆。

（五）配备押运保卫力量

根据运输产品数量、产品密级、途经地区的治安环境等因素配备不同数量的押运人员，成立押运组，设组长（应经过押运专门培训，取得押运资格证书）。单车押运应当配备2名以上押运人员（不含司机），两车以上每车不少于1名押运人员，并适当配备机动押运人员。押运人员要求反应敏捷，掌握安全保卫工作知识，会正确使用押运装备和应急器材，具有处置意外情况的能力。根据押运风险，为押运人员配备防盗抢、防破坏、防袭击的器械，根据任务需要可配备强光手电（禁用彩色光）、反光背心、警戒线、口哨、通信器材和应急物品。

（六）产品苫盖和伪装

产品运输时，应对武器装备等密品进行伪装或苫盖，武器装备外型和产品型号、名称、生产单位等敏感信息标识不得外露，涉密单位车辆出入证件在社会道路运输期间不得外露，铁路运输的车辆牌照等不得外露。对于体积大、形状特殊、无法置于包装箱内的产品，应当采取有效的安全保密措施进行防护。

（七）编制通信密语代码表

参与涉密运输、交付的人员禁止通过普通电话、手机等交谈涉密事项和敏感信息，向单位报告运输、交付信息应采用密语。运输途中有关业务通信应用密语，任务的密级越高，相应提高通信密语代码表的复杂程度，并严格控制通信密语代码表发放范围。机密级以上涉密运输任务应编制一次性密语信息对照表，密语对照表由任务带队负责人、押运组长和运输、交付、保卫部门领导掌握。

（八）办理有关免检证明信件

对外不宜公开的国防尖端、重要的涉密武器装备运输需由保卫部门提前到相关部门办理公路、铁路、航空运输免检介绍信。若遇路政、公安等执法单位检查时，首先应核实对方真实身份后，再出示免检介绍信，请求放行，回答问题不得提及涉密信息，不得开箱检查免检范围的产品。参加铁路运输的押运人员，需到铁路货运管理部门接受安全教育，办理押运人员证明，押运人员证明由押运人员随身携带，若铁路公安部门检查可以出示，完成任务后交回保卫部门。通过航空途径运输的免检军工电子产品，在交运前，军工单位应当进行电磁信号检测，确保电源开关处于关闭状态，确保电子产品在运输途中不发射电磁信号。

（九）加强装卸现场保密管理

在武器装备装卸现场划定警戒区域，安排押运或保卫人员值守，值守人员数量可采用对角哨位执守，加强巡逻，控制无关人员靠近，没有批准禁止对产品照相、录像。涉密程度较高的产品在室外装卸时应避开不友好国家间谍卫星经过装卸现场上空的时间。

(十)加强运输过程保密管理

启运前,巡查所押运车辆和产品铅封、苫盖、伪装和加固情况,涉密产品外形、名称等敏感标识不得外露。公路运输车辆3辆车以上运输应按编队编号行驶,车辆编号应张贴在车辆前后明显位置,10辆货车以上运输宜配领航车,领航车作为车队首车,领航车至少乘坐一名押运人员,其他押运人员可集中乘坐一辆车护卫,护卫车作为车队的尾车;车辆运进中,押运人员始终应有一名押运人员在便于观察的位置值班,观察瞭望车辆运行安全情况。铁路押运列车运进中,押运人员按顺序执勤,始终应有一名押运人员在窗口位置值班,观察瞭望列车运行情况;途中停车时任务带队责任人要组织检查运输产品的加固、伪装和完好性,押运人员负责看护产品和车辆,进行安全警戒,注意观察产品状态和周边可疑人员,严禁无关人员靠近和搭乘,及时制止社会人员对运输产品照相、录相;列车停车时,车上至少留一人看护乘用车,在时间允许的情况下,部分押运人员分组下车协助检查产品数量、包装、苫盖、加固、锁紧状态,每组至少2人,发现异常情况及时报告;白天长时间停车时,车外一人、车内一人坚持值守,每小时巡逻一次,巡逻组人数不少于2人,巡逻时主要观察产品状态、周边风险和可疑人员;夜间长时间停车时,至少留2名押运人员坚持值守,每2小时巡逻一次,巡逻组人数不少于2人。

(十一)看护好涉密资料

单独或集中存放的涉密资料,不应离开保管人员的视线监控范围,不宜放在无人值守的敞车厢内,不宜携带到人员密集场所,不宜携带着走人烟稀少的偏僻黑暗的小路,停车住宿时,应随身携带。

(十二)规范运输产品的交接

运输产品到达目的地后,核实接收方的身份,双方确认无误后(若接收方人员有变化,应与接收方单位的领导确认),运输交付部门业务人员与接收方对照交接清单清点核对产品型号数量,及时办理交接手续,双方确认无误,完成交接后,押运人员方可撤离。交接手续妥善保管,带回承运单位归档。运输产品车辆进入试验基地、军事禁区、军事管理区的,还应遵守所在单位的保密要求。

(十三)加强纪律,进行安全保密教育

行押运任务的押运人员,在押运途中,不得擅自离开押运岗位,不得从事与押运任务无关的其他活动,不得酗酒。应当对参加运输任务的人员提出保密要求,如:不问、不记录涉密信息,不对外谈论产品型号、数量、行车路线、到发站地点、生产和接收单位等涉密信息或敏感信息,不对产品照相、录像,向单位报告运输信息应用密语。特别要对第一次参加运输任务的人强调保密纪律和注意事项,留有教育培训记录。

(十四)制定应急措施,提高应急反应能力

制定应急预案,明确现场保护、产品抢救、人员车辆疏散、正当防卫、通信联络、报警等内容,防止产品在运输途中发生泄密、丢失、被盗、抢夺、破坏,防止无关人员接触产品,保护产品完好运达目的地。对参与运输人员进行培训或组织应急预案演练。

(十五)完善运输档案

涉密运输任务单、实施方案、保密方案、交接手续、教育记录、任务完成报告以及运输过程的停靠时间和地点、押运工作记录表等资料应当及时归档。

五、涉密运输活动常见问题及解决方案

(一)单位运输能力不足

解决方案:运输任务外包,必须在《武器装备科研生产单位保密资格名录》《军工涉密业务咨询服务安全保密条件备案资质名录》中选择具备与所承担涉密运输任务相应的保密资质单位,发包单位并对其资质进行核验、备案,履行审批手续,签订涉密协作合同时需明确项目密级,约定保密条款,明确保密要求和保密责任,必要时签订专项保密协议书,对参加运输任务的人员进行保密教育。

(二)单位押运力量不足

解决方案:押运带队人由本单位保卫人员(当经过押运专门培训,取得押运资格证书)担任,全面负责运输任务的保卫工作,承担保卫押运责任,具休的押运执勤工作可以请公安干警、武警官兵负责,也可外包给有合法的押运资质的公司。外包给押运公司,必须在《武器装备科研生产单位保密资格名录》《涉密业务咨询服务安全保密条件备案资质名录》中选择具备与所承担涉密运输任务相应的保密资质公司,并对其资质进行核验、备案,履行审批手续。签订涉密协作合同时需明确项目密级,约定保密条款,明确保密要求和保密责任,必要时签订专项保密协议书,执行任务前备案押运员身份证件,进行保密教育,明确执勤方案。

(三)运输过程中发生冲突、丢失、被盗、抢夺、破坏等情况

解决方案:制定产品运输安全保卫保密方案并进行演练。运输过程中发生冲突、抢夺、破坏等情况时,押运组长负责组织采取应急保卫措施。发现无关人员靠近、扒车或其他险情,应喊话警告制止,3 人以上协同采取措施,保护产品和人身安全;处置盗窃、抢夺、破坏或可疑行为时,押运人员协同采取措施,不应过远追赶,喊话警告无效,应采取正当防卫,重点打击首犯,当危及人身安全和产品安全时,警察、武警可按《中华人民共和国人民警察使用警械和武器条例》规定使用武器,其他押运人员可使用警棍等随身押运装备打击目标;公路运输事件择机向当地公安部门报告,请求支援;铁路运输事件向就近驻铁路军事代表室、铁路站长、铁路公安部门报告,请求协助。发现武器装备产品丢失、被盗,保护好现场,向单位负责人或保卫、保密部门负责人报告,单位按隶属关系逐级上报情况,择机向当地公安、国防科技工业管理部门报告,请求支援。

(四)涉密运输手续不全,运输车辆不符

不同执法部门依法履行检查职责,如交通民警对于运输危险品的车辆进行例行检查,若无有效免检证明信件,可以依法检查所运产品;若发现运输车辆不符、押运人员无押运证

件、驾驶员与准驾车型不符等违法情况可以查扣车辆、产品和人员。所以承运单位必须依法办理涉密运输手续，并随车、随人携带，配齐驾驶、押运人员，使用符合安全要求的运输工具。运输易燃、易爆、化学、剧毒、放射性等危险品的车辆，还应当具有防火、防爆、防泄漏、防静电等安全条件。

（五）党和国家重大活动期间的危险品运输

党和国家重大活动期前，政府主管部门会提前发布禁止危险品、武器装备运输的管控要求。武器装备运输单位应严格遵守党和国家重大活动期间的管控规定和《国防科研生产保密物品运输安全保卫管理规定》，提前策划，避开重大活动期间或绕开活动管控地区。

第四节　涉密会议管理

一、涉密会议概念

涉密会议是指会议内容或者发放的载体涉及秘密级（含）以上国家秘密信息的会议。认定标准明确：重要涉密会议是指会议内容或者发放的载体涉及机密级（含）以上国家秘密信息，且参会人数达到50人以上或者参会人数达到100人以上的秘密级会议。

二、做好涉密会议管理的重要性

涉密会议一般参与机关、单位和人员较多，涉及国家秘密信息集中，涉密信息量大，内容关系重大，影响面比较宽，有的会议的还会涉及到新闻宣传管理等要素，做好涉密会议的保密管理，是保密工作的一个重要环节。

与其他一般涉密单位不同，武器装备科研生产单位为了完成军工科研和生产任务，需要不断地再生大量的秘密信息。武器装备科研生产单位主办或承办的涉密会议涉及国家秘密的范围大、涉密信息数量多，因此涉密程度更高、保密性更强，涉密会议管理也是军工科研生产单位保密管理工作的重要环节，也是武器装备科研生产单位保密管理体系建设的重要内容。

三、做好涉密会议管理具体措施

涉密会议管理涵盖保密管理诸多要素，包括参会人员管理、会议设备管理、涉密载体管理、会议场所管理以及与会议有关的其他事项的管理，如与会议有关的新闻宣传管理等，所以，涉密会议管理是综合多项管理要素的复杂管理活动。作好涉密会议管理，必须将“责任清、规则清、人员清、活动清、载体清、设备清、现场清、过程清”等管理要求融入到涉密会议管理的整个过程，真正做到流程规范、要素清楚、各环节风险可控的全过程管理。

（一）明确各级人员责任

明确涉密会议管理中各类人员的责任，包括会议主办或承办部门负责人、保密管理责任人、载体管理责任人、会场管理责任人等，对会议服务人员提出明确的保密管理要求。

（二）明确会议管理要求

建立涉密会议管理规定，明确会议的管理要求和审批环节，根据会议的类别，制定保密方案或保密管理措施，并使相关人员掌握涉密会议管理要求。会议召开阶段，会议主持人应以口头或者文字的方式向与会人员宣布会议保密纪律或者保密守则，对与会人员进行保密教育。

（三）准确界定会议类别，明确保密措施

应根据会议实际情况，准确确定会议密级，按照会议的密级作好相关的保密防护措施。重要涉密会议，主办部门应当制定保密方案，落实保密措施，必要时保密工作机构应当派人监督和检查。会议保密工作方案基本内容包括以下几方面。

1. 明确具体的会议保密事项及其密级。

2. 明确会议保密工作的组织领导，各个环节保密工作责任人及其工作职责。

3. 明确会议保密工作重点事项，主要有三个方面：

（1）会议涉密文件、资料和其他物品的保密管理；

（2）会议通信设备、办公设备、扩音设备等的保密技术检查和管理；

（3）参会人员的保密管理。

4. 明确涉密载体的保密管理，包括涉密载体发放、清退和销毁，应当指定专人负责，加强管理。严禁在会议住地的商务中心处理涉密载体。

5. 明确电子设备的保密管理，包括规定供会议使用的各种电子设备的保密技术标准及其保障措施等。一般防范要求包括：扩音设备应当符合保密要求，会场应当设置手机干扰器，禁止带入具有无线上网功能的便携式计算机以及相关智能电子设备等，未经批准严禁带入具有摄录功能的设备。

6. 规定与会人员（主持会议的领导、其他组织者、会议代表、工作人员）的保密纪律或保密守则。严格控制参会人员范围，通过发放会议证件和查验工作证件等措施，对与会人员进行身份确认。

对于会议服务人员，应对承担会务服务的宾馆、饭店、招待所提出保密要求，签订保密协议书，落实安全保密措施。

（四）准确确定参会人员

会议相关人员一般包括会议工作人员、会议服务人员和实际参会人员。在会议准备工作中，根据会议的实际需要，确定参会人员名单，严格人员审查。主办单位应当根据会议涉密程度和工作需要，确定参加人员范围，审核参会人员资格，登记并保存相关情况材料，如《会议代表名册》等。对参与组织和服务工作的人员进行保密教育，明确会议工作人员的保密纪律、责任和义务，确定会议保密工作的责任人。对于会场服务人员的保密教育和管理，一般采取保密教育、签订保密协议的方法。会议开始前根据参会人员名单采取措施对进入会场人员进行身份确认，严格控制与会人员范围。

（五）明确会议载体要求

在会议准备工作中，根据会议的实际需要，确定会议用涉密载体的类型和数量。根据需求，经审批后按照涉密载体管理规定制作满足需要的涉密载体。在会议期间，会议涉密载体发放、清退应当做好登记和清点，加强保密管理和提醒。会议结束后，会议涉密文件、资料等载体的处理，包括保存和销毁应当作好清点和登记，确保符合载体管理要求。

涉密文件、资料以及其他涉密载体的印刷、传递要严格按照有关保密规定进行；涉密文件的分发应当登记、编号，注明是否会后收回，并履行签收手续，在保险设施完善的设备中存放。

会议期间应加强对会议文件、资料和其他涉密载体的管理。载有会议内容的保密本、录音、录像等，视同会议文件、资料密级进行管理。绝密级文件应在会议现场发放，现场收回。会议期间严禁会议代表携带会议文件、资料出入公共场所或探亲访友。休会期间，需要收回的涉密文件、资料和其他物品，要由专门人员集中收回并妥善保管。

主办单位要做好涉密会议文件、资料和其他涉密载体的管理工作。凡是注明“会后收回”或者不能让与会人员自带的文件、资料和其他物品，应当及时收回。允许与会人员自带的文件、资料和其他物品，明确要求与会人员回单位后及时交单位保密室保管，不得个人留存，并向与会者单位发出会议秘密文件、资料和其他物品清单，要单位依照清单如数收回会议文件、资料和其他物品。不允许与会人员自带的文件、资料和其他物品，如需发给与会者单位的，由会议主办单位通过机要交通或者机要通信寄发。离开会议住地前，对会场和代表住地进行全面检查，防止遗留会议文件、资料和其他物品。主办单位应当明确规定会议秘密文件、资料的传达、阅读范围，与会单位应当按照要求传达会议内容，不得擅自扩大范围或者变更传达时间。涉密文件、资料的销毁应履行清点、登记、审批手续，集中送保密行政管理部门指定的地点统一销毁。

（六）会议用设备要符合保密要求

设备管理是会议场所保密监督管理的重要内容。涉密会议涉及的设备主要包括电视监控设备、录音设备、扩音设备、桌椅等。会议使用的音像等技术设备应当符合保密要求。会议设备如不符合保密要求，极易泄密。因此，在涉密会议召开之前，必须对场所和相关设备进行严格的保密技术检查。必要时，应当专门配备保密技术装备。重大涉密会议的场所必须经过权威部门的技术检测，通过检测后方可使用。对参会人员较多、时间较长的重要涉密会议，主办单位保密工作机构应当派人监督检查。会议场所禁止带入手机等移动通信工具以及有关智能电子终端设备。未经批准不得将具有拍摄、录音功能的设备带入会议场所。携带、使用录音、录像设备应经主办单位批准。涉密会议场所不得使用手机、对讲机、无绳电话、无线话筒、无线键盘、无线网络等无线设备或装置。

召开涉密视频会议，会议组织举办者应当使用按照涉密网络有关规定和标准建设的涉密视频会议系统，并指定专人负责系统维护和音频视频录制。会议召开前，应当对相关设施设备进行安全保密检查，关闭会场所有不使用的视频会议设备。会议期间录制的音频视频资料应当按照涉密载体管理。

（七）会议场所符合保密要求

举办涉密会议，应当在内部符合保密要求的场所召开。选择保密环境安全、可靠的宾馆、饭店、招待所、礼堂、会馆等召开涉密会议的，应当对其明确提出会议的保密要求，可以通过签订保密协议书的方式，明确会议场所提供单位应当履行的保密义务。涉密会议应在接待境外人员的宾馆、饭店召开。涉及机密级（含）以上的涉密会议应当在内部场所召开。

会场入口应在显著位置摆放保密提醒标志，禁止带入具有无线联网功能的计算机和智能终端（含笔记本电脑、平板电脑、手机等）等设备，并配备手机存放柜。加强会议期间会场外控制区域的安全管控,禁止无关人员进入。

四、常见问题及解决方案

(一)召开涉密会议的场所存在隐患

内部场所的会议室相对比较安全,但是也会存在因为保密风险意识不强,涉密会议场所边界防护不严格,造成知悉范围扩大的隐患;对于选择在经营性宾馆、饭店作为涉密会议场所的会议,由于属于内部接待性质的宾馆都已经向社会开放,召开涉密会议也不可能清场,保密管理难度很大。

解决方案:加大管理投入力度,明确专人负责会场安全管理,不允许无关人员接近会场区域。

(二)参加涉密会议人员的保密管理存在隐患

对参加人员控制不严、范围过宽;对参加会议的工勤服务人员及其他人员疏于管理,保密纪律强调不够;参加会议的人员自行携带会议文件的情况比较普遍,带回单位后是否及时上交机要部门无法控制等。

解决方案:严格落实涉密会议保密管理责任,严格按照工作需要原则,提前确定参会人员范围;切实落实对会议服务人员的保密教育措施,加强保密提醒教育,明确保密责任;严格限制会议人员自行携带会议文件的情况,确需将有关会议文件资料分发给相关单位的,应由会议主(承)办部门按照国家秘密载体保密管理规定履行相关审批手续后,通过机要渠道传递或安排符合保密条件的专人取送。

(三)涉密会议设备管理存在隐患

涉密会议严禁携带手机以及相关便携智能电子设备的规定在执行中存在困难。录音、录像的管理不严的问题同样突出,风险隐患大。

解决方案:会场门口配置手机存放柜,摆放"禁止带入具有无线联网功能的计算机和智能终端(含笔记本电脑、平板电脑、手机等)等设备"的保密提醒提示牌,会场内放置无线信号干扰设备,按时开启,确保设备正常工作;会议开始前,宣布会议保密纪律,提醒参会人员将便携式电子设备交会议工作人员集中管理,不允许私自录音、录像等。

(四)涉密载体管理存在隐患

会议中使用的涉密载体管理问题突出,涉密载体发放签收环节存在问题。

解决方案:严格落实涉密文件资料签收登记要求。

(五)会议主办及承办人员的保密意识薄弱

会议主办方及承办方保密意识缺乏,会议工作人员、服务人员防范意识淡薄,保密工作不到位,泄密隐患严重。

解决方案:会议主办方要明确保密要求,会议承办方要按照主办方要求,积极采取相关保密措施,明确各岗位人员责任,认真严格落实保密要求,进行保密提醒教育,加大保密管理力度。

涉密载体管理相关表格见表8－6至表8－10。

表8－6　涉密会议审批表

编号：

会议名称			
会议时间		会议地点	
申请部门		参会人数	（附参会人员名单）
申请人		监督检查人	
会议等级	□ 重要涉密会议　　□ 一般涉密会议		
会议携带涉密载体类型 □ 无	载体管理员：		
拟采取的保密措施（重要涉密会议需制定保密工作方案）	□ 会议场所符合安全保密要求； □ 参会人员进行身份确认，无关人员不得进入； □ 禁止使用无线话筒； □ 会场使用手机信号干扰器； □ 涉密会议文件发放、清退履行登记手续； □ 对涉密会议横幅，照摄像等按保密规定管理； □ 对会议服务人员进行保密提醒		
是否照摄像	□ 是　　□否		
会议保密工作责任人意见	签字： 年　月　日		
会议主办部门负责人意见	签字： 年　月　日		
单位领导审批意见	签字： 年　月　日		
保密部门备案	签字： 年　月　日		

表 8－7　重要涉密会议保密工作方案　　编号：

涉密会议名称			
会议时间		会议地点	
会议主办/承办部门		会议保密负责人	
参加人员情况			
会前保密管理	一、明确参会人员范围； 二、会场所需要的技术设备和条件； 三、会议材料准备； 四、照摄像管理； 五、会议服务人员落实； 六、会场监督检查； 七、其他有关保密管理措施		
会中保密管理	一、会议代表身份确认； 二、涉密载体发放与回收； 三、会议主持人宣布会议保密规定和保密要求； 四、对会场进行实时监督检查； 五、其他有关保密管理措施		
会后保密管理	一、会议现场检查清理； 二、会议涉密载体的清理和销毁		
编写人：　　年　月　日		审核人：　　年　月　日	

表 8－8　涉密会议签到表　　编号：

会议名称			涉密等级		□ 重要　□ 一般	
主办部门		会议时间			地点	
序号	姓名	职务/职称	工作单位	密级	签名	证件号码

表 8－9　涉密会议监督检查记录表　　编号：

<table>
<tr><td>会议名称</td><td colspan="2"></td></tr>
<tr><td colspan="3">会前监督检查记录</td></tr>
<tr><td rowspan="6">检查
内容及
检查
情况</td><td>一、会场内使用的技术设备和条件符合保密要求</td><td>□是　□否</td></tr>
<tr><td colspan="2">1. 计算机及外围设备和存储介质等是否符合保密要求；
2. 会场内使用的扩音设备是否符合保密要求；
3. 会会场内是否有视频监控设备，是否已关闭；
4. 根据会议要求，会场内手机信号干扰器使用正常；
5. 会场外设置手机等移动通信工具放置点，设置可放置具有无线上网功能的便携式计算机、具有摄录功能设备等其他设备的场所。
6. 其他</td></tr>
<tr><td>二、参会人员管控措施符合保密要求</td><td>□是　□否</td></tr>
<tr><td colspan="2">1. 参会人员在会议名单内，是否有无关人员进入会场；
2. 会场内服务人员是否符合涉密会议保密要求</td></tr>
<tr><td>三、会场内涉密载体使用和管理符合相关保密要求</td><td>□是　□否</td></tr>
<tr><td>四、其他</td><td>□是　□否</td></tr>
<tr><td colspan="2">会前监督检查人：</td><td>年　月　日</td></tr>
<tr><td colspan="3">会后监督检查记录]</td></tr>
<tr><td rowspan="3">检查
内容及
检查
情况</td><td>一、会场内不存在遗漏的涉密文件资料及设备</td><td>□ 是　□ 否</td></tr>
<tr><td>二、会场内不存在与会议相关的横幅、手册、会议记录等</td><td>□ 是　□ 否</td></tr>
<tr><td>三、其他</td><td>□ 是　□ 否</td></tr>
<tr><td colspan="3">会后监督检查人：
年　月　日</td></tr>
</table>

表 8－10　涉密载体发放与回收登记表　　编号：

<table>
<tr><td colspan="2">涉密会议名称</td><td colspan="4"></td></tr>
<tr><td colspan="2">涉密载体名称</td><td colspan="4"></td></tr>
<tr><td>序号</td><td>涉密载体编号</td><td>密级</td><td>签名</td><td>是否已回收(是√；否×)</td><td>备注</td></tr>
<tr><td></td><td></td><td></td><td></td><td></td><td></td></tr>
<tr><td></td><td></td><td></td><td></td><td></td><td></td></tr>
<tr><td></td><td></td><td></td><td></td><td></td><td></td></tr>
<tr><td></td><td></td><td></td><td></td><td></td><td></td></tr>
<tr><td></td><td></td><td></td><td></td><td></td><td></td></tr>
<tr><td></td><td></td><td></td><td></td><td></td><td></td></tr>
<tr><td></td><td></td><td></td><td></td><td></td><td></td></tr>
</table>

第五节 涉外活动

一、涉外活动概念

涉外活动是指中华人民共和国的一切组织、机构和人员，在我国境内或境外的任何地方与境外的组织、机构和人员进行交往与合作的活动。

涉外保密管理是指武器装备科研生产单位以各种方式与境外组织、机构人员在商业谈判、参观访问、学术交流、友好交往等各类外事活动中的保密管理工作。

二、涉外活动保密管理的重要性

党和国家历来非常重视涉外活动的保密管理工作，制定了《对外经济合作提供资料保密暂行规定》《对外科技交流保密提醒制度》和《关于切实做好新形势下涉外保密工作的实施意见》等多项法律法规和相关规定，对涉外活动保密管理予以规范，并提出了具体要求。

《宪法》第三十二条规定："中华人民共和国保护在中国境内的外国人的合法权利和利益，在中国境内的外国人必须遵守中华人民共和国的法律。"根据这一规定，包括知识产权、外方秘密在内的一切外国人的正当权益，都受到我国法律的保护，同时，外国人在中国实施非法获取我国国家秘密等犯罪行为时，除享有外交特权和豁免权的人员通过外交途径解决外，均应依据中国法律追究其法律责任。同样，我国公民在国外也必须遵守外国的法律规定。

《中华人民共和国保守国家秘密法》第三十条规定："机关、单位对外交往与合作中需要提供国家秘密事项，或者任用、聘用的境外人员因工作需要知悉国家秘密的，应当报国务院有关主管部门或者省、自治区、直辖市人民政府有关主管部门批准，并与对方签订保密协议。"这一规定明确了在涉外活动中使用国家秘密的保密要求和工作要求。第三十七条规定："涉密人员出境应当经有关部门批准，有关机关认为涉密人员出境将对国家安全造成危害或者对国家利益造成重大损失的，不得批准出境。"明确对涉密人员出国境需要进行审批。机关、单位人事部门负责对因公出国（境）人员进行政治审查，出具政审材料，还应统一组织出国（境）行前教育。

国家保密局制定的《对外科技交流保密提醒制度》（国保发〔2002〕7号）明确要求，针对在境内外参加有境外机构、组织、人员参与的各项涉外活动时，向相关人员就保密事项和保密范围等方面予以提示并提出具体保密要求的制度。

国家保密局制定的《对外经济合作提供资料保密暂行规定》（国保发〔1993〕28号）明确要求，对外经济合作提供资料，要坚持"从国家整体利益和对外经济合作的实际出发，权衡利弊，遵循合理、合法、适度的原则，做到既能够维护国家秘密安全，又有利于保障和促进对外经济合作的顺利进行"，"对外提供资料的保密审批实行业务主管部门归口管理，分级审批的原则"。

做好涉外活动的保密管理工作是涉外管理的基本要求，只有做好保密管理工作，才能更加有利于开展涉外合作和交流。

三、涉外活动保密管理的具体措施

涉外活动保密管理内容包括人员管理、活动管理以及对外交流内容、提供资料和物品等管理,其中人员管理是重点内容。涉外活动保密管理的基本要求是:首先要明确涉外活动的归口管理部门,明确归口管理部门的保密管理职责;二要建立完善涉外活动管理制度,规定各相关人员的保密管理责任,规范涉外活动相关审批流程,明确涉外活动保密管理要求,包括制定保密工作方案要求,执行保密提醒制度要求,对来访人员进行身份确认要求,明确活动区域、采取必要的安全保密防范措施要求,对外交流内容、谈判口径、提供资料和产品应当经过保密审查要求等;第三,加强涉外管理制度执行情况的监督检查,对存在的问题,不符合保密管理要求的现象和问题,提出整改要求,对有关责任人员给予相关责任处理。

在实践过程中,作好涉外管理,必须将“责任清、规则清、人员清、活动清、资料清、现场清”等保密管理的思想和要求融入到涉外管理的整个过程,各要素和各环节要受控。

(一)明确各类人员责任

明确涉外活动中各类人员的责任,包括涉外活动归口管理部门有关人员、牵头组织部门负责人及有关人员、参与涉外活动人员等,提出明确的保密管理要求。涉外活动牵头组织部门应当履行“结合每次活动情况制定保密方案”的责任,“组织对交流内容、谈判口径、提供资料和产品进行保密审查”的责任,“涉及国家秘密的,应当按照有关规定签订保密协议,履行审批程序”的责任等。参与涉外活动的人员应接受保密提醒教育,知悉《涉密人员对外科技交流保密守则》,签署涉密人员对外科技交流保密义务承诺书,填写《对外科技交流涉密人员登记表》。单位保密工作机构应当履行监督指导职责。

(二)制定涉外活动管理规定,明确工作要求

建立涉外活动管理规定,明确涉外活动审批环节和保密管理要求,根据涉外活动的不同情况,制定相关保密方案或相应的保密管理措施,在实际活动过程中认真执行。如按规定“执行保密提醒制度”“对外交流内容、谈判口径、提供资料和产品应当经过保密审查”“对来访人员身份进行身份确认,明确活动区域、采取必要的安全保密防范措施”“外事活动应当制定保密方案”等。

(三)根据涉外活动类别,明确保密管理措施

涉外活动包括出国(境)参加涉外活动、在境内参加涉外活动,以及邀请外方人员到军工单位参观交流访问等活动。根据不同情况制定保密工作方案,采取不同的保密措施。保密工作方案内容一般包括:时间、任务性质、外方人员及身份信息、参加人员、谈判(交流)口径、职责分工、保密措施和具体要求等。按要求执行保密提醒制度,保密提醒内容一般包括:爱国主义教育、外事纪律须知、保密法规知识、保密法律责任、密品密件管理、通信保密、紧急情况处置等。对于出国(境)参加涉外活动的团组,返回后应当执行有关事项报告制度。

(四)确定参加活动人员,加强人员管理

明确参加涉外活动的人员情况,包括出访人员情况,填写《对外科技交流涉密人员登记表》;明确来访人员情况,对来访人员进行身份确认;明确接待人员情况,明确接待人员陪同职责,采取必要的安全保密防范措施。

(五)规范对外交流内容、谈判口径、提供资料物品等保密审查

在涉外活动中,要根据涉外工作内容,及时确定对外交流内容、谈判口径、提供资料和产品,并在涉外活动前对相关内容进行保密审查;涉及国家秘密的,应当按照有关规定签订保密协议,履行审批程序。凡是没有进行保密审查的材料及相关内容,不得对外提供。

(六)明确来访路线和活动区域

接待境外人员来访,应规划并明确来访人员的来访路线和活动区域,不得到与来访工作无关的区域活动。严禁在存放有涉密文件、资料的办公室内接待国(境)外宾客。任何单位和个人,不得擅自将国(境)外人员带入不对外开放的区域。遇有国(境)外人员(包括有陪同人员者)自行闯入者,应进行劝止,请其立即离去,并将情况通知保密、外事部门。对不允许拍照的项目和部位,应事先向外国人说明,并设置"请勿照相"的中外文标志。未经允许,外方不得在机关、单位内部拍照或录像,确因工作需要进行拍照、录像的,须经单位领导批准并备案。拍照或录像应在保密工作人员的监督下进行,不得直接或作为背景拍录非对外开放的部位和产品。

四、常见问题及解决方案

(1)个别涉外人员保密意识淡薄,防范意识差。

解决方案:大力加强保密意识教育,切实加强涉外活动保密提醒制度的执行,改变教育的方式,提高保密提醒的效果。

(2)个别对外提供资料保密审查不及时。

解决方案:加强保密制度的宣贯和执行,切实将保密管理要求融入各相关业务,形成保密管理各个环节的闭环,确保对外提供资料切实履行保密审查审批,保证涉外活动安全。对不执行制度的行为,加大处罚力度。

(3)涉外活动保密方案中保密措施不具体。

解决方案:加强涉外管理规定及保密要求的宣贯和执行,切实提高对涉外工作的保密工作了解,加强对保密方案制定的指导,切实制定具体措施,提高保密方案的质量和可执行性。

对外科技交流涉密人员登记表见表 8 - 11。出国(境)行前保密教育情况表见表 8 - 12。

涉密人员对外科技交流保密守则

1. 公开的对外科技交流活动不得涉及国家秘密；

2. 在对外科技交流合作中中，确需对外提供国家秘密的，要按照国家有关规定办理审批手续，并要求对方承担保密义务；

3. 参加境外科技交流活动不得携带国家秘密载体(包括载有国家秘密信息的便携式计算机)，因工作确需携带或向境外传递机密级、秘密级秘密载体的，应按照有关保密规定办理审批手续，并采取切实可靠的保密措施；任何情况下，不得携带和传递绝密级秘密载体；

4. 谈论涉及国家秘密的事项要注意场合，防止被窃听；不得在涉外公共场所及外方提供的场所谈论涉及国家秘密的事项；

5. 不得在没有保密措施的通讯工具中传递国家秘密；不得使用明码或者未经中央有关机关审查批准的密码传递国家秘密；

6. 在境外遇到危及所携带的国家秘密载体安全的紧急情况时，要立即销毁所携带的秘密载体，并及时向本单位的保密工作部门报告；

7. 发生泄密事件要立即采取补救措施，并及时向本单位的保密工作部门报告。

涉密人员对外科技交流保密义务承诺书

我将于年月日至年月日参加

(对外科技交流活动名称)，有关部门已经向我告知《涉密人员对外科技交流保密守则》。我承诺，在对外科技交流活动中遵守保密守则，履行保守国家秘密的义务。

承诺人签字

签字日期

注：该承诺书一式两份，部门和承诺人各执一份。多次出国(境)者，在办理审批手续时，须出示此承诺书。

表 8－11　对外科技交流涉密人员登记表

<table>
<tr><td>姓名</td><td></td><td>性别</td><td></td><td>出生年月</td><td></td></tr>
<tr><td>民族</td><td></td><td>籍贯</td><td></td><td>学历</td><td></td></tr>
<tr><td>政治面貌</td><td></td><td colspan="3">从事何种专业技术工作</td><td></td></tr>
<tr><td>现任(曾)行政职务</td><td></td><td colspan="3">现任专业技术职务</td><td></td></tr>
<tr><td>从事专业技术
工作涉密程度</td><td colspan="5"></td></tr>
<tr><td>对外科技交流事项</td><td colspan="5"></td></tr>
<tr><td>对外交流对象</td><td colspan="5"></td></tr>
<tr><td>其他事项</td><td colspan="5"></td></tr>
</table>

单位(章)

年　月　日

表 8-12 出国(境)行前保密教育情况表

团组名称		批件文号	
保密提醒内容	1. 出国(境)期间自觉遵守国家法律、严格执行保密规定; 2. 对外科技交流活动不得涉及国家秘密、工作秘密、商业秘密,造成不良后果的,根据有关规定,要受到相应处罚; 3. 外出期间要注意保守国家秘密,不得在公共场所及外方提供的场所谈论涉及国家秘密的事项;参加对外科技交流活动不得携带涉密计算机和涉密载体; 4. 对外交流活动中发现保密违规行为或发生泄密问题要立即采取补救措施,并在12小时内报保密部门及有关领导; 5. 出国(境)期间必须服从团组统一管理,不得擅自变更行程; 6 返回后须10日内将出国境证件交回外事部门集中保存; 7. 加强便携式计算机、手机等电子设备管理,确保符合要求; ……		
本团组出访人员已知悉上述内容,并承诺遵守。 出访人员签字: 年 月 日			
行前保密教育人:(签字) 年 月 日			

第六节 协 作 配 套

本章节所指的涉密协作配套包括产品生产加工任务外协和涉密业务咨询服务两个方面,分别从“为什么做”“做什么”“如何做”以及“常见问题和解决措施”四个方面进行阐述。

一、规范涉密协作配套保密管理的意义和重要性

随着社会大融合、大数据的不断发展和深化,各企事业单位之间逐步形成了合作分工,协调发展的整体协作格局。在此过程中,各单位之间更多的需要通过协作配套,弥补自身的生产能力不足,实现企业的效益最大化。对于军工企业来说,协作配套合理弥补了单位的经营范围、资源和能力的短板和不足,是企业之间协同发展和共赢的有力手段。同时,我们也应该看到,科研生产任务的协作配套活动,不可避免的会发生因单位之间保密管理程度、管理权限的差异而带来的保密管理漏洞和失泄密隐患,使得单位内部原有的保密管理措施在协作配套单位无法有效实施,对科研生产经营活动中涉及的国家秘密造成威胁。另外,由于协作单位的工作流程、外协任务的完成形式等方面,在各军工单位存在多样性,很

难形成统一管理模式,从而也就带来了更多的保密工作的不可控性。

综上缘由,做好协作配套保密管理,是做好保密管理工作、保障国家秘密安全不可忽视的重要一环。做好协作配套保密管理刻不容缓。

二、涉密协作配套保密管理的政策要求和工作内容

(一)国家法律法规和标准规定

1. 法律法规要求

《中华人民共和国保守国家保密法》(以下简称《保密法》)第三十四条明确规定了"……机关、单位委托企业事业单位从事武器装备科研生产等涉及国家秘密的业务,应当与其签订保密协议,提出保密要求,采取保密措施"等重要内容。任何单位、任何人必须严格遵守。

2. 武器装备科研生产单位保密资格标准要求

国家保密局会同国家国防科技工业局、中央军委装备发展部联合制定的《武器装备科研生产单位保密资格标准》中对单位的协作配套保密管理,在资质、合同、协议、责任、涉密人员管理、涉密载体管理和监管等方面提出了更加全面的标准要求,是指导军工涉密单位及其协作配套单位做好保密工作,履行保密职责的重要依据。

(二)具体工作内容和要求

落实国家和上级有关协作配套的保密管理要求,必须严格把握六个方面的重点工作,即"六个必须":"必须严格选择具有涉密项目相应保密资格等级或高于等级的保密资格单位;必须明确项目密级;必须严格规定双方保密义务和法律责任;必须采取有效措施严格控制知悉范围并严格控制项目研制必需之外的背景、用途等涉密信息的知悉范围;必须以保密协议的形式明确双方保密职责分工;必须严格履行保密监管责任"。简单概括为 24 个字:符合资质、确定密级、明确责任、控制范围、分清职责、严格监管。

(1)符合资质。就是要必须严格选择具有涉密项目相应保密资格等级或高于等级的保密资格单位。保密资格认定标准明确规定,对有保密资格要求的项目或任务,单位选择不具有相应保密资格的单位承担协作配套任务的,根据有关标准规定,应当撤销该单位保密资格。现场审查或复查发现违反该条款规定情况的,立即中止审查或者复查。军工单位一旦选择无保密资格的单位承担涉密项目,或者发生选择单位保密资格等级低于项目密级的情况,将直接导致国家涉密信息被不应知悉的人员知悉,极易发生失泄密事件。

(2)确定密级。涉密项目协作配套既要明确合同文本密级,更须在合同文本中严格明确项目密级。军工单位将涉密项目或业务协作配套,必须明确界定合同文本密级,并在合同中明确项目的密级。

(3)明确责任。就是要在协作配套合同条款中明确甲乙双方在承担涉密项目或业务中所必须履行的保密义务和所须承担的法律责任。这既是对承担涉密项目的协作配套单位的有效约束措施,更是在一旦发生失踪泄密事件时,确定责任主体单位的主要依据。

(4)控制范围。协作配套合同中必须明确所承担涉密项目或业务的知悉范围,严格控制涉密信息的输出途径。要采取措施严格控制涉密信息的知悉范围。一般来说,除项目研制或服务必需的信息外,涉密项目的背景、用途等无须协作配套单位知悉的涉密信息,应严

格控制；甲方应在合同中明确涉密信息的知悉范围，乙方在承担项目的研制过程中，严格执行甲方相关要求，做到涉密信息知悉范围最小化。

（5）分清职责。协作配套双方应签订保密协议书，并在协议中明确双方保密工作分工、保密要求和承担涉密生产任务的保密职责，并严格执行。

（6）严格监管。单位的保密业务主管部门应严格履行保密监管责任，对承担协作配套的单位履行保密职责、落实保密制度要求的情况定期进行监督检查。对履行保密职责和落实保密制度要求不到位的单位进行处罚，对不符合保密资质要求的单位，取消承担涉密项目的资格。

三、涉密协作配套保密管理的实施方法和工作措施

（一）明确责任主体，建立长效机制，深度融合业务。单位应以制度或正式文件的形式规定协作配套保密管理责任归口单位及其职责和工作内容，明确保密工作责任、管理措施和考核要求，指定专人管理。责任归口单位要坚持“保密管理与业务工作深度融合”的原则，负责将保密工作要求纳入单位协作配套管理的业务制度和工作流程中，真正做到保密管理要求在协作配套工作整个链条中发挥保障和监管作用。同时，建立长效机制，切实保障各项措施能够长期坚持和有效落实。

（二）做好“六个必须”，坚持分工协作，保障措施有效。做好“六个必须”可按照以下工作方法实施。

1. 做好协作单位的保密资质审查。单位将涉密协作配套项目外包前，应由责任归口单位在单位的合格供方名录中选择具有保密资质且符合项目密级要求的单位承担。指定专人认真审查协作单位的保密资质等级，并履行审批手续（表 8 – 13）。

2. 在协作配套合同中以独立条款的形式明确项目密级和保密责任。保密责任应明确项目履约过程中，甲乙双方应承担的义务、权利和一旦发生违反保密要求问题或发生失泄密事件应承担的法律责任。

需要强调三点：一是项目合同具有很强流通性，原则上，应控制合同文本涉密，应尽可能的避免涉密。二是合同文本的密级与该合同内所表述的协作配套项目的密级是两个不同概念，没有替代关系，切不可混淆。三是甲方单位具备合同文本密级和项目密级的定密权，对密级确定负主要责任；乙方无权确定、变更或解密。乙方单位如需对合同进行脱密处理，应征求甲方单位意见。

3. 采取措施严格控制涉密信息的知悉范围。一是甲方应严格按照规定的审批手续和输出流程，将载有涉密信息的载体传递给甲方；二是除项目研制或服务必需的信息外，甲方提供乙方的合同、图纸及技术文件资料中不得涉及无须协作配套单位知悉的涉密项目的背景、用途等涉密信息；三是甲方应在合同中明确涉密信息的知悉范围，要求乙方必须由单位涉密人员承担承担并项目，严格做到涉密信息知悉范围最小化。

4. 甲乙双方应在协作配套项目实施前，签订保密协议书，明确双方保密职责。协议书内容应包括：甲乙双方的保密责任和义务、项目执行过程中对涉密载体、密品、涉密人员知悉范围和教育承诺、宣传报道、拍照摄像、展览展示、涉密会议、计算机和办公自动化设备等方面的管控要求。

5. 在乙方承担项目过程中，甲方应实施严格监管考核，定期进行保密监督检查，并做好检查记录（表 8 – 14）。一旦发现乙方存在违规问题或不符合保密规定要求的情况，应及时

制止并处理，防止失泄密事件的发生。对不能坚持履行保密职责，落实保密制度不严格或屡次发生违反保密管理要求的协作配套单位坚决取消单位合格供方资格，自单位合格供方名录中祛除。

表 8-13 协作配套项目审批表

<table>
<tr><td>项目名称</td><td colspan="4"></td></tr>
<tr><td>项目主要涉密内容</td><td colspan="4"></td></tr>
<tr><td>须提供的涉密资料</td><td colspan="4"></td></tr>
<tr><td>项目密级</td><td colspan="2"></td><td>项目周期及
起始时间</td><td></td></tr>
<tr><td>承办部门(处室)</td><td colspan="2"></td><td>项目负责人</td><td></td></tr>
<tr><td>协作配套单位名称</td><td colspan="4"></td></tr>
<tr><td>单位性质</td><td colspan="2"></td><td>法定代表人</td><td></td></tr>
<tr><td>注册地址</td><td colspan="2"></td><td>联系电话</td><td></td></tr>
<tr><td rowspan="6">协作配套项目
参与人员</td><td>姓名</td><td>单位(部门)</td><td colspan="2">安全保密培训证书编号</td></tr>
<tr><td></td><td></td><td colspan="2"></td></tr>
<tr><td></td><td></td><td colspan="2"></td></tr>
<tr><td></td><td></td><td colspan="2"></td></tr>
<tr><td></td><td></td><td colspan="2"></td></tr>
<tr><td></td><td></td><td colspan="2"></td></tr>
<tr><td>单位领导审批意见</td><td colspan="4">年　月　日</td></tr>
</table>

表 8-14　涉密项目协作配套保密监督检查表

<table>
<tr><td>协作配套单位名称</td><td colspan="3"></td></tr>
<tr><td>保密工作机构名称</td><td></td><td>电话</td><td></td></tr>
<tr><td>协作配套项目名称
（非密化处理）</td><td colspan="3"></td></tr>
<tr><td colspan="4">协作配套单位保密管理情况调查内容</td></tr>
<tr><td>保密资质</td><td colspan="3"></td></tr>
<tr><td>保密组织机构</td><td colspan="3"></td></tr>
<tr><td>保密制度</td><td colspan="3"></td></tr>
<tr><td>涉密人员管理</td><td colspan="3"></td></tr>
<tr><td>涉密载体管理</td><td colspan="3"></td></tr>
<tr><td>保密要害部门、部位管理</td><td colspan="3"></td></tr>
<tr><td>涉密计算机信息系统管理</td><td colspan="3"></td></tr>
<tr><td>涉密活动</td><td colspan="3"></td></tr>
<tr><td>失泄密事件</td><td colspan="3"></td></tr>
<tr><td>以上保密管理情况说明</td><td colspan="3">协作配套单位保密工作机构负责人签字：
年　月　日</td></tr>
<tr><td>协作配套单位承诺</td><td colspan="3">本单位承诺以上保密管理情况真实。
协作配套单位法定代表人或主要负责人签字：
年　月　日</td></tr>
<tr><td colspan="4">涉密协作配套单位对项目保密协议（条款）执行情况检查内容</td></tr>
<tr><td>涉密配套项目
保密协议（条款）
执行情况监督检查
意见</td><td colspan="3">涉密任务发包单位（部门）项目负责人签字：
年　月　日</td></tr>
</table>

四、常见问题及解决办法

（一）在进行协作配套的过程中，以下5个环节易出现失泄密风险

1. 忽视协作配套单位保密资格

在选择协作配套单位时，仅考虑生产需要、质量、经济成本等因素，未选择具备与项目密级相应资质的协作配套单位，就会产生失泄密隐患。或者，虽然选择了具备相应资质的外协单位，却未以保密协议的形式，明确对方的保密义务和工作职责，也可能造成外协单位擅自扩大涉密或内部敏感信息知悉范围。

2. 人员管理不到位

协作配套单位的工作人员，在进行协作配套任务的过程中，一方面存在主动窃密的风险，另一方面，如果没有经过相应培训或告知，也存在着无意中扩大国家秘密或企业内部信息的知悉范围的风险。

3. 涉密载体传递

对外传递涉密载体，未履行交接登记签收手续；在给协作配套单位提供任务所需的图纸、文件、资料的过程中，存在着因为未对涉密载体进行降密处理，将高于外协任务密级的文件扩散给协作配套单位的风险。

4. 监督检查不到位

在进行协作配套的过程中，未定期对外协情况进行检查的，存在生产部门未选择符合要求的协作配套单位，或在协作配套过程中进行违规操作的风险。

5. 协作配套归口管理部门履职不到位

如果公司归口管理协作配套的部门履职不到位，不能提供准确的外协项目名单和相应信息，就无法有效的对各项外协配套任务的保密工作进行管控。

6. 合同文本密级和科研生产项目密级感念混淆。

（二）如何解决协作配套过程中遇到的问题

为解决上面提出的协作配套过程中容易出现的问题，各军工单位应做好以下工作：

（1）单位归口部门应对拟协作配套的任务进行严格审查，明确是否涉密；确属涉密任务的，应选择具有相应等级保密资格的单位，涉及涉密信息系统建设的及运维的项目应选择具有涉密信息系统集成资质，涉及涉密服务的项目应选择国家秘密载体印制、军工涉密业务咨询服务等资质；签订涉密协作配套任务分包合同时，应设置专门条款明确项目或产品的密级，签订保密协议，明确保密责任。

（2）按年度，生产车间应对本单位参与涉密项目协作配套人员进行教育，教育情况填写《协作配套人员保密教育记录》（表8－15），在本单位保密工作档案中留存备查。

按年度，生产车间应要求并监督外协单位与涉密项目参与人员签订保密责任书，进行安全保密培训教育，并对执行情况形成审查评价结论，报保密处备案。

（3）单位应严格控制分包项目的涉密内容，并有归口部门严格审查；向协作配套单位提供项目研制必需的技术要求，原则上只提供纸质文件资料，并履行审批和接收确认手续。

（4）归口部门单位应对协作配套单位履行保密协议情况进行监督检查，填写《涉密协作配套任务保密监督检查表》（表8－14）。

(5)单位应建立协作配备任务单位名单,留存配套单位的保密资格证书复印件,相关业务部门应严格执行合同保密条款或保密协议。

表 8-15　协作配套人员保密教育记录

单位(盖章):			
教育时间		教育地点	
教育形式		主讲人员	
教育内容:			
签到记录:			
应到人数		实到人数	
备注:此表在单位保密工作档案中留存备案。			

第九章　过　程　清

过程清包括保密检查和保密内审、保密工作档案和保密工作经费。

第一节　保密检查和保密内审

一、保密检查的概念

（一）保密检查定义

保密检查是指各级保密工作机构依据国家法律、法规和相关标准，采取相应的管理和技术手段，对单位、部门和涉密人员保密工作责任制落实情况和保密管理制度执行情况进行检查的活动。

（二）保密检查的重要性

1. 保密检查是发挥保密管理职能的重要途径

保密检查是《保密法》赋予保密行政管理部门、机关单位保密工作机构的重要职能，提升保密检查能力是应对外部窃密活动的迫切要求，也是严防内部泄密的重要手段，更是充分发挥保密管理职能的重要途径。

2. 保密检查是推进保密工作持续改进的有效方法

保密管理的成效，必须通过持之以恒的、科学的监督检查，以及横向、纵向历史数据的对比，才能获得科学结论。唯有科学开展日常监督检查，分析单位保密管理的薄弱环节，及时制定改进措施，才能确保保密管理持续改进、不断提升。

3. 保密检查是保密管理体系的重要组成部分

持续强化保密检查能力建设，充分发挥保密检查工作整体效能，推进保密检查制度化、工作规范化、方法科学化、队伍专业化进程，达到以检查促管理、以检查促教育、以检查促整改、以检查促防范的目的，发现和堵塞泄密隐患和漏洞，推动保密管理工作向全程化、精准化和法制化发展，使保密管理体系不断完善。

（三）保密检查的原则

1. 依法依规

保密检查必须具有明确的法律和政策依据，并严格按照法律、政策的规定开展，必须符合法定权限、法定程序和正确适用法律规定，违法违规的保密检查行为应受到相应追究。

2. 严格标准

在实施保密检查过程中必须严格遵循有关保密法规、制度、标准进行。检查标准要严格，现场整改标准要严格，问责标准要严格。

3. 突出重点

突出重点是保密工作的基本方针,也是保密检查工作的原则。特别是在保密工作面临形势严峻,检查力量不足时,必须集中力量,突出重点,确保党和国家核心秘密安全。应特别注意将重点单位(部门)、重点人员、重点区域、重点领域、薄弱环节为检查工作重点。

4. 注重实效

保密检查应当注重效果,避免流于形式,确保通过检查,及时堵塞漏洞、消除隐患,督促贯彻落实党和国家保密工作方针、政策和保密法律法规,切实提高保密管理水平。

(四)保密检查的依据

《中华人民共和国保守国家秘密法》;

《中华人民共和国保守国家秘密法实施条例》;

《武器装备科研生产单位保密资格标准》;

《机关、单位保密自查自评工作规则(试行)》。

上级有关保密检查的规定

二、如何开展保密检查

(一)保密检查的类别

1. 全面检查

全面检查是指对保密工作的综合性检查,通常涉及到保密工作的各个方面,影响面大,对推动保密工作的全面开展具有重要作用。武器装备科研生产单位保密资格审查认证就是对承担武器装备科研生产任务的企事业单位保密工作情况的一项全面审视和检查,是加强国防科技工业保密管理的重要举措。

2. 专项检查

专项检查是根据上级或单位的部署或针对某一时期保密重点工作、突出问题、某一重大专项活动的保密工作落实情况,进行的专门检查。另外还包括保密管理责任部门对分管业务范围组织的对口保密检查。专项检查有助于对保密工作的某项重点要素或某一方面强化管理。

3. 文件检查

由检查组织者提出检查要求,被检查单位按照要求进行自查后提交书面材料,报检查组织者审核。

4. 技术检查

利用保密技术检查装备、工具和手段,对涉密场所、环境,以及信息系统、信息设备和存储设备进行的技术检查。技术检查既可单独进行,也可与其他方式结合进行。

(二)保密检查工作程序

1. 制定检查工作方案

保密检查责任单位根据受检查单位、部门的基本情况,制定检查工作方案。以保证保密检查工作有序开展,确保取得实效。检查工作方案应包含检查范围、检查内容、检查形式、检查方法、检查安排、组织实施和工作要求等。

2. 成立检查工作组织

保密检查责任单位制定检查工作方案后，应及时成立检查工作组织。组织开展较大范围的全面检查或专项检查，应报单位保密委员会领导批准，成立检查工作领导小组，制定具体检查方案，统一标准、统一程序、统一协调联络。

检查组一般设组长一名，常规检查和技术检查人员若干名。检查人员应为涉密人员。检查组应根据检查内容对检查人员进行分工，明确职责，组织检查人员熟悉和完善检查工作方案，按照检查内容对检查人员进行培训，明确检查标准、检查程序、工具使用和检查要求等。

3. 下达检查通知

应提前以文件或其他形式向受检查单位、部门发出书面通知，明确检查时间、检查范围、检查形式及工作要求等有关事项。特殊情况下，可于检查当日口头通知，并由检查人员在检查前将书面通知交受检查单位、部门。也可同时向受检查单位、部门发放基本情况调查表，以便在检查前对受检查单位、部门的基本情况进行初步了解。

突击检查不应提前通知。

4. 实施现场检查

现场检查包括情况沟通、分工检查、情况处置、口头反馈或书面反馈。

5. 反馈检查意见

检查组以口头或书面形式向受检查单位、部门反馈检查意见，对存在的问题提出整改要求，对涉嫌泄密和严重违规的人员提出处理意见。

6. 上报检查结果

现场检查结束后，检查组应进一步整理和分析检查结果（包括技术检查、核查结果），形成《检查情况报告》，报检查责任单位，并提交原始记录材料。

7. 进行整改复查

对检查中发现的问题，被检查单位、部门应按照检查组下发的反馈意见要求，开展整改工作。整改结束后应向检查组报送书面整改报告。

8. 查处

受检查机关、单位对检查中发现的违反保密法律法规的行为，应当根据保密行政管理部门建议追究直接有关责任人员的责任，并向组织检查的保密行政管理部门书面报告查处情况。

9. 结束检查

检查责任单位根据检查工作方案，确认检查工作组是否完成全部检查任务，检查组应当进行检查工作总结，及时将检查工作全部材料交检查责任单位立卷归档，结束检查。

（三）保密检查工作要求

1. 检查人员要求

检查人员应由保密检查责任单位指派或选派，具备一定的保密法律法规知识和保密检查技能，并经保密检查责任单位培训。

检查人员对检查工作中所产生和接触的涉密信息，应履行保密义务，必要时应签署保密承诺书。

2. 检查工具要求

保密技术检查工具应采用经国家保密行政管理部门检测的检查工具,包括网络检查工具、计算机检查工具、网络渗透性检查工具、漏洞扫描工具、数据恢复工具等。

三、保密检查的实施方法

(一)保密工作责任制落实情况

1. 法定代表人或主要负责人责任

(1)查阅工作会报告、年度目标计划、年度经营业绩考核,检查法定代表人或主要负责人年度内是否对保密工作有明确的指示要求。

(2)查阅单位文件批示,检查法定代表人或主要负责人是否认真学习上级要求,是否对文件要求有明确的批示、指示。

(3)查阅保密承诺书或保密责任书。

(4)查阅研究解决本单位保密工作重大问题的会议纪要或会议记录等,检查法定代表人或主要负责人是否亲自参加并提出要求、做出安排。

(5)查阅与副职领导、所属部门或单位领导签订的年度保密管理责任书与年度业绩考核记录,检查法定代表人或主要负责人是否分解落实保密责任,并将保密工作纳入年度业绩考核、落实奖惩。

(6)查阅年度财务预算、决算及人事任免文件、保密工作机构或其他业务部门提出的保密工作条件保障请示,检查法定代表人或主要负责人是否在人力、物力、财力上为保密工作提供足够的条件保障。

(7)查阅单位保密培训记录、保密检查记录,检查法定代表人或主要负责人参加单位保密培训、进行保密自查、接受保密检查和对副职进行保密检查的情况。

(8)交谈了解法定代表人或主要负责人是否掌握单位保密工作整体情况,如本单位申报保密资格等级、国家秘密事项的确定及定密责任人履职情况、单位基本制度确定签发情况、涉密人员管理情况、保密要害部门部位情况、计算机及信息系统使用情况、各类重要的涉密活动的管理情况等。

2. 分管保密工作负责人责任

(1)查阅领导分工、与法定代表人或主要负责人签署的保密责任书等文件,确定责任人和保密职责。

(2)查阅有关保密工作会议、专题会议报告、纪要和记录,检查分管负责人是否亲自组织会议、传达上级工作要求、部署保密工作。

(3)查阅单位文件批示,检查分管领导是否及时传达上级保密工作要求,提出明确、具体的批示与工作部署。可通过音像、照片、网络等形式调阅核实。

(4)查阅单位保密检查记录,检查分管负责人是否至少每半年带队对单位、其他负责人进行保密检查。

(5)通过相关责任书和审查审批表检查分管负责人履行职责情况。

(6)查阅保密工作机构提交的请示、报告,检查分管负责人是否关心支持保密工作机构、是否对保密工作履行职责进行监督指导并提供保障。

(7)交谈了解分管负责人是否全面掌握本单位保密责任落实、组织机构设置情况,是否组织进行保密制度制订、保密监督管理和条件保障情况。

3. 其他负责人责任

(1)查阅单位领导分工,确定分管业务,并检查单位是否以文件形式明确各业务分管领导的保密工作职责、保密工作重点,是否与法定代表人或主要负责人签署保密责任书及其履职情况。

(2)查阅单位各类会议文件(如工作例会、生产调度例会、重大专项工作简报等)、文件批示,检查其他领导组织业务工作会议、研究部署业务工作时,是否同时对保密工作进行研究和部署,并突出具体落实措施。如分管科研生产的领导应该将保密工作贯穿到科研生产全过程,在生产现场、产品交付、运输、储存、试验等工作中必须同步协调组织落实好保密工作,并应有具体要求和措施。

(3)查阅单位会议记录、发文记录、检查记录,检查领导是否组织制定分管业务范围内的保密管理制度和措施,并监督落实。

(4)查阅单位会议记录、检查记录,检查其他领导是否至少每半年带队对分管业务保密工作进行一次检查,并对存在问题整改情况进行监督检查。

(5)查阅业务部门、保密工作机构提交的请示、报告,检查其他负责人是否对分管业务的保密工作提供人力、物力、财力等条件保障,是否支持保密工作机构开展监督、检查、管理工作。

(6)交谈了解其他领导是否了解本人分管业务工作范围内的保密工作职责、保密工作重点与具体情况等。

4. 部门负责人、项目负责人责任

(1)查阅单位文件,检查是否以文件形式明确部门或项目负责人的保密工作职责。

(2)查阅部门年度目标计划、年度经营业绩考核内容;查阅项目工作计划、考核材料,检查负责人是否将保密要求融入业务工作制度中,是否将保密工作融入业务工作。

(3)查阅负责人与单位签订的保密责任书及监督管理情况。

(4)查阅研究解决本部门、本项目保密工作问题的会议记录、通知等,检查负责人是否采取具体措施落实单位部署的保密工作。

(5)查阅部门保密教育记录,检查负责人是否至少每季度安排一次部门(项目组)保密教育。

(6)查阅部门保密检查记录、各项保密工作记录,检查负责人是否至少每季度亲自对本部门(项目)保密措施落实情况进行检查,并对检查中发现的问题落实整改。

(7)查阅部门涉密载体收发记录,检查负责人是否按照工作需要控制国家秘密的知悉范围。

(8)查阅专、兼职保密工作人员工作记录,检查负责人是否关心和支持专、兼职保密工作人员开展工作并提供保障。

(9)交谈了解部门或项目负责人是否清楚本人保密工作职责、本部门业务工作(本项目)中的重要涉密事项、涉密人员情况、保密要害部门部位情况和计算机及信息系统使用情况等。

5. 涉密人员责任

(1)查阅单位文件,检查是否以文件形式明确单位各涉密岗位的保密工作职责。

(2)查阅个人工作计划与总结,检查是否将保密工作与业务工作紧密结合。

(3)查阅个人保密检查记录,检查是否按要求进行保密检查并对存在问题落实整改。

(4)进行保密知识考试,检查其是否掌握涉密人员考试试题库有关内容。

(5)交谈了解涉密人员是否掌握本岗位保密工作职责、本岗位业务工作中的保密事项、保密知识和单位保密工作要求。

6. 归口管理

(1)查阅单位文件,检查是否以文件形式明确归口管理部门及相应的保密工作职责。

(2)查阅单位保密管理制度、业务工作制度、业务流程、部门工作计划、检查记录、考核材料等,检查归口管理部门是否负责业务工作范围内的保密和业务工作制度制定,是否将保密工作融入业务工作制度,使保密工作成为业务工作的重要组成部分。

(3)交谈了解部门负责人是否清楚归口保密管理职责、管理内容及工作重点,是否将保密工作融入业务工作等。

(二)保密组织机构建设和人员配备情况

1. 保密委员会(保密工作领导小组)

(1)查阅单位文件,检查是否正式发文成立保密委员会(保密工作领导小组),是否明确保密委员会(保密工作领导小组)职责;保密委员会(保密工作领导小组)是否由单位主要负责人担任主任或组长,成员是否包括单位其他负责人、科研生产、计划、组织人力资源、宣传、外事、财务、信息、保卫和保密等部门的主要负责人。

(2)查阅单位文件,检查是否明确保密委员会委员(保密工作领导小组成员)的分工与职责,单位机构和人员发生变化时,是否及时调整保密委员会(保密工作领导小组)的人员组成。

(3)查阅保密委员会(保密工作领导小组)会议记录、会议纪要等材料,检查是否定期召开例会研究部署保密工作,是否听取保密工作机构的工作汇报、审议年度保密工作要点或重点工作任务计划,是否及时召开会议,解决单位保密工作的重要问题。

(4)查阅保密委员会(保密工作领导小组)成员的工作记录,检查其是否按职责和分工开展工作,工作记录是否规范。

(5)查阅保密委员会(保密工作领导小组)归档材料和会议记录,检查成员年内是否向保密委员会(保密工作领导小组)报告履职情况。

(6)现场调查、询问保密委员会委员(保密工作领导小组成员)是否按规定参加保密委员会(保密工作领导小组)会议,是否知悉本人的职责分工,是否按照分工履行职责。

2. 保密工作机构

(1)查阅单位组织机构设置的正式文件,检查单位是否按规定设置保密工作机构,同时明确保密工作机构职责和专(兼)职保密工作人员的数量。

(2)查阅保密工作机构工作记录,检查是否履行保密管理职责,如制定年度工作计划,拟订保密管理制度措施、办法和专项保密工作方案,向保密委员会(保密工作领导小组)提出保密工作建议,具体落实保密委员会(保密工作领导小组)的决策和部署,是否建立较规范、完整的工作记录。

(3)查阅相关文件,检查其是否建立工作报告制度,并按要求报告。

3. 保密工作人员

(1)查阅保密工作机构人员的聘用或调动手续,检查是否按标准配备专、兼职保密工作人员。

(2)查阅保密工作人员培训记录和证书等材料,检查是否参加有关保密管理或技术检查培训,是否取得岗位资格证书,证书是否有效。

(3)现场调查、询问,对保密机构人员进行谈话或业务考察,检查其是否具备良好的政治素质,是否掌握保密法律法规和单位规章制度的基本内容,是否掌握保密要害部门部位和计算机及其信息系统的保密技术防护知识,是否全面掌握本单位的保密工作业务情况,是否具备必要的组织协调和管理能力。

(三)保密制度建设及执行情况

1. 基本保密制度

(1)查阅文件和保密工作档案,检查单位保密基本制度是否有缺项、是否根据国家法律法规和上级规章制度变化及时修订,是否结合单位实际并具有可操作性,是否得到正确执行与落实。

(2)现场调查制度宣贯掌握情况。主要查看培训记录中是否有保密制度培训,现场询问员工对保密制度的具体要求是否熟悉。

2. 业务工作制度

(1)查阅单位组织机构图、部门职责分工,了解单位是否确定业务归口管理部门。

(2)查阅文件和单位保密工作档案、二级保密工作档案,检查归口部门是否制定业务制度。

(3)查阅业务工作制度,检查是否将保密管理要求融入各个环节,是否明确业务管理流程与节点岗位,是否具有可操作性。

(4)查看培训记录,检查培训记录中是否有业务制度培训。

(5)查阅相关工作记录,检查业务制度中的保密管控措施是否得到正确执行与落实。

(6)现场调查、询问,查看制度宣贯掌握情况。现场抽取询问部门员工对业务制度中的具体保密要求是否熟悉。

3. 专项保密制度

(1)查阅单位涉密项目或者事项清单、工作计划,了解单位是否有重大涉密工程或项目,是否主办外场试验。

(2)查阅文件和保密工作档案,检查单位是否制定重大涉密工程、项目、外场试验专项保密制度。

(3)查阅专项保密制度,检查专项制度中是否明确项目、工程、试验密级、保密工作要点、保密职责分工,是否针对项目、工程、试验特点明确具体措施,是否具有可操作性。

(4)查看二级保密工作档案,检查培训记录中是否有专项保密制度培训。

(5)查阅相关工作记录,检查专项保密制度是否得到正确执行与落实。

(6)现场查看制度宣贯掌握情况,抽取询问项目、工程、试验有关员工对专项保密制度的具体要求是否熟悉。

(四)国家秘密确定、变更和解除情况

(1)查看单位文件,检查单位是否按定密权限依法开展定密工作。

(2)查看单位文件,检查单位是否成立由主管业务工作的负责人担任领导的定密工作

机构，成员组成是否满足机关、单位定密工作需要。

(3)查看定密机构工作记录及会议记录，检查定密工作机构是否按要求正常开展工作，是否形成定密、变更、解密工作档案，定期对单位定密、变更、解密信息进行公布。

(4)查看单位文件，检查单位是否下发《国家秘密事项范围细目》等文件，明确单位国家秘密事项及定密工作依据。

(5)查看单位管理制度，检查是否明确定密、变更、解密工作程序和责任。

(6)查看单位任命文件、证书，检查单位是否确定法定定密责任人，法定定密责任人是否指定定密责任人并明确其定密工作职责与定密权限、范围，定密责任人是否经过培训持证上岗。

(7)查看定密工作记录，检查单位定密流程是否符合要求。

(8)查看单位和部门保密培训记录，检查单位是否进行定密管理制度、定密变更与解密工作程序、工作依据等内容培训。

(9)查看单位和部门检查记录，检查单位定密责任人是否按规定进行定密检查。

(10)现场查看定密工作宣贯掌握情况，询问定密责任人和涉密人员对定密工作制度的具体要求与流程是否熟悉，对单位定密依据是否清楚。

(五)涉密人员管理情况

1. 上岗管理

(1)查看单位文件，检查是否制定涉密人员分类管理办法和确定标准。

(2)查看单位文件，检查是否签发正式文件(如涉密岗位一览表)明确涉密岗位名称、保密职责、主要涉密事项与岗位密级，并明确涉密人员涉密等级。

(3)查看单位对在岗涉密人员进行政审的审查材料与调查记录，检查是否对拟进入涉密岗位工作的人员进行政治素质、社会关系等基本情况的审查，是否对有特殊背景的人员进行专项调查。

(4)查看单位保密责任书、协议书，检查是否明确进入涉密岗位的人员的权力、义务、责任，并明确脱密年限。

(5)查看单位培训记录，检查是否对拟进入涉密岗位的人员进行上岗前保密教育培训等。

2. 在岗管理

(1)查看单位涉密人员变动记录，检查是否根据科研生产实际情况进行涉密人员动态调整，相关工作记录是否完善。

(2)查看单位涉密人员审查记录，检查是否定期进行复审。

(3)查看单位年度教育培训计划，检查是否将保密教育培训纳入年度计划中，并明确培训学时、责任部门。

(4)查看单位、部门保密培训记录，检查是否按计划落实保密教育培训工作，记录是否规范、年度总学时是否符合要求、是否覆盖全员。

(5)查看涉密人员保密自查记录，检查涉密人员是否对本人保密工作进行自查并落实整改。

(6)查看单位、部门绩效考核记录，检查是否将涉密人员履行岗位保密职责和执行保密规章制度情况纳入绩效考核并与职称评审、职务晋升、评先评优等挂钩。

(7)查看单位、部门规章制度及执行情况，检查是否明确涉密人员有哪些违规行为应调离涉密岗位，是否落实执行。

(8)查看涉密人员月度考核记录与工资发放表，检查单位是否向涉密人员发放保密补贴，保密补贴是否考核发放。

(9)查看单位涉密人员管理制度与相关工作记录，检查单位是否明确对涉密人员出国(境)进行审批管理、按要求执行提醒和回访制度，审批流程与职责分工是否明确，记录是否规范。

(10)查看涉密人员出国境记录，检查是否按照审批的时间地点出访。

(11)查看单位涉密人员报备材料交接记录，检查单位是否将涉密人员名单在公安机关出入境管理部门登记备案，并形成备案工作记录。

(12)查看涉密人员因私护照、港澳台通行证管理记录，检查是否履行出国(境)审批、出国(境)前保密提醒、签订保密承诺书、返回回访，以及按时交回出国(境)证件等相关流程，检查单位是否将出国(境)证件集中管理。

(13)查看单位对各级涉密主体的责任落实情况及各类涉密活动受控情况，各类保密检查和奖惩记录等；

(14)查看单位国(境)人员管理相关记录。

(15)组织进行涉密人员保密知识考试，检查是否掌握涉密人员考试试题库相关内容。

(16)现场查看涉密人员在岗保密要求宣贯掌握情况，询问人力资源管理有关人员对相关工作制度的具体要求与流程是否熟悉，检查其对涉密事项、涉密活动、涉密信息设备、涉密载体等保密工作应知应会的掌握情况，询问了解单位、部门保密培训情况，是否清楚因私出国(境)管理要求，是否发放保密补贴、执行标准情况及保密考核奖惩情况。

3. 离岗管理

(1)查看单位保密管理制度，检查是否建立涉密人员脱离涉密岗位的审批程序，是否要求签订保密承诺书，是否明确离岗涉密载体移交、清退制度。

(2)查看单位涉密人员离岗保密承诺书，检查承诺书中是否明确离岗后应承担的保密义务，是否明确脱密期限，是否进行脱密期回访。

(3)查看单位涉密人员变动情况，检查离岗人员是否办理审批手续、是否签订保密承诺书、是否办理涉密载体移交手续、移交签收记录是否规范、闭环。

(4)查看单位有关工作记录，检查是否按要求对尚在脱密期的离岗人员进行回访。

(5)现场查看涉密人员离岗保密要求宣贯掌握情况，询问人力资源管理有关人员对相关工作制度的具体要求与流程是否熟悉，询问涉密人员是否清楚离岗保密管理要求。

(六)国家秘密载体管理情况

1. 台账检查

(1)查阅单位涉密载体总台账、涉密部门分台账、个人涉密载体台账，检查是否账账相符、账物相符，台账格式及要素是否符合要求(台账应包括载体名称、载体类别、制发单位、编号、密级、页数、份数、责任部门、责任人、使用状态等要素)。

(2)查阅部门涉密载体分台账，检查是否定期更新，并由部门主要领导进行核查，做到底数清楚。

(3)查阅个人涉密载体台账，检查是否账物相符，是否与部门涉密载体分台账保持一致,是否办理审批手续。

(4)抽查台账上的涉密载体,检查其是否按规定标注密级标志。

2. 纸介质涉密文件资料检查

(1)现场检查是否有未登记编号的涉密文件资料或标志不规范的涉密文件资料,是否有私自留存的涉密文件资料。

(2)现场查看涉密载体存放、保管措施是否符合要求。

(3)现场检查涉密文件资料制作是否经过审批、数量是否与审批表一致、制作废页处置是否符合要求、制作地点是否具备保密条件,外出制作是否选择有保密资质单位、交接记录是否闭环。

(4)现场检查传递涉密文件资料是否通过机要渠道,外出带回的涉密文件资料是否经过单位指定部门登记盖章后办理借用手续,单位内部、外部传递涉密文件资料是否有审批、登记、签收手续。

(5)检查外出携带涉密载体审批记录与外出前、返回后检查记录情况;核对使用登记记录与外出审批记录。

(6)查阅涉密载体日常使用记录并进行现场检查,检查涉密载体登记、使用、交接等环节是否存在使用记录与审批记录不符的情况。

(7)检查借用的涉密文件资料是否及时清退,借用时间是否符合单位有关规定,销毁审批与操作记录是否符合要求,是否存在私自销毁涉密载体情况,各环节交接记录是否闭环。

(8)检查复印涉密文件资料是否办理审批、登记、签收手续,复印件是否加盖戳记、是否按规定编号。

(9)检查扫描涉密文件资料是否办理审批、登记、签收手续,电子文档是否按审批要求进行传递。

(10)查阅单位保密本管理记录并进行现场检查,检查是否账物相符,是否按时进行清理核对,离岗人员保密本是否清退。

3. 其他形式涉密载体检查

(1)检查是否存在非受控涉密载体或无标志涉密载体。

(2)检查涉密载体标志是否规范、完好。

(3)查看涉密载体存放、保管措施是否符合要求。

(4)查阅涉密载体借用、领用记录,检查是否按规定审批、登记并与实物相符。

(5)检查使用记录,是否存在涉密载体在非密计算机上使用的情况。

(6)检查涉密载体内存储的涉密信息是否规范标密。

(7)查阅外出携带审批记录与外出前、返回后检查记录情况,核对使用登记记录与外出审批记录。

(8)现场查看涉密载体登记、使用、交接记录情况,是否存在使用记录与绑定审批记录不符的情况。

(9)查看维修审批、销毁审批与操作记录是否符合要求,是否存在私自销毁涉密载体情况,各环节交接记录是否闭环。

4. 绝密级涉密载体

(1)查看台账并进行现场检查,检查单位是否有绝密级涉密载体,是否账物相符。

(2)现场检查绝密级涉密载体保管存放环境与设备是否符合要求。

(3)检查单位是否对接触绝密级涉密载体的人员进行登记,登记记录是否包含部门、人员、时间、接触文件名称、审批人等信息,是否存在绝密级涉密载体外借情况。

(七)密品管理

1. 查阅单位密品台账,检查是否账物相符,台账格式及要素是否符合要求(应包括密品名称、编号、密级、保密期限、数量等要素)。

2. 抽查台账上的涉密载体,检查其是否按规定标注密级标志。

3. 查看密品实物,核对单位《国家秘密定密细目》,检查外形和构造定为密点的密品是否采取遮挡或者保护性措施。

4. 查阅单位重要密品试验、运输等记录,检查是否制定安全保密方案,落实安全保密措施。

5. 查阅密品出入库记录,检查是否按规定履行交接签收手续。

6. 查阅密品维修、销毁记录,检查是否按规定履行审批并采取保密措施。

(八)保密要害部门部位保密管理情况

1. 保密要害管理

(1)查阅单位制度文件及保密要害审批手续,检查单位是否在规章制度中明确保密要害部门、部位的管理要求,确定的要害部门部位是否办理审批、确认手续。

(2)查阅单位保密制度,检查保密要害部门部位的管理措施是否明确具体,针对性与可操作性强。

(3)查阅单位保密工作档案,检查是否对进入保密要害部门部位的安全值班、工勤服务人员进行政治审查,履行审批手续,并与其签订保密承诺书,采取相应的防范措施。

(4)查阅单位保密工作档案,检查是否对进入保密要害部门部位的外来人员进行审批,作出记载(留存身份信息或身份证号码),并采取相应的控制措施。

(5)查阅单位保密工作档案,并与新建、改建、扩建工程项目记录核对,检查涉及保密要害部门部位的新建、扩建、改建工程,在计划、设计、建设、验收等环节是否经过单位保密工作机构的审核,工作记录是否齐备。

(6)询问保密要害部门、部位工作人员是否知悉单位对保密要害部门部位的管理要求。

(7)询问进入保密要害部门部位的安全值班、工勤服务人员是否接受保密审查与保密教育,对相关保密要求是否知悉。

(8)现场查看保密要害部门部位出入登记记录是否与审批记录相符。

(9)现场查看保密要害部门部位是否有标志、警示牌等。

(10)查看保密要害部门部位的安防管理部门及值班人员的履职情况,查看安防设备的运行情况及检查情况等。

2. 保密技术防护设施设备配备使用情况

(1)查看保密工作档案,检查安全防范工程建设方案评审和竣工验收评审文件、资料是否符合要求。

(2)查阅监控中心值班、维修人员培训记录,检查是否经过培训。

(3)查看监控中心管理制度、应急预案,检查是否结合单位实际制定,职责是否明确,流程是否清晰。

(4)查看监控中心工作记录，检查是否对视频监控图像进行回看。

(5)查看监控中心值班和维修记录，检查是否按规定值班，是否按要求对技防系统进行维护、维修。

3. 现场检查需要关注的问题

(1)查看保密要害部门部位是否按规定安装防盗报警装置、视频监控系统和电子门禁系统，设备是否工作正常。

(2)检查要害部门部位相对集中的建筑物是否设置安全控制区域，出入口是否设置电子门禁系统，周界是否安装防入侵报警装置和视频监控系统，设备是否工作正常。

(3)查看前端设备和监控中心机房设备运转是否正常，是否按规定对视频录像进行备份，回放是否正常。

(4)询问监控中心机房值班人员是否熟悉各项管理制度与应急预案要求及处置流程，查看值班人员是否熟练操作设备。

(5)检查安防设备包括计算机使用情况是否安全，值班人员是否双人双岗 24 小时值班，业务部门检查记录是否规范等。

(九)信息系统、信息设备和存储设备保密管理情况

1. 机构人员

(1)查看保密委员会(网络安全领导小组)发文，是否指定了分管业务负责人负责信息安全保密工作，并明确了信息安全保密专业工作组，指定信息化管理部门为办事机构。

(2)查看单位组织机构设置文件(单位公文，办公室或组织部门发文)，文件是否明确了信息化管理部门和信息化运维机构，文件中是否明确了信息化管理部门负责信息化规划、建设、运维和安全保密管理工作，信息化运维机构负责信息系统、信息设备和存储设备运行维护工作。

(3)查看机构设置是否能满足信息化管理部门对信息化运维机构的监督、指导、检查。

(4)查看安全体系文件，文件中是否明确信息化管理部门、信息化运维机构、人力资源部门、设备(资产)管理部门、保卫部门、集中管理部门(导入导出、外出携带、互联网等)等各业务部门在信息安全保密方面具体的工作内容和工作流程，是否规定了“三员”(含其他维护维修人员)的角色、权限内、任务；查看审批记录，各部门是否按照规定的内容和流程履职。

(5)查看有无记录证明保密工作机构对信息化管理部门的履职情况进行了监督、指导、检查；查看安全保密设计方案评审的材料，查看销毁清单，是否由保密部门组织相关工作。

(6)查看信息化管理部门是否会同设备(资产)管理部门定期对信息系统、信息设备和存储设备进行清查、核对和登记。

(7)查看单位的定密文件，文件中是否明确了信息系统(含应用系统)、信息设备和存储设备的定密程序和定密责任人的职责(如定密审批、非密查看等)。

(8)查看是否由信息化管理部门(分管业务部门)签订运维/维修合同；查看合同文本、保密协议，是否提出保密要求：查看合同规定的内容，通过签订的不同内容区分以下过程：

①委外运维合同：需查验合同中是否明确运维人员的配备、审查要求、签订保密承诺，明确被委托单位的涉密资质要求和具体的运维事项(注意查验资质和事项的对应性)，并查验与之对应的证明材料，重点关注委外运维人员是否为涉密人员，是否经过委托单位和被

委托单位人力资源部门的上岗审查和保密教育；

②设备维修合同：需查验合同中是否都明确上门维修人员的要求、签订保密承诺、能力要求及维修事项等；重点关注每上门维修人员是否相对固定，是否为被委托单位的正式员工；

③资质的合规性：查验被委托承担涉密信息系统运行维护的机构（单位）是否为本军工系统（同一法人或者同一上级法人）单位（一级保密资格单位仅允许委托本集团公司的单位承担运行维护工作）；如果委托非本军工系统内部单位，查验是否具有国家保密行政管理部门颁发的涉密信息系统集成资质中的运行维护资质，且资质在有效期内；

（9）查看人力资源部门是否会同信息化管理部门制定了“三员”（含其他维护维修人员）的安全保密管理办法（也可纳入涉密人员管理办法），是否涵盖其聘用、上岗、离岗离职、重大事项报告等相关要求；人力资源部门确定的涉密岗位一览表是否包含“三员”（含其他维护维修人员）的岗位设置，且岗位密级准确。

（10）查看“三员”的任命文件（单位公文）是否由人力资源部门发文。

（11）查看人员调动手续、上岗审查、聘任文件等，确定信息化管理部门是否配备了信息安全专业技术管理人员。

（12）查看人员调动手续、上岗审查、聘任文件（运维合同）等，对比“三员”的实际工作记录，确定实际工作人员与任命文件（运维合同）是否一致，信息化运维机构是否配备了满足“最大化”需求的运维人员。

（13）查看“三员”任命文件、运维工作记录、台账等，确定网络管理员、数据库管理员、应用系统管理员是否纳入“三员”管理，人员数量是否满足相互独立、相互制约的要求。

（14）查看“三员”等岗位人员上岗审查手续是否完整，密级确定是否准确，是否与岗位密级匹配。

（15）查看“三员”的上岗审查、培训证书、任命文件（运维合同）和运维记录等留存时间顺序的先后关系，确定是否满足“三员”先具备上岗条件、再任命上岗工作的要求。

（16）查看“三员”是否全部取得培训证书，培训证书是否过期。

（17）查看运维工作记录，查看部门内岗位设置和人员分工，确定部门是否配备了兼职计算机管理员，对比设备台账和人员上岗审查，确定兼职计算机管理员配置和工作职责是否符合要求（密级不能低于本部门设备最高密级），是否承担了“三员”的工作，是否具备“三员”的信息安全保密技术能力。

（18）查看运维记录、安全审计报告、安全产品策略配置和审计日志等，确定“三员”是否能按规定履行岗位职责，执行安全体系文件和运维工作制度，及时填写运维操作记录，落实保密要求；“三员”是否对失泄密隐患、违规行为或者误操作进行了监控和记录，并及时上报，及时发现安全保密隐患和违规行为，自身无违规行为或安全保密隐患。

2. 安全体系文件

（1）查看单位是否建立了安全体系文件（安全策略、管理制度、操作规程），体系文件内容是否完整，是否符合国家保密要求，符合单位工作实际。

（2）查看安全体系文件的发文审批单和文号，确定安全体系文件是否符合单文的行文规范，是否由信息化管理部门签发，经过保密工作机构审核，由分管信息化和保密的领导批准。

（3）查看安全体系文件是否由单位信息化管理部门组织并指导相关业务部门（机构）人

员编制。

(4)查看运维审批记录、台账、档案等,判断单位实际工作中是否落实了安全体系文件的要求,是否存在未被发现的、明显的安全隐患和风险,已经发现的存在明显安全隐患和风险的是否制定了控制或者规避措施。

(5)查看采购、投资、建设、资产处置等业务制度,确定分管业务部门是否在业务制度中落实了安全体系文件的规定。

(6)查看人力资源部门制定的培训计划,查看培训通知、培训教材、培训效果反馈表、签到表等,确定安全体系文件的培训是否纳入单位的培训体系(人力资源部门发文),查看培训记录是否完整,是否进行全员培训(三员、涉密人员、使用人员)。

(7)查看上级文件、项目建设材料、运维记录、审计报告、风险自评估报告等,确定安全体系文件是否根据环境、系统和威胁变化情况及时调整更新,更新的审批程序是否合规、审批单和相关记录是否真实完整。

(8)查验涉密人员、使用人员和三员,是否安全体系文件中的应知应会。

(9)查验运行维护机构是否制定了的运行维护工作制度和操作规程,是否落实了保密要求的条款。

3. 台账与标识

(1)台账

①查看单位是否建立信息系统、信息设备、存储设备的总台账(含运维工具)和部门(机构)的分台账。

a. 查看是否按类别和涉密属性建立总台账,查看是否按照业务分类和部门建立分台账。

b. 查看台账是否反映变化情况,与实际一致,查看台账是否留存一个审查周期,并可追溯;

②查看台账的信息要素项是否齐全,信息要素内容的填写是否正确,是否与实际相符:

a. 信息设备只要接入涉密信息系统就视为在用;

b. 注意与涉密载体的台账是否匹配;

c. 不用界定密级的,要写明“涉密专用、非密专用”。

③★查看台账上的设备是否正常使用,是否存在未在台账上的设备(可根据涉密信息产生来源进行追踪),设备的存放地点是否符合保密要求。

④查看信息化管理部门是否会同资产管理部门和运行维护机构定期(绝密级 3 个月、机密级 6 个月、秘密级 12 个月),进行清查核对和登记。

⑤查看涉密信息设备和涉密存储设备是否分别单独建立全生命周期档案(电子或纸质),查看档案内容是否从定密(确定涉密等级)开始,包括了所有的变更情况以及相应的审批程序和操作记录;查看审批程序和操作记录是否与涉密信息设备和涉密存储设备的实际情况相符合。

(2)标识

①查看信息系统、信息设备、存储设备是否粘贴了设备标识(键盘、鼠标、信号线、滤波电源插座、电源线可不建立标识)。

②查看设备标识的要素是否完整,是否包含涉密属性、编号、用途、分类、责任人、责任部门(专供外出携带的设备可隐去涉密信息标识,留有责任人和编号,并在台账中注明)。

③查看设备标识是否粘贴在明显位置,非密设备是否粘贴警示标识,涉密设备的标识

是否与其存储部件关联，无法粘贴标识或粘贴标识影响使用的设备或介质，是否使用不可擦除的标记方式。

④查看设备标识是否由信息化管理部门统一制作，且不易损坏、涂改或擦除。

⑤查看设备标识是否具备唯一性：一个设备一个标识，与台账要素相一致(按设备存储和处理的信息的最高密级)，标识上有唯一责任人。

⑥查看涉密信息是否具有密级标志。

⑦查看涉密信息标志是否符合国家相关保密标准要求(首页、文件名、文件夹)，并符合本单位管理制度和公文格式的要求。

⑧查看涉密信息标志的密级是否与文件、资料、数据等信息的涉密等级相一致，可查看输出载体与源信息涉密等级是否相符，查看涉密应用系统信息交换时密级标志应与其使用业务流程限定的涉密等级是否相符。

⑨查看涉密的过程文件和信息是否具有相应的密级标志(注意：无标志的过程文件和信息也可能涉密)，没有标识的信息可参照《国家秘密事项范围细目》和项目合同进行判定。

4. 日常使用

(1)涉密信息系统

①查看单位建立的信息系统建设方案和安全保密方案(测评报告)，确定是否为涉密信息系统及其保护等级。

②★查看单位选择的涉密信息系统承建方是否有涉密信息系统集成资质；查看合同和方案确定建设内容是否包括屏蔽机房、安全防护措施、软件开发、运行维护等内容，若有，则要查看分承建方是否有涉密信息系统集成资质(屏蔽室、安防监控、软件开发、运行维护等)；是否聘请了涉密监理，涉密监理是否有涉密信息系统集成资质(监理)；是否存在涉密委托邀情的情况，被邀请单位是否都有涉密信息系统集成资质。

③★查看涉密信息系统是否建设完成，是否处于试运行期间，是否已经提交测评申请书(已经提交申请尚未测评，属于自身原因，需按问题处理；若系统内存储或处理过涉密信息的记录或痕迹属于终止项)。

④查看整改报告和实际情况，确定是否按照系统测评(风险评估)报告的要求，对存在问题和隐患进行全面整改。

⑤查看整改后是否及时(一般应当在 1 个月内)向国家保密行政管理部门申请换发审查合格证。

⑥★查看被审查单位的涉密信息系统是否具有国家保密行政管理部门颁发的审查合格证(先判定一下有无证明材料证明已通过测评)，如果未取得审查合格证，属于终止项。

⑦查看审查合格证的内容与单位涉密信息系统的实际情况是否一致，是否发生变化(重点查看安全域、应用系统和安全产品的变化情况)，发生变化的情况是否属于重大变化，属于重大变化的，是否按照重新测评(风评)的要求处置(参考① ~ ⑥的检查点)。

⑧★查看涉密信息系统获得审查合格证后，投入涉密运行后，是否按照保密要求，每两年进行一次风险评估，是否提前提前 3 个月向国家保密行政管理部门或者上级主管部门提交风险评估申请，并进行风险评估(已经提交申请，尚未进行风险评估，若属于自身原因，需问题处理)。

⑨★查看发生变化后是否及时报告(改变完成后 1 个月内)，并按照规定的程序申请新增应用系统单项检测、系统测评或者风险评估(参考①至⑥的检查点)。

⑩查看涉密信息系统的拓扑结构图，与提交系统测评（风险评估）申请书中的拓扑结构图是否一致，与实际情况是否一致。

（2）特殊专用系统或设备

①查看涉密信息拓扑结构图、台账、实际情况，确定单位是否存在测试、调试、仿真、工控、数控系统，是否采用了虚拟化技术，是否有无线设备接入涉密信息系统。

②若确实存在测试、调试、仿真、工控、数控系统，采用了虚拟化技术，有无线设备接入涉密信息系统的情况，查看一下五个方面的内容（可参考涉密信息系统一条中②至⑥的检查点）。

a. 是否进行了风险威胁分析，并根据分析结果制定安全保密方案（要针对风险和隐患提出安全保密要求，符合标准和法规）；

b. 安全保密方案是否经过专家评审并上报国家保密行政管理部门审查；

c. 是否根据国家保密行政管理部门的审查意修改完善安全保密方案；

d. 是否已经完整建设，并进行系统测评；

d. 是否根据测评结果制定整改方案并完整整改；

e. 测评后投入运行后实际状态与安全保密方案是否一致。

③若单位存在测试、调试、仿真、工控、数控系统，采用的虚拟化技术，无线设备接入涉密信息系统，查看文档资料，确定是否具备以下几个方面的条件。

a. 测试、调试、仿真、工控、数控系统.

是否由业务部门负责确定是否涉密，并履行定密程序，明确涉密等级和保护要求，审批记录真实完整；

其应用模式是否为单台涉密信息设备（安装安全防护措施）、独立构成涉密网络及接入涉密信息系统（需测评）三种类型的哪一种；

是否划分独立安全域，进行边界防护；

是否封堵或拆除不用的接口，配置操作系统自身安全策略，定期检查安全状态；

是否落实安全保密管理和技术措施，无法安装安全产品的，写明原因履行审批，制定了并有专项管理制度、安全保护策略和物理防护措施，加强监督检查的力度的记录；

是否指定责任人负责管理和维护，维修报废销毁同涉密信息设备要求。

b. 虚拟化：是否采用通过国家保密行政管理部门授权的测评机构检测合格的产品，是否使用的符合安全保密要求。

c. 无线接入。

查看是否在方案中分析了科研生产工作采用无线接入方式的必须性；

查看方案中的无线通信方式的发射距离，实际是否可以保证将无线发射信号控制在相对安全的区域控制；

查看是否采用国家保密行政管理部门或者国家密码管理部门检测合格、符合要求的安全保密设施设备和密码设备。

④★查看安防和消防网是否接入涉密信息系统（不得接入）。

⑤查看涉密科研生产现场的监控系统是否由涉密人员负责实施管理和监控。

⑥★涉密科研生产现场的监控系统是否接入涉密信息系统（可参考涉密信息系统一条中②至⑥的检查点）。

(3)安全保密产品

①基本检查项。

a. 查看使用的安全保密产品是否是由国家相关部门批准的国产产品(计算机病毒与恶意代码防治产品应当获得国家公安部门批准,密码产品应当获得国家密码管理部门批准,其他安全保密产品应当获得国家保密行政管理部门批准);

b. 查看使用的安全保密产品的名称、型号、版本、序列号和保护功能是否与检测报告和证书一致,并在有效期内(合同生效时);查看涉密单机使用的安全产品是否符合要求;

c. 查看安全保密产品有故障是否及时维修或更换(参考维护维修检查点查);

d. 查看安全保密产品的策略是否由安全保密员按要求配置;

e. 查看是否根据需要及时调整策略配置(部署)或升级安全保密产品。

★查看安全技术程序、管理程序是否完整齐全,是否存在擅自卸载、修改涉密系统和设备安全技术程序、管理程序的情况;查看"三员"在运行维护工作中是否已经发现,判明原因并上报运行维护机构和信息化管理部门;若存在,则需查看修改理由是否充分,审批程序是否合规,记录是否完整,并与实际相符。

调整是否经信息化管理部门和保密工作机构批准(经批准后不能安装的安全保密产品的,要对空余端口和接口采取物理封堵,或采取严格的管理和物理保护措施)。

是否定期检查完整性,发现问题,信息化管理部门组织运维机构查找分析原因,制定及落实补救措施,记录相关内容并报保密工作机构。

②★查看是否存在擅自扫描或者检测涉密系统的网络基础设施、安全保密产品以及应用系统的情况,主要查看以下几个方面的内容。

a. 是否有扫描或检测工具,是否有扫描或检测记录或痕迹;是否禁用安全产品自带的扫描或检测相关设备或系统功能;

b. 授权的扫描或检测工具的审批程序是否合规、记录是否完整;工具使用安装是否符合要求;是否仅运维人员和测评机构人员获授权,一般用户终端不存在安装及扫描;用后是否及时卸载。

③★查看是否存在修改、删除涉密计算机保密技术防护专用系统的监控程序报警回联地址。

a. 报警回联地址是否默认为国家保密行政管理部门规定的地址,切不可修改;

b. 违规外联监控程序是否处于工作状态,报警回联地址的状态是否有效。

④★查看跨物理安全域是否设置了加密机,且加密机工作正常;

⑤查看计算机病毒与恶意代码防护(公安部:杀毒软件;保密局:恶意代码辅助检测系统)措施是否符合要求。

a. 是否及时更新特征库(涉密信息系统至少每周更新一次,涉密单机至少每两周更新一次,长期不用的或集中管理的涉密便携式计算机应在重新启用或借用时更新特征库、进行全盘查杀后再启用借用);

b. 是否定期进行全系统或全盘查杀(每月至少 1 次),是否及时清除病毒隔离区文件;系统中是否不存活的病毒与恶意代码(若不能被杀掉,应及时记录和上报);

c. 是否存在大规模病毒爆发的情况,是否及时针对这种情况采取有效的处理措施。

⑥查看是否部署了主机监控审计系统、终端登录与审计系统、三合一(必须激活)。

⑦查看是否部署了打印刻录与审计系统(审计的检查要点参照导入导出部分)。

⑧查看电磁泄露发射防护措施是否符合要求。

a. 查看测评报告或风险评估报告中电磁泄露发射检测结果确定是否需要采取相应的保护措施；

b. 查看涉密设备供电是否满足安全隔离的要求；

c. 查看安装、摆放、线路敷设是否满足红黑隔离要求；

d. 查看主机房是否为屏蔽机房，查看屏蔽效能的检测报告和屏蔽机房的检测证书。

⑨查看是否及时发现漏洞安装补丁程序（补丁发布后三个月内），是否对网络攻击行为进行检测并及时处置。

⑩★查看非涉密计算机上是否安装了相同的安全产品，安全产品的安装光盘和管理员KEY是否为同一套。

（4）身份鉴别

①查看用户身份标识符是否唯一性，是否与安全审计相关联。

②查看操作和发放记录，确定用户身份标识符是否由系统管理员统一生成并发放，是否与真实用户相符合。

③查看是否存在多余的用户身份标识符或账号。

④查看身份鉴别方式是否按照不同密级，设置符合要的BIOS、操作系统、应用系统和空闲操作超时等身份鉴别措施。

a. 查看操作系统是否采用用户名加口令（秘密级）、IC卡加PIN码或者USBKEY加PIN码（机密级）、生理特征识别（绝密级）或者其他鉴别方式进行身份鉴别；

b. 查看BIOS是否设置用户登录口令、管理员口令（运维人员统一控制），禁止以任何方式停用、复原和绕过BIOS直接引导操作系统；

c. 查看是否采用域控管理模式。若是，查看是否设置了用户访问控制权限，绑定用户登录主机（或所允许的静态IP）；是否开放了本地登录方式登录（本地登录的用户身份标识符和口令由安全保密员控制）权限，却因工作需要开放，是否经过过业务部门领导和信息化管理部门的批准；

d. 查看服务器、交换机、安全保密产品、数据库系统、集中存储是否也设置了身份鉴别措施；若个别涉密信息设备不适和采用符合要求的身份鉴别产品，查验是否采取了其自身能够提供的强度最高的身份鉴别方式；

e. 查看重鉴别时间设置是否符合要求（10分钟），鉴别失败后的记录和处理是否符合保密要求。

⑤查看人员内部调动、离岗离职、离退休、聘用等手续，查看其所使用的设备和用户身份标识符对应的审批记录和运维记录，确定身份鉴别措施是否依据涉密人员岗位和密级变化情况及时调整或者回收。

⑥查看身份鉴别装置是否满足以下条件：购置总数 = 发放 + 回收 + 库存 + 销毁的数量。

⑦查看身份鉴别装置发放、调整、回收是否履行审批程序，审批程序是否合规，审批单以及相关记录是否真实完整。

⑧查看审计日志，确定是否存在未经授权，知悉或者掌握他人的身份鉴别装置和登录信息的情况（特别关注“三员”、部门兼职计算机管理员和保密员）。

⑨查看是否存在欺骗、绕过或者旁路身份鉴别机制的情况。

⑩查看身份鉴别装置的使用和保存是否符合保密要求，是否存在未经批准带出工作场所的情况。

⑪查看身份鉴别装置的归还和报废是否符合标准要求（参考维修报废一节）。

⑫★查看是否存在涉密信息系统与其他非密信息系统（门禁、考勤、用餐等）共用身份鉴别措施的情况。

（5）访问控制

①查看安全体系文件中制定和设置的访问控制策略、细粒度以及用户权限控制列表是否符合国家相关保密标准的要求，并满足对国家秘密信息的访问控制要求。

②查看是否采取了比对主体（用户）和客体（信息）安全标记的措施，且可通过比较安全标记来确定授予（拒绝）用户对信息的访问。

③查看是否按照要求对主体和客体分别进行授权，是否经过业务部门和信息化管理部门审批，是否禁止默认用户访问。

④查看主体访问客体是否符合最小化授权要求（涉密等级和知悉范围、业务类型和功能模块）。

⑤查看服务器和用户终端安全域等是否采取了有效的访问控制措施，防止高密低传。

a. 服务器是否按功能、涉密等级、业务范围划分安全域，仅开放服务器之间必要的通信端口，满足访问控制细粒度要求；处理内部信息的服务器是否可以访问涉密服务器。

b. 用户终端是否按部门、业务范围或者涉密等级划分安全域，不同安全域之间不得互相访问，同一安全域不同知悉范围不得互相访问；用户终端是否通过服务器安全域之间进行信息交换和访问控制，是否根据用户最小授权范围，设置边界访问控制规则，使终端用户仅能访问其授权范文内的网络资源和应用资源。

⑥查看安全保密管理员设置或调整访问控制措施的授权操作是否经过批准，操作是否符合保密要求，操作记录是否完整。

⑦查看是否建立了用户访问控制列表，明确每一个人员（主体）允许访问的信息（客体），三员是否依据授权审批单，设置用户权限并记录操作过程。

⑧查看设备是否经授权后接入涉密信息系统和涉密信息设备，是否采取了控制措施（如 802.1x 端口或者接口控制等），授权及审批程序是否合规，审批单及记录是否真实完整。

⑨查看是否擅自开放了涉密信息系统和涉密信息设备共享目录、共享文件夹或者建立其他共享信息交换方式，无审批、无记录。

⑩查看是否采取了有效的管理或者技术措施，防止在涉密信息设备（或者涉密信息系统中的非涉密信息设备）上，非授权查看或者获取涉密信息。

⑪查看多人共用一台涉密计算机，是否有专人担任安全保密管理员，是否为每一个使用者建立用户账户（不得设置为系统管理员权限），每一个用户是否使用本人独立的身份登录使用，是否能够查看或者获取他人的涉密信息。

⑫查看多人共用一台涉密计算机，每个用户是否具有独立的硬盘存储空间、存储设备，或者是否对涉密信息采取符合保密要求的保护措施，可让用户独立存储和处理涉密信息。

⑬★查看用户权限列表、信息来源、审批记录、实际操作、日志记录等，确定是否存在擅自访问、下载、存储、传输知悉范围以外的国家秘密的情况（具体的可参考通过本条中①至⑬检查出的未经审批的事项综合判断得出）。

（6）备份与恢复

①查看安全体系文件，是否制定了完备的备份策略、管理要求。

a. 是否设置了数据库做增量备份、关键业务数据做全备份的策略。

b. 是否在数据库系统进行升级或更新补丁程序前、应用系统发生变更或升级前进行备份。

c. 备份程序：是否备份工作由运维机构和信息化管理部门批准后实施。

②查看应用系统（配置和程序）、操作系统、关键重要设备（核心交换机、服务器）和关键安全产品（如防火墙）是否进行了备份。

③查看关键数据备份是否包括涉密信息系统中的重要应用系统的安装文件和运行文件、数据库数据、文件数据、关键设备的配置参数以及安全保密产品的策略文件、日志文件等。

④查看三员是否未经授权查看、获取存储备份的关键业务数据和涉密信息，是否违规由一人进行了运维、备份与恢复。

⑤查看集中存储和备份的涉密信息存放的机房物理环境和技防措施是否符合保密要害部位的要求。

⑥查看是否采取了如采取加密、数据保护、“三员”权限控制等数据和信息保护技术措施，防止集中存储和备份的关键业务数据和涉密信息被非授权查看和访问。

⑦查看集中存储和备份的涉密信息是否在恢复、迁移过程实行专人管理、严格审批，全过程可管、可控、可追溯。

⑧查看涉密信息是否存在用户终端和单台涉密信息设备，还是集中存放在应用服务器、数据库服务器或后备存储中。

（7）安全审计

①查看安全审计报告，内容是否完整（十三个方面的内容）。

②查看安全审计是否定期（绝密级每周1次，机密级每月1次，秘密级每季度1次，内部级应当每半年1次，互联网每季度1次）进行，并形成安全审计报告。

③查看安全审计报告是否由三员分别按本岗位职责进行安全审计，安全审计员汇总生成安全审计报告。

④查看安全审计报告是否符合“三个一致”“三个是否”要求。

a. 三个一致：对比安全策略要求，是否与安全审计的内容和对象一致；安全状态与审计报告是否一致；审计报告是否与实际情况一致（6次以上的审计报告内容基本一样，并与实际严重不符，发现问题一年以上得不到解决，视为编造）。

b. 三个是否：是否存在审计报告中未发现的安全问题（重大缺陷、威胁、隐患、漏洞、违规操作）；是否针对安全问题出现的原因进行分析；是否对存在的问题提出有针对性的解决建议。

⑤查看安全审计报告审阅和整改是否符合要求：是否由信息化管理部门和单位分管业务负责人审阅，并做出了明确批示和整改要求；是否组织制定整改方案，提供人财物支撑，监督整改落实；审计中发现的安全事件和泄密隐患是否报单位保密工作机构处置；问题是否完成闭环处理。

（8）风险自评估

①查看涉密信息系统、涉密信息设备和涉密存储设备风险自评估报告和相关记录，确

认是否按时进行了自评估工作(每年一次)。

②查看风险自评估是否制定专门的自评估方案,对评估的内容、范围、时间、人员、工具、文件、记录表格等进行明确,特别是自评估中的原始记录,是否妥善保存。

③查看风险自评估是否涵盖单位全部涉密信息系统、涉密信息设备和涉密存储设备,以及相关的安全保密产品;除特殊原因外,不应当有缺项。

④查看风险自评估是否由本单位自行实施,★或者选择国家保密行政管理部门授权的测评机构实施。

⑤查看风险自评估报告审阅和整改是否符合要求:是否由信息化管理部门和单位分管业务负责人审阅,对存在风险或者隐患进行了安全与威胁分析,并做出了明确批示和整改要求;是否根据运维部门提出的建议确定整改方案,提供人财物支撑,监督整改落实,并留有文字记录;运行维护机构是否依据整改方案落实整改措施。

(9)机房

①查看主机房和集中存放存储设备的区域设为保密要害部位的审批记录(含发文),是否粘贴保密要害标识。

②查看主机房采取的视频监控、入侵报警、门禁系统等技防措施是否有效:查看监控录像保存周期是否符合要害管理规定(三个月);查看是否采用双向门禁系统控制,门禁是否采用智能卡+口令或生理特征识别,可自动记录人员出入时间等相关信息;查看红外报警系统的布放和撤防记录,确定是否有效的对人员出入和非法入侵进行监控。

③★查看要害部门部位的技防措施是否有无线通信设备或无线控制设备(注意摄像头、红外入侵、门禁),是否投入使用且未审批、没有安全保密措施。

④查看主机房的进出人员授权是否由保卫部门负责。

⑤查看机房的建设方案、定置图、网络拓扑图、现场,确定机房的分区和配套设备设施是否完整;查看机房是否明确了责任人,所在楼宇是否设置值班人员,出入刷卡验证。

⑥查看进出主机房的审批是否经过信息化管理部门审批,登记记录是否包含进入人员姓名、工作内容、进入日期、进入和离开时间和全程旁站陪同人员姓名(按需)、携物登记(按需),操作记录是否包含时间、内容、结果、是否接入设备、是否有信息导入导出;查看监控录像,确定是否携带智能设备、手机等无线通信设备进入机房。

⑦查看监控录像、审批单和进出记录,确定是否由两名以上运行维护人员同时进入主机房直接对服务器等设备进行操作,共同完成,工作结束后同时离开。

⑧查看是否建立运维操作记录本(三员进行记录);查看堡垒机或 KVM 的操作记录和审计日志是否完整,没有修改和删除的情况。

(10)服务器

①查看服务器存放的场所是否符合机房的要求。

②查看服务器身份鉴别策略是否符合要求。

a. 是否存在多余用户,是否禁用 guest 账户。

b. 是否使用了身份鉴别物理装置(PKI),未使用 PKI 系统身份鉴别的服务器是否启用复杂口令策略。

c. 是否限制了单个用户对系统资源的最大或最小使用限度。

d. 是否设置了 BIOS 口令、操作系统登录口令、屏保口令,是否根据不同涉密等级要求,采用了复杂口令,而不是默认口令、简单口令,口令更换周期是否符合相应密级要求。

③查看服务器访问控制策略是否符合要求

a. 是否禁用默认共享。若因工作需要必须采用共享方式才能工作的，是否对潜在风险进行了分析，制定安全保密管理制度与技术防护措施，保证涉密信息控制在确定的安全域中。

b. 是否不同的运维人员（三员）仅能访问和操作自己职责权限范围的服务器，三员运维是否填写了相关记录，是否存在越权访问或操作涉密信息系统服务器。

c. 是否存在同一个物理服务器上不应当同时安装涉密应用和非密应用的情况。

d. 是否明确每个服务器对外开放的端口和服务及其用途，关闭多余端口和服务，并形成列表文档。

e. 设置软件安装服务器，该服务器禁止存储和处理涉密信息，不得通过该服务器访问其他涉密服务器；仅允许该服务器系统管理员上传安装软件，其余用户按照规定的方式获得安装软件的使用权限。

④查看服务器是否是否使用操作系统提供的安全策略进行安全设置；是否配置必要的安全保密产品（三合一、防病毒），并设置相关安全策略；是否采取了技术手段或物理措施封堵服务器上不使用的接口或端口，防止被非授权利用。

⑤查看服务器（硬件、操作系统、应用系统、日志文件、安全策略配置文件、数据）是否设置备份措施，并进行了备份；操作系统是否定期备份，操作系统配置发生变化时是否及时备份，机密级服务器是否定期备份；关键应用服务器和安全控制服务器是否有备用设备（条件允许应双机热备）。

（11）定密、配置及变更

①查看涉密信息系统、涉密信息设备和涉密存储设备是否履行了定密程序，程序是否合规，是否由使用部门提出申请，主管领导和定密责任人审查确定密级，审批单是否能够确定相关设备的唯一性。

②查看涉密信息系统、涉密信息设备和涉密存储设备密级确定是否准确（存储和处理信息的最高密级）。

③查看涉密信息系统、涉密信息设备和涉密存储设备是否明确唯一的责任人。

④查看涉密信息系统、涉密信息设备和涉密存储设备是否存在可用的无线通信功能模块、部件（无限发射、WIFI、蓝牙、红外、GPS、迅驰）。

a. 查看定密后投入涉密运行前是否物理拆除了无线通信功能模块，查看是否存在连接过具有无线功能的外部设备的记录或者痕迹。

b. 查看无法拆除又必须作为涉密设备的，是否物理破坏并禁用无线功能模块，确保任何区情况下无法启用无线通信功能。

c. ★查看无线通信（无线联网）、无线功能模块驱动程序是否安装成功（若安装成功或者具有无线功能的外部设备连接成功的记录，视为破坏物理隔离）。

d. 查看日志和驱动，判断是否存在无线通信（无线联网）、无线功能模块物理连接过但驱动加载不成功，无法正常使用，也属于违规行为。

⑤查看涉密信息设备和涉密存储设备责任人和使用人的涉密等级与责任设备的密级是否相适应；超密级使用的，是否符合安全保密要求。

⑥查看涉密信息设备和涉密存储设备的变更、调整的审批单和记录，管理和控制程序是否合规（国家和单位），变更和调整的理由是否充分（业务工作需要，不是规避保密检查）。

⑦查看涉密信息设备和涉密存储设备审批单和变更记录、移交手续是否真实齐全，是否与实际情况相符合（与台账进行比对）。

⑧★查看是否存在超出密级存储、处理、传输涉密信息的情况（可通过数据恢复或者追查信息来源和导入方式）。

（12）维修报废销毁

①查看安全体系文件中规定的单位的维护维修、报废、重新启用、销毁程序和实际的审批记录是否符合保密要求。

a. 维护维修：是否为责任人填写申请－业务部门主管领导审批－设备维修部门（运维机构）受理－维修；是否记录了维修维护的设备名称、密级、维修时间、维修人员、变更设备、更换的新旧硬盘的名称、型号、容量序列号、去向，维修报废过程记录、交接记录等。

b. 报废：是否为业务部门申请－业务部门领导审批－信息化管理部门或设备管理部门审批－信息消除－上缴保密工作机构；报废设备清单是否与台账和实物一致，且记录内容真实、完整。

c. 重新启用：是否为信息化管理部门和设备管理部门审批，启用的各个环节和流程均进行了记录。

d. 定期销毁：是否为单位主管领导批准－指定销毁机构销毁－保存销毁机构出具的销毁证明和清单；是否存在自行销毁的情况，如存在，是否记录设备名称、密级、序列号、经办人、采取销毁方法和控制措施、残留物最终去向（可拍照、摄像），确保涉密信息不可批恢复。

②★查看报废销毁记录，查看固定资产处置手续，是否存在未进行安全技术处理，将退出使用的涉密信息设备、涉密信息存储设备赠送、出售、丢弃或者改作他用的情况；查看整个处置过程是否符合保密要求，审批程序是否合规、记录是否完整，设备及部件的最终去向（交接记录）真实清楚。

③查看维护维修、报废、重新启用、销毁程序是否覆盖了全部涉密信息系统、信息设备、存储设备、安全保密产品、应用系统，是否其维护维修、报废、重新启用、销毁程序也履行了审批记录，记录填写是否完整。

④查看注册表、安全产品日志、保密要害进出登记和审批等，确定是否存在设备更换、维修的情况。

⑤查看维护维修记录，确认是否为单位内部维修，分别查看以下三种模式是否符合要求。

a. 查看审批记录，确定内部维修人员到现场维修，责任人或委托人（涉密人员）是否全程旁站陪同，是否携物及物品来源去向。

b. 查看审批记录，确定送内部工作室维修，是否设置了内部工作室（区域），是否配备了专门维护维修人员，是否通过远程维护和远程看监控进行维修，维修人员与责任人是否办理交接手续；通过现场检查实物、报废销毁的审批、是否有专门的场所，来判断维修室内是否存放的硬盘（已使用）超过 20 块，确实存在此情况，查看维修室机房和管控措施是否符合保密要害的要求。

c. 查看审批记录，确定是否为外来人员上门维修，确定是否与外来人员所在单位签订维修合同和保密协议，每次上门维修是否查看外来人员身份是否为协议单位正式员工，是否留存其身份信息证明文件和联系方式，与外来人员是否签订保密承诺，是否告知保密要求，进行保密提醒。

d. ★查看合同和保密协议规定的内容是否为运维工作，如判断是，则查看外协单位是否有与运维工作内容相应的涉密资质。

e. 查看审批记录、视频监控等，确定外来人员上门维修是否落实了全程旁站陪同。

⑥查看维护维修记录，确认是否为外送维修，查看是否由运维机构或设备维修主管部门统一送修，送修前是否拆除存储涉密信息的硬件和固件；查看维修完成后是否进行了保密检查，是否由内部维修人员负责安装涉密信息的硬件和固件，并办理交接手续后取回使用；★存储涉密信息的硬件和固件需要维修的，是否办理了审批，选取有涉密信息数据恢复资质的单位，专人负责送取。

⑦拆卸下来的存储设备/部件、固件是否审批齐全、记录完整、去向明确（旧设备名称、密级、序列号、去向等，新设备的名称、密级、序列号等）。

⑧拆卸下来的存储设备/部件、固件是否登记、建账、粘贴标识。

⑨拆卸下来的存储设备/部件、固件是否存放在保密柜（密码保险柜）中，超过存放20块硬盘，存放的场所是否符合保密要害的要求（详见场所）。

⑩查看拆卸下来的存储设备/部件、固件的安全技术处理措施是否符合保密要求：是否拆除了带有存储涉密信息设备的硬件和固件（标准的键盘、鼠标、风扇、电源、机箱和显示器除外）；拆下的存储涉密信息设备的硬件和固件是否进行了信息清除等，查看消磁、清除等工具的检测证书和检测报告，使用的功能和采取的措施符合国家保密要求的对涉密信息进行了处理；拆下的存储涉密信息设备的硬件和固件是否送销，销毁的程序符合要求。

（13）存储设备与介质

①查看涉密移动存储设备是否指定专人集中管理。

②查看涉密移动存储设备是否在安全策略中依据国家秘密的知悉范围确定了使用范围和管理控制程序。

③查看涉密移动存储设备是否根据密级存放在相应的保密柜，或者密码保险柜中。

④查看涉密移动存储设备借用人员是否符合授权使用要求，是否履行了借用审批程序，用完是否及时归还，领用和归还是否留有记录。

⑤查看“三合一”红盘（硬盘和U盘）的安全策略控制是否合规（不得设置为通用策略）。

⑥查看是否存在高密级存储设备禁止接入低密级信息设备的情况。

⑦查看是否存在超出超密级存储、处理、传输涉密信息的情况（可通过数据恢复或者追查信息来源和导入方式）。

⑧查看涉密信息系统中（含接入系统的非密设备）是否存在使用未授权、无标志、不在帐的存储介质，★查看接入的存储介质是否为互联网或公共信息网设备，通过普通USB口接入、光驱等接口接入涉密信息设备或涉密信息系统使用（或者误插时间超过一分钟），是否又继续在互联网上使用（介质交叉、连接互联网、终止项）。

（14）外出携带

①查看台账、实物，确定单位是否配置了专用外出携带和内部使用的涉密便携式计算机。

②查看审批记录，内用和外带是否存在相互借用的情况，借用的次数年度不超过三次，是否经过信息化管理部门审批。

③查看外出携带审批单是否包含如下内容并填写完整：外出时间、地点、事由，从事涉

密工作的名称和密级，携带设备和介质的名称、密级、序列号（编号），携带信息的名称和密级（只能与本次工作有关），端口开放的需求，外设接入的需求，接入外单位设备或系统的需求，是否允许导入导出，外出使用人名单，外出前保密检查情况、领用和预计返还时间。

④查看外出前检查的内容是否完整：设备补丁程序是否完整，设备是否根据审批单的要求开放了相应的策略，是否升级了病毒库并进行了全盘查杀。

⑤查看外出期间便携式计算机使用登记记录是否完整，是否包含：专用的登记本，记录设备使用人、开关机时间、外部设备接入、接入外单位设备或系统情况、导入导出情况。

⑥查看安全产品日志、操作系统日志等，对照审批单、登记记录，确定记录与实际使用是否一致；确定是否存在申请时未批准外出期间进行导入导出，但实际使用期间存在导入导出的情况。

⑦查看安全产品日志、操作系统日志、审批单、使用记录、检查单，判断便携式计算机归还检查是否符合要求。

（15）导入导出

①查看单位是否设置了信息导入导出点，是否符合相对集中原则（可分别按部门、科室、机构、场所等设置 1 ~2 个导入导出点），查看是否存在不受控制或者违规安装的信息输出点。

②查看导入导出设备配置是否符合要求（如不应当选用多功能一体机，若已经使用就只能使用其单一功能，其他功能应在物理上确保其他功能无法使用）。

③查看导入导出点是否配置了专门的管理人员（不得为无人值守）。

④查看是否按照保密要求对导入导出点的设备进行管控，管理人员是否落实监管责任，登记记录是否真实完整。

a. 三合一是否配置在非密设备上使用；三合一单岛盒非密口（绿口）是否控制了使用范围，且未接入涉密设备；涉密口（红口）是否设置为通用策略。

b. 中间机是否处理了与信息导入无关的业务工作，是否进行了除单向导入以外的任何导出操作。

c. 中间机是否采取了与涉密信息系统与涉密信息设备不同的病毒及恶意代码查杀工具。

d. ★导入使用的光盘是否有标志记录，是否重复刻录，是否存在着该光盘使用后再次在非密中间机、非涉密信息系统或非涉密信息设备中查看或使用的情况。

e. 查看信息导入使用的单向导入设备和移动存储设备是否符合相关保密标准要求，特别需查验非涉密移动存储介质（如非涉密光盘）使用后的管控是否交还原单位或者按照保密要求管控，定期销毁（一般应当保留 6 个月）。

⑤查看信息导入程序是否合规，是否经业务部门和运维机构批准，并写明信息的名称、来源、用途、介质（名称、型号、容量、序列号）、信息去向或使用人，导入操作过程是否合规，是否记录导入操作过程，导入记录是否真实完整。

⑥查看采用大容量移动存储设备或者特殊移动存储设备进行信息导入的，是否配置了相应的专用存储设备，其配备、管理和使用是否履行审批程序，审批程序是否合规（体现工作需要的充分必要性）。

a. 查看专用存储设备是否标识清晰、专人管理与使用，并指定了专门的接入信息设备。

b. 查看专用存储设备每次使用、打开和关闭端口（数据接口）是否履行审批程序，打开和关闭端口时间是否到审批一致。

c. 查看注册表、安全日志等判断专用存储设备是否在非授权的信息设备上使用。

⑦查看信息导出是否履行审批程序(涉密信息系统和涉密信息设备上的任何导出都应当经过审批),审批程序是否合规(批准人是否对导出信息进行了审阅),是否进过了业务部门负责同志进行审批,或由其授权相应的涉密人员负责导出审批。

⑧查看导出信息的涉密等级是否与批准的一致。

⑨查看是否存在以非涉密导出申请,通过非涉密途径导出涉密信息的情况。

⑩查看导出使用的信息设备和移动存储设备是否符合相关保密要求,相关标识是否符合保密要求,且不可被篡改,查看交接记录确定其领用是否符合相关保密要求。

⑪查看非涉密信息导出后,单位是否指定专人对信息内容进行非涉密审查。

⑫查看是否具备涉密信息系统信息和涉密计算机导入导出的监控审计技术措施,是否可以对导出的非密信息进行明文查验。

⑬查看已经通过审批允许导出的信息,是否有技术控制措施禁止变更信息内容或者增加附件。

⑭查看监控审计记录是否完整,实际的信息导入导出是否与监控审计记录相一致。

(16)软硬件拆卸安装

①查看单位有无软件白名单和运维工具台账,白名单和运维工具台账要素是否完整。

②查看白名单和运维工具台账上的软件是否存在不允许列入的软件(如 solidworks、windows 10 等,操作系统、安全保密产品、检查检测工具、清除工具除外),是否经过安全检测。

③查看客户端是否存在不在白名单上且未经审批的软件。

④查看非白名单软件安装审批单,确定是否软件安装前进行了计算机病毒和恶意代码的查杀再安装,是否记录安装的设备、安装人、安装时间、安装介质等信息。

⑤查看更换硬盘或重装操作系统是否有审批,使用的安装工具是否进过信息化管理部门审批。

⑥查看更换硬盘或重装操作系统记录是否合规、完整,是否由责任人申请,经本部门和运维机构批准,是否包含硬盘拆卸安装时间、安装的操作系统版本和承载介质、安装时间、安装的应用软件名称、安全保密产品安装和策略设置、安装人员和策略设置人员等。

⑦查看更换硬盘或重装操作系统的操作内容、审批记录是否与台账信息、实物情况一致。

⑧查看更换硬盘或重装操作系统人员是否为系统管理员或者系统管理员授权的人员。

⑨★查看年度更换硬盘或重装操作系统的数量不得超过 20%。

⑩★查看现场审查前 6 个月内,涉密用户终端和服务器、涉密便携式计算机、信息导入导出机、中间机更换硬盘或重装操作系统数量不超过 20%(分别单独计算)。

⑪查看软件白名单上的软件是否集中存放和集中管理,存放的位置是否符合要求(系统集中存储或服务器,★单机有明确标识的光盘,是否区分涉密/非密)。

⑫查看重装操作系统是否使用了使用正版操作系统安装盘,若采用了 ghost 或者硬盘备份的方式,查看是否在重装操作系统的记录上记录了系统的安装时间和实际安装时间,查看是否存在修改系统时间重装操作系统的情况。

⑬★查看重装操作系统的安全工具是否为自行制作,是否区分了涉密专用还是非密专

用，工具上是否有明确标识，工具光盘是否与台账匹配。

⑭查看注册表、安全产品日志等，是否存在更换硬件的情况。

⑮查看硬件安装是否由责任人申请，业务部门和运维机构批准后实施，是否留存完整的记录（★可追溯到销毁处置）。

⑯查看设备拆卸和安装是否使用了三合一进行端口控制，并且策略正确生效；查看是否回收了操作系统管理员权限控制软件的安装拆卸。

(17)互联网计算机

①查看互联网接入服务商是否具备通讯经营许可证。

②查看科研生产区域互联网接入形式是否采用了局域网的模式。

③查看每一个独立的科研生产园区互联网接入口是否超过两个（信息设备若采取无线方式接入互联网，一台接入设备就算一个出口）。

④查看互联网计算机是否实名制方式登录，是否采用互联网上网行为审计系统进行监控审计，是否对使用和导入导出进行监控和记录，审计的内容包含上网时间、浏览网页、发送邮件、下载信息等。

⑤查看互联网上网行为审计系统监控记录日志保留至少 100 天，查看日志是否存在删除或修改的情况。

⑥查看互联网计算机上是否有音视频输入设备。

⑦查看上互联网发布信息是否进行审批，审批程序是否合规，记录是否真实完整，且保留时间不少于 6 个月。

（十）新闻宣传保密管理情况

(1)查看机关、单位管理制度，检查是否建立信息公开、宣传报道、接受新闻媒体采访、展览展示、发表著作和论文等事项的保密审查审批制度，审查审批流程是否具有可操作性。

(2)查看单位保密工作档案和部门二级保密工作档案，检查信息公开、单位宣传报道、新闻媒体采访、举办展览、发表著著作和论文等是否进行保密审查，审查表是否签署明确意见，举办涉密展览是否报上级保密工作机构备案。

(3)查看保密审查材料，并核对其他部门工作记录，了解是否有私自发表论文、宣传报道材料、管理成果、专利成果等，检查所有经审查的稿件、展览解说词等是否留存审查时的原始底稿。

(4)查看参观审批记录，检查外来人员参观涉密展室、密品是否履行审批登记手续，是否留存每一名参观人员的身份信息（身份证号码、工作单位等），审批记录是否与现场登记记录相符。

(5)查看涉密音像制品和展室中涉密展品、展牌、宣传品等的制作记录，检查制作单位是否具有相应资质，制作过程是否受控，产生的涉密载体、密品密件交接记录是否闭环。

(6)查看记录并询问涉密人员，了解单位信息公开、宣传报道、展览、发表著作和论文等是否办理保密审查手续。

（十一）涉密会议管理

(1)查阅单位保密工作档案和部门二级保密工作档案，检查单位召开涉密会议是否办理审批手续，涉密会议地点是否符合要求。

(2)查阅单位保密工作档案和部门二级保密工作档案,检查在外召开涉密会议是否提前对会议地点进行检查确认并留有记录。

(3)查阅单位涉密会议保密工作记录,检查涉密会议保密工作记录是否规范完整,是否有签到表、证件发放记录等人员控制措施。

(4)查阅单位涉密会议保密工作记录,检查是否有专人负责会议涉密载体管理,涉密载体发放、回收记录、清退记录、交接记录、销毁记录,记录是否闭环。

(5)查阅单位涉密会议保密工作记录,检查会议设备管理是否符合要求,记录是否齐全,是否有携带涉密载体与设备外出审批记录。

(6)查阅单位涉密会议保密工作记录,检查会议录音、摄像、照相是否履行审批、登记手续,制作人员及设备是否受控。

(7)查阅单位涉密会议保密工作记录,检查会议记录或会议手册中是否有保密要求、保密教育记录等。

(8)询问涉密人员是否了解涉密会议管理相关规定,是否熟悉有关管理流程。

(十二)外场试验管理

(1)查看单位文件,检查单位是否制定外场试验保密管理制度,明确外场试验保密管理要求。

(2)查看年度科研生产试验工作计划、型号产品试验、运输工作总结、奖惩与表彰文件,检查保密工作与科研生产试验工作是否“五同时”。

(3)查看试验队工作制度、试验保密工作方案、试验队组织机构、试验队简报等,检查保密工作方案是否流程清晰、可操作性强,是否明确并落实保密工作职责、是否安排专人负责试验保密工作。

(4)查看试验队人员名册及审批记录、保密教育培训记录,检查是否对参试人员进行审批,是否进行保密教育培训,培训是否有针对性、是否覆盖全员。

(5)查看试验设备、载体、密品密件清单,审批记录,交接记录,外出前、试验中、返回后检查、清点、清退、销毁记录,检查是否落实闭环管理要求。

(6)查看密品运输审批记录、路途检查记录、交接记录,检查是否按规定落实保密工作各项要求。

(7)查看试验队保密检查记录,检查是否定期对试验现场保密工作进行检查。

(8)查看试验、运输应急突发事件预案,检查是否明确保密工作要求,是否明确流程与职责分工。

(9)询问试验组织部门及参试人员,是否知悉单位对外场试验的保密管理要求。

(十三)协作配套管理

(1)查阅单位保密工作档案和部门二级保密工作档案,检查单位对拟分包的协作配套任务是否进行严格审查,明确是否涉密。

(2)查阅涉密协作配套项目清单并核对协作配套单位列表与保密资质证书复印件,检查协作配套单位是否具有相应保密资格。

(3)查阅单位协作配套项目合同,检查合同文本中是否明确项目密级、保密事项与保密要求,重要项目是否签订保密协议。

(4)查阅合同和协作配套项目文件资料交接清单,检查项目执行过程中文件资料发放记录是否闭环;抽查合同及文件内容,检查是否严格控制背景、用途等涉密内容,是否提供项目研制生产必须文件资料以外的涉密信息。

(5)查阅单位保密工作档案和部门二级保密工作档案,检查是否对协作配套项目保密工作情况进行监督检查。

(6)询问协作配套项目管理人员是否了解相关保密要求,检查是否存在未经审批的涉密协作配套项目。

(十四)涉外活动管理

(1)查阅单位保密工作档案和部门二级保密工作档案,检查单位举办涉外活动是否办理审批手续,是否有专人负责保密工作。

(2)查阅单位涉外保密工作记录,检查是否制定保密方案,方案中是否包括任务性质、谈判(交流)口径、职责分工、保密措施等内容,是否落实保密提醒制度。

(3)查阅文件交接记录,检查单位对外提供载体或物品是否办理审批手续并有闭环记录。

(4)询问涉外活动管理人员是否了解相关保密要求,检查是否存在未经审批举办涉外活动的情况。

(十五)保密工作监督与保障情况

1. 保密检查工作开展情况

(1)查阅单位保密工作计划,检查是否将保密检查工作纳入保密工作计划中;

(2)查阅单位保密工作档案,检查是否按要求实施保密检查;

(3)查阅单位保密工作档案,检查是否结合实际定期开展保密风险评估;

(4)查阅单位保密检查记录、情况通报等材料,检查是否对违规行为进行处理;

(5)询问工作人员,核实单位是否进行保密检查,是否对违规行为进行查处。

2. 泄密事件查处情况

(1)查阅单位泄密事件处置工作记录,检查单位是否建立泄密事件报告和查处制度,发生泄密事件是否按要求报告、查处和采取补救措施,并形成工作记录;

(2)询问工作人员是否了解单位泄密事件查出规定,是否发生过泄密事件。

3. 考核与奖惩情况

(1)查阅单位员工绩效考核材料,检查是否将保密责任落实情况纳入年度绩效考核,是否有保密考核工作记录;

(2)查阅单位文件,检查是否以文件形式明确有关责任追究要求,是否对保密责任制落实情况进行考核;

(3)查阅单位有关保密处罚的管理制度与相关工作材料,检查单位是否制定保密处罚管理制度,是否明确每一种违规行为的处罚标准;

(4)查阅单位保密检查记录、情况通报等材料,检查是否对违规行为按标准进行处罚,是否有相关工作记录;

(5)查阅单位文件,检查是否开展保密工作先进表彰奖励活动;

(6)询问工作人员是否了解单位保密责任制落实情况考核规定,是否进行考核。

（十六）保密法律法规规定的其他保密管理情况

通过查阅文件、资料、记录，并通过谈话及调阅相关材料进行辅助检查，检查单位执行保密法律法规的情况。

四、体系审核（内审）

（一）保密管理体系内部审核的定义

保密管理体系的内部审核，是单位为验证保密管理方针、制度、规定的正确实施和检查保密管理符合国家有关标准的情况所进行的系统的、独立的内部检查和评价，包括管理和技术两方面的审核，是保密管理体系的一种自我保证手段。通过系统的、制度化的、全员参与、动态的、以预防为主的内部审核管理活动，分解落实管理责任，优化、规范管理流程，完善各项管理记录，使保密管理体系不断持续改进，自我完善，做到“制度规范、流程清晰，人本激励、过程受控，运行有效、持续提升”。

（二）保密管理体系内部审核的主要内容和特点

1. 保密管理体系内部审核的主要内容

保密体系内部审核在体系建立的初始阶段往往更加重要。在这一阶段，审核的重点主要是验证和确认体系文件的适用性和有效性。体系内审的主要内容一般应包括：

（1）规定的保密方针和质量目标是否与单位实际相符并切实可行；

（2）体系文件是否覆盖了所有主要保密活动，各文件之间的接口是否清楚；

（3）组织结构能否满足体系运行的需要，各部门、各岗位的保密职责是否明确；

（4）体系要素的选择是否合理；

（5）单位的保密工作记录是否能起到见证作用；

（6）所有职工是否养成了按体系文件操作或工作的习惯，执行情况如何。

2. 保密管理体系审核的特点

（1）体系正常运行时的体系审核，重点在符合性，在试运行阶段，通常是将符合性与适用性结合起来进行；

（2）为使问题尽可能地在试运行阶段暴露无遗，除组织审核组进行正式审核外，还应有广大职工的参与，鼓励他们通过试运行的实践，发现和提出问题；

（3）在体系试运行的每一阶段结束后，一般应正式安排一次审核，以便及时对发现的问题进行纠正，对一些重大问题也可根据需要，适时地组织审核；

（4）在试运行中要对所有要素审核覆盖一遍；

（5）充分考虑对涉密科研生产活动的保障作用；

（6）在内部审核的基础上，由最高管理者组织一次体系评审。

应当强调，体系是在不断改进中得以完善的，体系进入正常运行后，仍然要采取内部审核，管理评审等各种手段以使保密管理体系能够保持和不断完善。

（三）保密管理体系审核的实施

1. 建立组织机构

为保证保密管理体系有效运行和持续改进，由单位保密委员会批准建立单位保密管理体系内部审核员即内审员队伍，基本条件是：

（1）政治立场坚定，工作作风严谨，保密纪律严明；

(2)正直公正,坚持原则;

(3)了解保密资格审查认证标准,熟悉保密管理知识与技能,了解审核程序、方法和技巧,熟悉所内科研生产情况和体系文件;

(4)具有一年以上专、兼职保密管理或计算机管理工作经验。

为确保内审员能够准确理解和把握《武器装备科研生产单位保密资格认定办法》《保密资格标准》和《保密资格评分标准》,单位应组织对内审员进行业务培训与考核。每次体系内审时,从内审员队伍中选取优秀人员成立内审组,完成审核工作。

2. 建立工作规范

内审工作规范的建立对审核工作的实施有着非常重要的作用,能够保证内部审核工作能够规范、有序、可靠地进行,保证审核的有效性,明确审核目的、范围、审核组职责以及具体的实施方法,并规定审核过程本身的安全控制要求。

3. 实施内部审核

保密管理体系审核分为例行的常规审核和特殊情况下的追加审核。单位目前的保密体系内审要求在一年的审核中,要确保所有部门和体系的所有要素至少被审核一次。在外审前一般会安排内部审核。

体系内审的实施分三个阶段:策划准备阶段、审核实施阶段、纠正提高阶段。

(1)策划准备阶段

a. 成立审核工作组

审核组组长由单位保密管理第一责任人任命,内审员由审核组组长挑选。内审员在单位内审队伍中选择,由单位保密委员会正式任命,授予审核的权力。

b. 制定审核方案

审核方案的内容包括审核准则、审核范围、审核频次、审核方法、审核时间、资源需求等。审核方案的制定是决定审核工作效果的重要步骤。在对保密管理体系进行内审的过程中,主要以涉密项目保密管理为主线,结合了按部门审核、按要素审核以及按风险为线索进行审核等方式,将单位的涉密项目进行管理要素分解,以高风险要素作为主要审核线索,过审核体系高风险要素的管理方案、控制措施、运行状况、监控状况及结果,将体系的各要素有机地连接起来,最终综合审核发现,作出对保密管理体系的总体评价。

c. 安排审核日程计划

单位保密管理体系的内部审核一般在计划的某段限定的时间内进行,每次审核可针对体系全部适用的要素及相关部门,也可针对某些要素或部门。审核后的纠正行动及跟踪要求在限定的时间内完成。审核日程计划需要提前与被审核单位和部门进行沟通,保证审核工作得到被审核单位和部门的确认与支持配合,保证审核工作达到预期的效果。

d. 编制审核检查表

审核检查表主要包括以下内容:受审核部门、审核时间、审核员;审核内容(列出各审核要点,要保证审核覆盖面的完整性);审核思路(审核步骤和方法);审核记录(对实际审核所发现的问题进行记录)。在编制审核检查表时,要针对被审核项目或被审核部门的特点,重点关注其高风险要素的管控环节。

e. 通知受审核部门

审核组长在审核前 3 ~5 天与受审部门的领导接触,协商确定审核的具体时间、受审部门的陪同人员,以及审核中双方关心的其他问题等,以便审核工作顺利进行。协商一致后,发出书面审核通知。

(2)审核实施阶段

保密管理体系内部审核流程见图9-1。

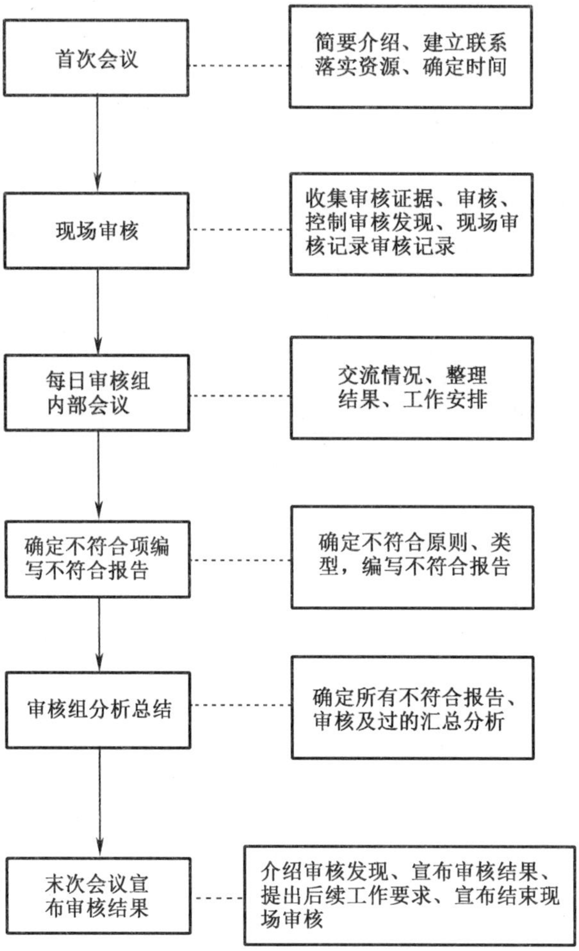

图9-1　保密管理体系内部审核流程

审核组在完成了全部的审核准备工作后,可按预先约定的日期和时间实施审核。

①首次会议

在审核开始前,审核组长主持召开首次会议。审核组成员与受审方的有关人员的见面,确认审核的范围和目的,简要介绍审核的方法与程序,落实审核组需要的资源和设施,确认审核组和受审核方领导之间末次会议和中间数次会议的日期和时间,建立审核组与受审方的正式联系,澄清审核计划中不明确的内容。

②现场审核

现场审核包括管理和技术两方面的审核,管理性审核主要是定期检查有关保密管理方针、制度、规定是否被正确有效地实施;技术性审核是指定期检查组织的保密技术管理符合国家保密管理有关标准的情况(参考保密检查的相关部分),技术性的审核需要保密管理技术人员的支持,必要时会使用有关技术审核工具。审核员在审核过程中,按照审核检查表认真记录审核的进行情况，形成审核证据。审核组长每天对审核组成员的审核证据进行审查，以控制审核客观性，必要时与受审核方代表交换意见，以取得对方对审核证据的确认。

③每日审核组内部会议

审核组内部会议在每天审核结束前召开，交流一天审核中的情况，整理审核结果，完成当天的不符合报告。审核组长总结一天的工作，必要时对下一审核日的工作及人员进行调整。

④确定不符合报告

不符合的确定，应严格遵守依据审核证据的原则。凡依据不足的，不能判为不符合。有意见分歧的不符合项，可通过协商和重新审核来决定。

不符合按照严重程度分为严重不符合和轻微不符合。对不符合项类型评价的原则是：

严重不符合项：主要指保密管理体系与约定的国家保密法律法规和标准的要求不符；造成系统性区域性严重失效的不符合或可造成严重后果的不符合，可直接导致失泄密事件或重大失泄密隐患。

轻微的（或一般的）不符合项：主要指孤立的人为错误；文件偶尔未被遵守造成后果不严重，对系统不会产生重要影响的不符合等。

为对不符合项进行有效整改，审核员和受审核方应对必要的纠正措施达成一致。审核组确定所有不符合报告，审核员准备自己所审核区域的工作总结，审核结果的汇总分析，以便在末次会议上对审核发表结论性意见。

⑤汇总分析

对不符合项进行分析与统计，并按体系要素和部门对不符合项进行分类，说明薄弱环节在哪个部门或哪个要素；进行纵向比较，主要与上次内审比，说明保密管理体系的改善情况、管理者对存在问题的态度、两次内审期间发生问题的纠正措施实施情况；总结保密管理体系优缺点。通过以上分析，可对受审核部门做出“好”“基本上好”“问题较多”“有待改进”等结论性意见，对整个体系的运行情况进行判断，并编写审核报告。

⑥召开末次会议

向审核方领导介绍审核发现的情况，以使他们能够清楚地理解审核结论；宣布审核结论；提出后续工作要求（纠正措施、跟踪、监督）。受审核方领导讲话，对审核结论简单表态，对改进作出承诺。结束现场审核，发放审核报告。

（3）纠正提高阶段

①纠正措施提出

内审中发现的不符合项均要采取纠正措施，由内审员向受审方开具不符合项报告，要求受审方采取纠正措施。受审核方分析不符合的原因，研究并评价应采取的纠正措施，在此基础上提出对要实施的纠正措施的建议（应包括完成纠正措施的期限，应明确职责）。纠正期限不应太长，防止因问题不及时解决而造成失泄密事件。

②纠正措施的批准与实施

纠正措施建议应经审核组认可，由保密主管部门批准，确保其可行性及不产生新的保密管理体系风险。

审核组成员应关心和经常过问纠正措施的完成情况，执行中发现问题应及时向保密主管领导及保密主管部门提出。

③纠正措施的跟踪与验证

纠正措施完成后，审核员应进行验证并报告验证结果，验证内容包括：计划是否按规定日期完成、计划中的措施是否都已完成、完成的各项效果如何、实施情况是否有记录可查、引起的文件更改是否按文件控制程序办理了修改手续。如果验证发现所采取的措施没有明显效果，则应采取更有效的纠正措施。如果某些效果要更长时间才能体现，可留作问题待下一次例行审核时再检查。

五、常见问题及解决方案

（一）情况沟通

在检查和内审过程中，检查组或内审组向被检查、被审核单位、部门就保密检查或内审的目的、范围、内容、方式、配合事项进行说明，达成一致，避免发生争执和矛盾，确保检查或内审工作顺利开展。

（二）选定检查或审核对象

检查组或内审组根据检查或审核内容和要求选定具体检查或审核对象，包括保密要害部门部位和涉密人员、计算机、办公自动化设备等检查或审核对象的选择，既要关注重点，又要覆盖全面。

（三）做好记录

检查组或审核组应详细填写检查或审核记录表，对检查或审核中发现的问题应当场指出，立即纠正，并由被检查或审核的单位、部门相关人员签字确认。

（四）情况处置

现场检查或审核期间，检查或审核组组长应随时掌握检查或审核情况，如被检查或审核单位、部门存在严重违规情况，检查或审核人员应当立即向检查或审核组组长报告，及时采取责令停止使用、断开网络连接、封存设备等处置措施。对涉嫌泄露国家秘密的设备应当立即封存，对设备中存储的有关信息进行复制，填写设《设备封存登记表》，移交保密检查或审核组织部门核查处理。

对封存的设备应当妥善保管，保持设备中存储信息的原始状态，不得对其进行改写、删除等操作。对封存设备或复制的有关信息，保密检查或审核组织部门应当在现场或者专门场所进行技术核查，提取有关违规使用或者泄密的原始证据，形成技术核查报告。

第二节　保密工作档案

一、保密工作档案概念

（一）保密工作档案定义

保密工作档案是指军工单位开展保密工作中直接形成的各种形式的具有保存价值的

历史记录，是军工单位再现保密工作历史真实性的原始凭证。

（二）建立保密工作档案的重要性

保密工作档案是军工单位开展保密工作全过程的原始记录，既是单位完善保密体系建设业务的基础数据，也是一种信息资源，能够帮助单位领导了解保密工作整体情况，为调整保密工作发展规划和科学决策提供数据支撑；其次保密工作档案反映了单位各涉密部门将保密管理融合业务工作各环节的痕迹，是日常分析评估保密工作业务建设情况、提升保密工作质量和效率的参考数据，是现场审查评估和衡量各单位保密管理水平的重要依据；再者，保密工作档案能够查询和追溯当事人在涉密业务活动中形成的文字、图片、声像、视频等数据记载和审批记录，是军工单位保密管理信息化建设的基础数据集结；另外在泄密案件调查取证方面能提供具有一定的效力的原始记录凭证，厘清责任，为查处工作提供支撑。

（三）建立保密工作档案的原则

坚持“方便工作、便于查证”的原则，务必做到真实性、有效性和可追溯。借助保密工作档案，可以更好的了解过去，把握现在，预见未来。

（四）法律法规依据

《中华人民共和国保守国家秘密法》第四条规定：“保守国家秘密的工作，实行积极防范、突出重点、依法管理的方针，既确保国家秘密安全，又便利信息资源合理利用。”第七条规定：“机关、单位应当实行保密工作责任制，完善保密管理制度，完善保密防护措施，开展保密宣传教育，加强保密检查。”

武器装备科研生产单位保密资格标准要求，单位保密工作机构应当完善保密工作档案的建设与管理，涉密部门对保密工作开展情况也应当有文字记载，内容完整真实，并进行分类归档，按规定保存，有条件的建立电子文档。

参照《中华人民共和国档案法》相关条款。

二、怎样建立保密工作档案

（一）依据管理要求，分类取材合理

1. 依据标准

军工单位应当依据武器装备科研生产单位保密资格标准的设计和整理单位的保密工作档案，按照保密责任（含归口管理）、保密组织机构、保密制度、保密管理、监督与保障五大管理模块进行分类，还可以添加保密认定管理模块为第六类；分项则按照武器装备科研生产单位保密资格评分标准，一、二级设置 27 分项，三级设置 25 分项，注意分类分项内容不要缺项，评分标准内容要全覆盖。

建议经历过保密认定审查、复查的单位在保留原保密档案框架的基础上可以适当调整，也可以按新标准重新设立新的分类分项，方便现场审查时检索。

2. 内容取材合理

主要源于单位保密责任落实、单位保密委员会（保密工作领导小组）和保密工作机构活动记录、单位基本制度建设与执行、专项制度及业务工作制度流程表单记录、重大涉密事项

管理及人员情况管理记录、单位及部门涉密业务活动管理记录、信息化建设与运行维护、保密要害部门部位及密件密品管理情况记录、保密安防监控设施建设、保密认定现场审查、各项保密检查及整改记录、保密奖惩记录、泄密事件查处记录等。

3. 文档材料真实

保密工作档案应当系统收集，保证来源可靠、可追溯性强，归档资料内容和记录应当真实，不允许涂改，入卷时先筛选甄别，装卷时按类分项分卷。

（二）完善业务融合归口管理建档

1. 业务模块是支撑

第三轮认定标准强调保密工作“业务工作谁主管，保密工作谁负责，促进保密工作与业务工作相融合”的实施原则，涉密业务部门是单位保密管理体系建设的基础支撑，要求相关归口管理部门对本部门保密工作负责，识别各自管理实际业务模块中保密风险并建立制度和完善控制措施，同时收集留存相关审查审批记录和建立部门保密工作档案。

2. 坚持日清月结

日常的保密档案管理应该做到归档资料日清月结，定期整理，建立台账，每盒有资料目录清单；坚持半年抽查和年底全面检查，发现问题及时纠正，保证保密档案的真实完整性，规范性等。

3. 规范文档归档

各部门保密档案进行制作、收集和整理，要保障保密档案资料的真实性、完整性、连续性、安全性；对日常保密管理工作的各类资料要进行筛选和审核，文档分项整理归卷（每册有目录）、分册装订（按时间顺序）、设立卷盒（盒脊有单位统一标识）、封面制作规范（有标题、制作时间及卷号、涉密的有密级标志）有编制总目录说明（详见（六）单位编制档案总目录说明），不完整的资料要求补齐，内容完整详实，杜绝弄虚作假。

4. 电子文档

随着信息化建设发展，许多军工单位将科研生产管理活动及办公自动化管理纳入信息系统管理平台，同时嵌入保密管理模块，使用内网计算机即时录入单位及部门保密管理各类活动的审查审批及相关记录，提示在收集汇总电子保密档案时亦要分类分项，便于日常检索和使用，还应当注意信息化电子文档的异地备份，保护保密工作档案数据安全。

（三）专人专柜保证文档安全

1. 专人负责

保密档案应实行专人管理，保证管理规范。单位通常由保密管理部门、信息化业务部门设立专人负责；归口管理业务部门通常由部门专（兼）职保密员、信息安全管理人员负责本部门保密档案工作的建设和管理；单位应当注重保密工作档案业务人员政治素质考核、能力培训及日常管理。

2. 专柜存用

单位和归口管理部门应当使用专门的保密柜存放保密工作档案（纸质、磁介质、光电子、包括声像、视频等）。注意卷内密件要标密，同时按照涉密载体管理要求，做好保密档案文档收集归卷过程中打印、复印、使用、借阅、销毁等环节审查审批记录。规范收集存放保密工作档案是为了保密管理活动的查询和使用，要注意对档案查询使用的情况应该建立登记记录。

3. 安全“十防”

注意保密档案存放部位的防潮、防高低温、防水、防火、防盗、防阳光照射、防紫外线照射、防尘、防污染、防害虫(霉、虫、鼠)的“十防”要求。

(四)掌握审核方法,发挥档案作用

1. 体系框架完整性审核

应当确保单位和部门保密工作档案符合保密资格认定标准要求,做到内容框架完整不缺项,内审时方便内审人员能够按照标准体系框架进行检索,外审时便于现场审查专家要看的东西看的到。

2. 管理要素齐全性审视

保密工作档案管理要素,主要依据保密资格认定现场审查评分标准设立模块,对本单位保密档案立卷分项进行全覆盖,便于满足现场审查要求,还可以结合单位涉密业务实际情况进行周延和辐射,方便日常工作需要和使用,确保保密管理体系安全的细粒度,提升保密工作精细化管理水平。

3. 相关事项关联性分析

内审及专家审查时,会对相关档案文档内容进行关联性审核;例如审核涉密载体销毁文档记录时,会追溯涉密载体的产生原因及使用过程的审查审批档案、知悉范围扩大的审批记录、关联涉密会议的涉密载体发放、关注涉密载体的携带外出以及涉密设备的使用等环节是否安全的记录;再如审视安防总控室时,会关联审核值班人员的政审情况、应知应会的教育、安防设备的使用和维修甚至建设时是否做到“五同时”,安防公司资质和安全产品资质等事项档案记载是否规范,进而关联分析其保密风险是否受控等。这就要求单位和部门在日常保密管理过程中严格按保密资格标准和单位保密制度执行有关要求,在收集记录和制作保密档案时,务必逻辑缜密,环环相扣,不要在事件、时间、人物等环节中自相矛盾,敷衍了事。

4. 融和业务落地审核

审核单位特别是涉密业务部门保密工作档案时,关注业务归口部门是否落实责任制,是否把部门保密管理融合到业务工作中;例如审查科研项目档案时,可能抽查审查涉密合同管理是否规范、涉密事项定密是否规范并纳入单位涉密事项细目、项目团队人员与活动管理情况如何、外请专家情况是否安全、调试现场人员各类设备管理是否规范、定型与鉴定及外场试验各类活动管理如何、成果申报是否履行保密要求、密品运输、维修、装备返厂是否规范,对外宣传是否受控等;业务管理归口后要求业务部门按照业务流程严格辨识和控制保密风险,完善保密管理措施,同时要求保密部门人员和内审人员要熟悉单位涉密部门主要业务流程,辨识保密风险要素,检查保密措施是否规范,监督指导业务部门做好部门保密工作档案。

(五)建立二级档案,方便部门管理

涉密部门根据工作需要建立部门保密工作档案,方便业务保密工作归口管理。涉密业务部门的保密档案主要内容应当包括如下内容:部门负责人落实保密责任情况记录、保密承诺书(责任书)文本、部门保密工作小组组成及开展工作情况记录、部门保密制度文本、部

门涉密事项一览表、部门涉密人员审查审批及培训考核记录、部门涉密人员花名册、信息系统和信息设备及存储设备管理台账和日常管理记录(涉密设备使用登记台账、涉密载体台账和管理记录)、要害部门部位确定和日常管理情况、涉密会议与宣传报道记录、涉密人员因私出国(境)及部门涉外活动管理记录、重要涉密事项管理、保密检查与奖惩记录等,保密资格标准所列的其他项目以及依据部门实际建立的其他管理文档等。涉密部门的保密工作档案可以结合自身特点建立部门案卷及档案编制说明。

(六)单位编制档案总目录说明

单位整套保密工作档案应当编制档案总目录说明,简要说明档案归档相关内容。

示例:

《编制档案总目录说明》

本单位保密工作档案是依据国家保密局、国家国防科技工业局和中央军委装备发展部《关于印发武器装备科研生产单位保密资格标准和评分标准的通知》(国保发〔2016〕43 号)整理而成。

全宗共六大类××盒××册,是对本单位自××××年×月以来保密工作全过程的汇总,现将编制保密工作档案总目录说明如下。

第一类:保密责任类(含归口管理)

本类档案是对单位有关保密工作各级领导保密责任全过程的记录,共××盒××册。

1. 法定代表人或主要负责人

本卷收录了单位法定代表人(主要领导人)对本单位保密工作负全面责任,掌握单位保密工作整体情况,落实党和国家有关保密工作的方针政策和法律法规以及上级有关保密工作要求,对本单位保密工作的指示、批示情况,将保密责任纳入单位保密管理体系要求,年内对保密工作责任制落实情况监督考核的记录,解决单位保密工作重大问题的部署,对保密工作在人力、财力、物力的批示等,是对单位法定代表人(主要负责人)在保密工作中全过程的记录。全卷共××盒××册。

2. 分管负责人

本卷收录了单位保密工作分管领导对本单位保密工作负具体领导责任,组织研究部署保密工作,协调解决保密管理过程中重点难点问题,监督检查保密工作落实情况并为保密工作机构履职提供保障的有关记录等,是对单位分管领导在保密工作中全过程的记录。全卷共××盒××册。

3. 其他负责人

本卷收录了单位分管其他工作的领导对分管业务范围内保密工作负直接领导责任,将保密管理工作融入分管业务工作,组织制定分管业务制度和管理流程并督促检查情况记录,是对其他领导在保密工作中全过程的记录。全卷共××盒××册。

4. 涉密部门(项目)负责人卷

本卷收录了单位涉密部门负责人或者涉密项目负责人对本部门或者本项目的保密工作负直接管理责任,明确保密职责,控制知悉范围,将保密管理要求融入业务工作制度,部署具体措施，加强日常教育检查，在业务工作中落实“同计划、同部署、同检查、同总结、同奖惩”原则的保密工作情况，全卷共××盒××册。

5. 涉密人员责任卷

本卷收录了涉密人员对本职岗位保密工作负直接责任，在日常工作中掌握保密法律法规和单位及部门制度，熟悉并履行本岗位职责等情况，全卷共××盒××册。

6. 归口管理卷

本卷应当收集单位印发的业务部门保密工作归口管理的文件，有关业务部门归口管理职责，归口管理工作制度及流程，归口管理部门负责人保密责任书，相关业务部门工作计划，相关业务部门工作总结，相关业务部门保密工作审查审批记录，归口部门保密检查及问题整改记录，归口部门保密奖惩记录，相关业务部门保密风险点及管控措施梳理等相关记录等。

第二类：组织机构类

本类档案是对单位有关保密委员会（保密工作领导小组）和保密工作机构组成、职责分工、开展工作、履行职能情况等全过程的记录，共××盒××册。

第三类：保密制度类

本档案是对单位保密规章制度的汇总，共××盒××册。

1. 基本制度

本卷收录了单位有关保密工作的基本制度，共16大类，××小项。

(1) 保密责任；

(2) 定密工作；

(3) 涉密人员；

(4) 保密教育；

(5) 国家秘密载体；

(6) 密品；

(7) 保密要害部门部位；

(8) 信息系统、信息设备和存储设备；

(9) 新闻宣传；

(10) 涉密会议；

(11) 协作配套；

(12) 涉外活动；

(13) 外场试验；

(14) 保密监督检查；

(15) 泄密事件报告和查处；

(16) 考核和奖惩等，全卷共××盒××册。

2. 专项制度卷

本卷收录了单位有关保密管理工作的专项制度，主要包括重大涉密工程或项目、某重大试验等制度，全卷共××盒××册。

3. 业务制度卷

本卷收录了单位有关部门业务制度，主要包括涉密科研项目管理制度等，全卷共××盒××册。

第四类:保密管理类

本类档案是对单位有关保密管理全过程的记录,共××盒××册。

1. 定密管理卷

本卷收录了单位有关定密管理全过程的记录,包括单位定密责任人、涉密事项细目梳理(法定代表人(主要负责人)签发)、涉密事项密级变更及统计、涉密岗位、人员、设备、活动密级界定及审查审批的记录等,全卷共××盒××册。

2. 涉密人员管理卷

本卷收录了单位有关涉密人员管理全过程的记录,包括涉密人员上岗、在岗、离岗全过程管理记录,涉密人员审查、涉密等级界定、培训教育、保密补贴考核发放、日常监督检查、因私出境管理(审批、提醒、回访)、脱密期回访等;本卷还收集单位其他人员(在职在岗人员、挂职返聘借调人员、学习实习人员、外协外包人员、离职离岗人员、离休退休人员、工勤服务人员)相关事项管理记录,全卷共××盒××册。

3. 涉密载体管理卷

本卷收录了单位控制涉密事项接触范围,建立涉密载体台账,保密本使用情况,涉密载体管理全过程的记录即涉密载体制作、收发、传递、使用、复制、保存、维修、销毁全生命周期管理记录等,全卷共××盒××册。

4. 密品管理卷

本卷收录了单位密品管理全过程的记录,包括密品台账、标密、研制生产、存放、试验、运输、交接、维修、销毁过程中的保护措施等,全卷共××盒××册。

5. 要害部门部位卷

本卷收录了单位要害部门部位管理全过程的记录,包括要害部位的确定和日常管理、人防、物防、技防方案落实、防护检查记录、手机管理记录、外来人员出入管理、工勤保安人员管理等。全卷共××盒××册。

6. 信息系统、信息设备和存储设备管理卷

本卷收录了单位信息系统、信息设备和存储设备管理全过程的记录(此卷可按信息系统、信息设备和存储设备管理评分标准内容进行分类,详见下节的《卷内目录》技术部分,由信息化部门负责装卷),全卷共××盒××册。

7. 新闻宣传管理卷

本卷收录了单位新闻宣传日常活动,如对外提供资料和进行宣传报道、展览展示、参观、发表著作论文、报刊杂志、接受媒体采访、声像视频多媒体宣传活动等保密审查审批管理全过程的记录,全卷共××盒××册。

8. 涉密会议管理卷

本卷收录了单位涉密会议管理全过程的记录,全卷共××盒××册。

9. 外场试验管理卷

本卷收录了单位外场试验管理全过程的记录,全卷共××盒××册。

10. 协作配套管理卷

本卷收录了单位协作配套管理全过程的记录,全卷共××盒××册。

11. 涉外管理卷

本卷收录了单位涉外管理全过程的记录,全卷共××盒××册。

第五类:监督与保障类

本类档案是对单位有关保密工作监督与保障全过程的记录,共××盒××册。

1. 保密检查卷

本卷收录了单位半年保密工作检查全过程的记录,涉密部门每季度保密自查工作记录,包括单位专项检查、单位保密工作整改情况、执行保密制度情况的风险评估等,全卷共××盒××册。

2. 泄密事件查处卷

本卷收录了单位泄密事件报告及查处工作记录。全卷共××盒××册。

3. 考核与奖惩卷

本卷收录了单位对在科研生产、管理工作中为保护国家秘密安全做出突出成绩的部门和个人进行表彰和奖励、对违反保密管理制度行为进行查处的全过程记录,全卷共××盒××册。

4. 管理工作经费卷

本卷收录了单位保密管理工作经费使用情况的全过程的记录,全卷共××盒××册。

5. 专项保密工作经费卷

本卷收录了单位专项保密工作经费管理的全过程的记录,全卷共××盒××册。

6. 工作档案卷

本卷收录了单位保密工作档案管理全过程的记录,全卷共××盒××册。

第六类:认证工作档案类

本类档案收集单位保密工作机构对申请保密资格认定相关工作历史沿革记录的资料,如认定办现场审查通知书、单位保密资格申请书及现场审查汇报材料、PPT 汇报光盘与影像资料、现场审查及复查意见书、证书证牌复印件、相关文件资料等,共××盒××册。

三、保密工作档案卷内目录

根据武器装备科研生产单位保密资格标准和评分标准要求,军工单位可参照下列保密工作档案目录,结合本单位实际,设计本单位的保密工作档案目录。(样表见表 9-1)

表 9-1 卷内目录

1. 法定代表人或主要负责人:

序号	文件名称	密级	页数	卷宗号	备注
一	贯彻执行党和国家有关保密工作方针政策和法律法规				
1	对本单位落实国家《保密法》《保密认定办法》《保密资格标准》及上级相关文件的批示和要求				
2	年度内对本单位保密工作提出明确要求(如年度行政工作报告、十四五规划及年度计划等)				
3	对单位保密工作的重要指示和要求(包括单位保密工作基本制度签发、国家秘密事项目录签发、定密责任人授权等)				
4	将保密管理纳入单位管理体系有关要求				

表 9－1(续)

序号	文件名称	密级	页数	卷宗号	备注
5	研究解决单位保密工作重要问题有关批示				
7	与上级单位签订保密责任书(本岗位保密职责及本人保密承诺)				
8	与单位副职(中层领导)签署的保密责任书				
9	单位保密责任制落实并纳入绩效考核相关记录(单位绩效考核中保密责任考核项要求)				
10	带队检查落实保密责任制监督考核记录				
11	保密工作奖惩有关批示				
12	本人参加保密教育培训记录				
13	涉密人员自查记录(本人)				
14	个人涉密活动、涉密信息设备及载体、保密本使用情况检查记录				
二	为保密工作提供支持和保障				
14	保密机构设置及人员配备文件批示				
15	单位保密工作年度预算批示				
16	技防建设及现场检查保密条件保障相关记录				

四、常见问题及解决方案

(一)档案分类不准确

不熟悉标准要求,未结合本单位实际按照标准及评分标准收集相关工作记录并进行分类归档,无法做到档案内容“要看的看得见”。

单位和涉密部门应当认真学习消化新标准和评分标准的条款,按照国家要求和单位实际,建立规范保密工作档案目录框架,将日常保密管理工作记录条理性梳理筛选,分类分项、逐卷逐册细心归档。

(二)档案内容不详实

日常工作中不注意留存记录要求,保密管理记录不完整,填写整理不规范,档案材料无法说明日常工作开展情况。

保密管理是一项严谨细致的工作,各类材料积累记录要常态化,日常保密检查注重表单填写规范化,要求实事求是。保密工作档案不仅是单位保密工作真实记录和历史见证,还具有法律效力,应结合单位保密工作实际,梳理各流程管理脉络并筛选相关材料,务必做到真实性、有效性、系统性、合法性、可追溯。

（三）档案材料逻辑不严密

未严格落实保密管理要求，受控节点未落实管控要求，审批流程、审批权限、记录日期等信息前后有冲突、逻辑不严密、数据零散。

单位保密检查、部门季度检查和专项检查时应当注重对保密工作档案进行检查，发现上述问题及时纠正，各类事项审查审批的时间、事件、人物等要素逻辑审慎，求严求细，不流于形式。

（四）弄虚作假应付审查

个别单位日常保密管理工作中未按照国家法律法规和标准落实保密责任，未执行单位保密管理制度，保密工作档案内容缺失，在认定前搞突击、补记录，用不真实的材料应付审查。

保密工作档案是单位保密体系建设的重要环节，是单位日常保密活动日积月累记录，是现场审查的必查项。保密工作档案应当依法依规建设和管理，业务工作人员应当严格恪守职业道德，完整、真实地收集整理好本单位、本部门的保密管理材料并及时归档，不弄虚作假。对平时不认真履行职责，现场审查前临时突击补充材料的行为，单位应当追究单位分管领导、部门负责人和有关工作人员的责任，强力推进保密工作档案规范建设、规范管理。

第三节　保密工作经费

一、保密工作经费管理的重要性

保密工作经费是单位保密工作正常开展的保障，是保密管理工作不可或缺的财力支持。武器装备科研生产单位保密资格标准要求，单位应当按规定足额提供保密工作经费，分类使用并建立使用记录。

二、保密工作经费的分类

单位保密工作经费分为保密管理工作经费和专项保密工作经费。

三、保密工作经费的使用要求

（一）保密管理工作经费

（1）保密管理工作经费是单位保密工作机构用于日常保密管理工作所需的费用。

（2）保密管理工作经费主要包括以下费用：保密教育培训、保密工作调研、保密工作咨询、保密宣传、项目评审、保密技术检查工具购置、保密工作表彰奖励等费用。

（3）单位涉密人员保密补贴不属于保密管理工作经费开支项目。

（4）保密管理工作经费应列入单位年度财务预算，根据工作需要保证足额开支。

（5）保密管理工作经费计算标准：核心涉密人员每人每年度300元，重要涉密人员每人每年度200元，一般涉密人员每人每年度100元。合计高于50万元的单位，以50万元为保证基数;低于10万元的以10万元为保证基数;管理多个法人单位的,按所属涉密人员总数计算。

(6)保密管理工作经费应当专项使用,不得挪作他用,保证足额开支。

(二)专项保密工作经费

(1)专项保密工作经费为单位保密防护设施设备的建设和设备的配备费用。

(2)年度专项保密工作经费应当按照实际需要予以保障,保证满足工作需要。

四、常见问题及解决方案

(一)保密管理经费开支不规范。

一些单位将保密补贴、员工工资、普法的奖励等在保密管理经费中列支,不符合保密资格认定标准规定。

单位应当按照认定标准规定的项目合理开支。

(二)专项保密工作经费与行政管理经费混淆。

个别单位在购买行政办公用品时,把相关的费用支出列入专项保密工作经费,如购买纸张、光盘、计算机、办公桌椅等。

单位应当按照保密资格认定标准,厘清专项保密工作经费的概念,不挪用专项保密工作经费。

(三)保密经费预算与实际支出差距较大

未足额保障。

第十章　现　场　清

第一节　现场清的由来及重要性

现场清是受6S管理的启发而引入到保密管理体系中。特别是近几年一些单位开展6S管理安全标准化工作，不仅对单位的安全管理起到了很好的促进作用，也使企业的基础管理水平得到了极大的提升。

一、6S管理的内容

为了帮助读者更清楚的理解现场清的重要性，这里首先将6S管理安全标准化的主要内容和目的做一简要介绍。“6S”即整理、整顿、清扫、清洁、素养、安全。

整理（SEIRI）：将工作场所的任何物品区分为有必要和没有必要的，除了有必要的留下来，其他的都消除掉。

整顿（SEITON）：把留下来的必要用的物品依规定位置摆放，并放置整齐加以标识。

清扫（SEISO）：将工作场所内看得见与看不见的地方清扫干净，保持工作场所干净、亮丽的环境。

清洁（SEIKETSU）：将整理、整顿、清扫进行到底，并且制度化，经常保持环境处在美观的状态。

素养（SHITSUKE）：每位成员养成良好的习惯，并遵守规则做事，培养积极主动的精神（也称习惯性）。

安全（SECURITY）：重视成员安全教育，每时每刻都有安全第一观念，防患于未然。

简言之即

整理：要与不要，一留一弃；

整顿：科学布局，取用快捷；

清扫：清除垃圾，美化环境；

清洁：清洁环境，贯彻到底；

素养：形成制度，养成习惯；

安全：安全操作，以人为本。

二、6S管理的目的

（一）建章立制，形成标准化的管理模式

没有规矩，不成方圆。建章立制是企业管理的基础性工作，是开展和做好各项工作的前提。6S管理标准包括规章、制度、规程、标准等，只有抓好这些基础工作，搞好基础业务建设，才能为开展安全保密工作搞好铺垫，创造条件，才能保障企业实现安全保密的目标。

(二)提高员工素养,不断强化自我约束,用理智远离疏忽、麻痹和侥幸

对员工来说就是要居安思危,从平时点滴小事做起,加强自身修养,努力养成不断追求“零错误”“零误差”的习惯,充分发挥习惯成自然的正面效应。

对管理者来说,关注日常基础工作的细节,并不是要去落实每一个细节,而是关注细节的落实保障。首先要知道维系部门或企业功败垂成的那些安全保密工作细节,其次要懂得去发动业务主管部门和员工去做好细节。对于员工来说,企业的安全管理工作,不是科学探索,没有肩负发现未知领域的重任,更多的是要把人们熟知的、习惯的、有时是不以为然的关于人的、物的、环境的那些看起来并不起眼的、小的隐患,经过一丝不苟的细节管理将其消除。安全保密管理活动主体是企业、基层和员工。

标准和制度再好,没有企业各级管理人员和岗位员工去实施也不能取得实效。因此,强化员工素养、落实责任至关重要。建立与现代企业制度相适应的管理新机制,确立分级管理格局,分级管理,逐级负责,并强力推行了好的管理体制,达到“管好人、干好活、负好责、保安全”的目的,提升企业的安全保密工作水平。

(三)营造安全文化氛围,约束人性弱点

实施推行6S管理过程中,可以通过文化来约束人性的弱点,培养职工形成“让安全成为习惯,让习惯更安全”的理念。人性的弱点主要表现在懒和贪两个方面:一是懒惰,只要没有外在压力,就不愿多做事;二是爱贪小便宜,总想以最小的付出,得到最大的回报,于是在行动上就表现为随意、粗放、麻痹、懒惰和拈轻怕重等。因此落实6S管理,就必须靠文化来约束人性的弱点。

第二节　保密管理引入6S管理的原因

保密管理引入6S管理的原因是由保密管理自身的特点所决定的。保密工作具有政治性、群众性、封闭性和相对性,作为军工单位基础管理的重要组成部分,保密管理同企业的许多基础管理有共通之处,管理对象与内容也不尽相同,即人、事、物,特别是在人员、载体、密品管理(即群众性、封闭性和相对性)等方面与6S管理更有异曲同工之妙。

同时,保密管理是军工单位基础管理的重要组成部分,也是单位综合管理水平的具体体现,而安全整洁的现场管理更是展现单位良好形象的最佳广告,是产品品质保障的基础,也是军品生产试验的可靠保障。安全保密管理的内涵就是单位在生产经营和全部管理过程中,要自觉贯彻执行国家和地区、部门的安全保密管理法律、法规、和标准,并将这些内容细化,依据这些法律、法规和标准制定本单位安全保密方面的规章、制度、规程、标准、办法,并在单位保密管理工作的全过程、全方位、全员中、全天候地切实得到贯彻实施,使单位的保密工作得到不断加强并持续改进,使单位的本质安全水平不断得到提升。

因此,在借鉴6S管理模式先进性的基础上,我们以安全保密为终极目标,将其中“4S”,即“整理、整顿、清扫、清洁”进行改造,融入保密管理的要素和要求,并通过不断推进,促进员工的习惯养成,形成了“十个清”管理攻略中的现场清。

第三节　现场清的主要内容和基本要求

一、现场清的工作内容

(一)整理(SEIRI)

将工作场所的任何物品区分为有必要和没有必要的,除了有必要的留下来,其他的都消除掉。

目的:腾出空间,空间活用,防止误用,塑造清爽安全保密的工作场所。

保密关注点:密与非密分类处理。

(二)整顿(SEITON)

把留下来的必要用的物品依规定位置摆放,并放置整齐加以标识。

目的:工作场所一目了然,消除寻找物品的时间,整整齐齐的工作环境,消除过多的积压物品。

保密关注点:标识合规,放置得当。

(三)清扫(SEISO)

将工作场所内看得见与看不见的地方清扫干净,保持工作场所干净、亮丽的环境。

目的:稳定品质,减少遗漏和遗失。

保密关注点:杜绝死角。

(四)清洁(SEIKETSU)

将整理、整顿、清扫进行到底,并且制度化,经常保持环境处在美观的状态。

目的:创造明朗现场,维持上面3S成果。

保密关注点:常态化。

(五)素养(SHITSUKE)

每位成员养成良好的习惯,并遵守规则做事,培养积极主动的精神(也称习惯性)。

目的:培养良好习惯、遵守规则的员工,营造团队精神。

保密关注点:知、懂、会、做。

(六)安全(SECURITY)

重视成员安全保密教育,每时每刻都有安全第一观念,防患于未然。

目的:建立起安全保密的环境,所有的工作应建立在安全保密的前提下。

二、“现场清”应怎样做

1.建章立制。建立现场清的管理制度,明确各部门和员工的权、责、利,组织好宣贯培训。

2. 强化日常的监督、检查及效果评比。

3. 坚持“下沉、发现、自主”的原则。

现场清是以现场为中心而推行的一项基础管理活动，只有不断地沉下去，深入现场、发现问题、解决问题，才能使它深入持久地坚持下去。

问题发现是现场清开展的一个非常重要的前提条件。只有带着专业的角度，用心去直觉现场，把问题发现出来，认真对待，才能够有效地去改善现场，提高我们现场保密管理水平。同时通过发现问题，培养员工的保密意识，调动大家积极参与其中，发现问题，解决问题。

自主就是把要我“清”变为我要“清”，提高员工的自主性。宣传教育培训、检查评比考核只是手段，关键是调动员工的“自主性”，通过持续改善来不断推进。

第四节　现场清的具体实施方法

一、制定标准、规范

可以以6S现场管理标准为基础融入保密管理要求。要根据单位管理实际，分别制定生产（测试）现场、办公现场的管理标准。生产（测试）现场管理标准除了6S要求的车间、试验室范围内定置区划线及通道线、物品摆放、地面墙面及门窗玻璃、设备及管线、工作台、消防器材、清扫用具、工具箱、管理看板及台账记录等，还要针对人员、设备、载体、密品制定专项标准。办公现场管理标准主要针对办公设施布局、桌面状态、资料柜状态、抽屉状态、文件架状态制定管理规范，同时也要针对人员、设备、载体、物品等制定专项标准。

二、生产（试验、调试）现场的实施

（一）整理

1. 6S管理常规标准

通道畅通、整洁。工作场所的设备、物料堆放整齐，不放置不必要的东西。办公桌上、抽屉内办公物品归类放置整齐。物料架的物品摆放整齐。

2. 实施过程

（1）对所在的工作场所（范围）进行全面检查，包括看得到的和看不到的；

（2）制定“要”和“不要”物品的标准；

（3）清除不要物品；

（4）适度定量；

（5）制定废弃物处理方法；

（6）每日循环整理现场（自我检查）。

3. 现场清的关注点

（1）“要”和“不要”物品的标准制定。注意相关保密管理要求，如载体留存时间不得超期；个人物品的清理，现场不要存放智能产品、各类电脑、U盘、光盘等。

（2）清除不要物品。严格区分密与非密，分类合规清理。

（3）适度定量。严格控制个人留存。

(4)制定废弃物处理方法。同②。

(二)整顿

1. 6S 管理常规标准

机器设备定期保养并有设备保养卡,摆放整齐,处于最佳状态。工具定位放置,定期保养。零部件定位摆放,有统一标识,一目了然。工具、模具明确定位,标识明确,取用方便。车间各区域有 6S 责任区及责任人。

2. 实施过程

(1)分析现状,落实整理工作,规划作业流程。

(2)物品分类,确定物品放置场所、规定放置位置、进行标识。

(3)定置管理:划线定位。

3. 现场清的关注点

(1)保密要求融入整理工作和作业流程,辨识风险点,制定控制措施。

(2)注意密品(图纸)的合规存放、标识、台账。

(3)同步落实现场清责任人。

(三)清扫

1. 6S 管理常规标准

保持通道干净、作业场所东西存放整齐,地面无任何杂物。办公桌、工作台面以及四周环境整洁。窗、墙壁、天花板干净整洁。工具、机械、机台随时清理。

2. 实施过程

(1)建立清扫责任区(室内外),责任到人,不留死角;

(2)清扫、点检、保养相结合。

(3)杜绝污染源,建立清扫基准,行为规范。

3. 现场清的关注点

注意清扫过程的控制,防止随意丢弃,不留死角。

(四)清洁

1. 6S 管理常规标准

通道作业台划分清楚,通道顺畅。对不符合的情况及时纠正。保持整理、整顿、清扫成果并改进。

2. 实施过程

(1)制定标准化,彻底维护以上 3S 的成果。

(2)每天上、下班前 5 分钟做“6S”工作。

3. 现场清的关注点

(1)注意清桌锁柜,人离门锁、文件图纸入柜。

(2)密品的存放。

(3)班前班后的检查及交接。

三、办公现场的实施

(一)整理

1.6S 管理常规标准

(1)办公室内各类物品定置管理,分类摆放整齐,清理不必要的东西。办公桌上、抽屉内、各类柜中物品归类放置、整齐。

(2)柜(橱)顶、长椅上、沙发上、窗台上、暖气上禁止摆放任何物品。

(3)通道畅通、整洁。

2.实施过程

(1)清理废弃物,将不再使用的文件资料或破旧书籍、过期报纸等按要求的方式废弃。

(2)将涉密文件资料进行分类编号建立台账,履行审批手续,整齐存放于密码文件柜中。

(3)将非密文件资料、图书进行分类整理,整齐放于办公桌抽屉或资料(书)柜中。

(4)将工作服及必需的个人物品等按类别整齐放于更衣柜或普通柜子中。

3.现场清的关注点

(1)"要"和"不要"物品的标准制定。注意相关保密管理要求,如载体留存时间不得超期,个人物品的清理。

(2)清除不要物品。严格区分密与非密,分类合规清理。

(3)适度定量。严格控制个人留存。

(4)制定废弃物处理方法,涉密类必须办理清退销毁手续,统一回收销毁。

(二)整顿

1.6S 管理常规标准

定置定位,规划有序,归类合理,布局美观,放置整齐,方便易取。

2.实施过程

(1)办公桌、椅、柜(橱)、衣架、报架等物品摆放要规划有序,布局美观。桌面可放置办公设施、台历、电话、茶杯等物品,摆放应整齐有序。

(2)抽屉内及柜中物品应分类放置,整齐有序。

(3)暖壶、茶杯可在矮橱上整齐放置,不具备条件的可整齐放于地面一侧。

(4)办公室内电器线路走向规范、美观,电脑线不凌乱。

3.现场清的关注点

(1)各类载体、物品分类存放、建立台账。

(2)办公设备规范使用,安全距离满足要求。

(3)红黑隔离电源正确使用。

(4)电气线路布局铺设规范,注意。

(三)清扫

1.6S 管理常规标准

定置定位落实,干净、整洁、无死角,各类标志粘贴规范,电器设备无安全隐患,室内、柜内无多余物。

2. 实施过程

(1)建立清扫责任区(室内外),责任到人,不留死角;

(2)清扫、点检、保养相结合。

(3)杜绝污染源,建立清扫基准,行为规范。

3. 现场清的关注点

(1)注意清扫过程的控制,防止随意丢弃。

(2)杜绝死角。

(四)清洁

1. 6S 管理常规标准

对不符合的情况及时纠正。保持整理、整顿、清扫成果并改进。

2. 实施过程

(1)落实标准化,维护以上 3S 的成果。

(2)自我检查,对发现的不符合项随时整改。

3. 现场清的关注点

(1)注意清桌锁柜,人离门锁、文件资料入柜。

(2)加强自检和互检。

四、要害部门部位现场清的特殊要求

(一)人员控制

授权人员进入应进行有效的身份识别;非授权人员进入必须履行审批手续并进行登记。

(二)区域控制

要害部门部位在场地的选择上应该相对集中,便于封闭管理。

(三)设备的控制

个人的手机及各类智能设备不得带入。使用的特殊设备应进行安全检查。

(四)安全控制

1. 建立专项管理制度。

2. 明确保密管理责任人(部门主要领导)

3. 落实"三防"措施。

4. 坚持安全检查,日查、周查、月查和季查相结合。

5. 树立责任意识,发现有人擅自带入手机及各类智能设备并使用,在场人员应及时制止。

第五节　现场清容易出现的问题

一、为“清”而清

有些单位或个人怕登记麻烦，片面追求现场“清”，把许多有价值的、需要长期留存的资料也一律清理掉，许多人的文件柜空空如也，除了书籍就是白纸，这是片面理解现场清的意义，而且无法满足实际工作需要，无法实现常态化管理。保密管理中的现场清概念，是通过生产、办公现场的清理整顿，将受控的对象与非受控对象区分开来，防止夹带和混乱，使整个环境井然有序，管控到位。

二、清理时不进行筛选甄别，一律装袋处理

这里会出现两种情况，一是如果都按废品处理，一旦混入受控载体，将会造成失控事件，这是最危险的。另一种情况是一律按照受控载体送交销毁处理，虽未造成失控，但却忽视了受控载体销毁需逐份清点、办理审批的环节，同样也是违规行为。

三、忽视红黑隔离的要求

红黑隔离既有对设备的要求，也有对布线的要求。不能因为追求现场布线整齐美观，将所有线路布置在一个管槽中，而忽视了线路安全距离的要求。

通过“现场清”的有效实施和持之以恒的坚持和改进，可以使单位的人、事、物在工作现场得到有效的控制和管理，促进员工良好习惯的养成和整体素质的提高。素养一旦养成，将潜移默化地、长期地影响人们的工作生活质量，进而有效地保证和促进单位在安全保密的前提下健康快速发展。此方法在一些企事业单位和高校推广，都收到了较好的效果。许多单位反映，多年整改无效的环境杂乱及卫生死角痼疾，通过保密资格认定准备工作给解决了。

现场清示例图片见图 10－1 至图 10－11。

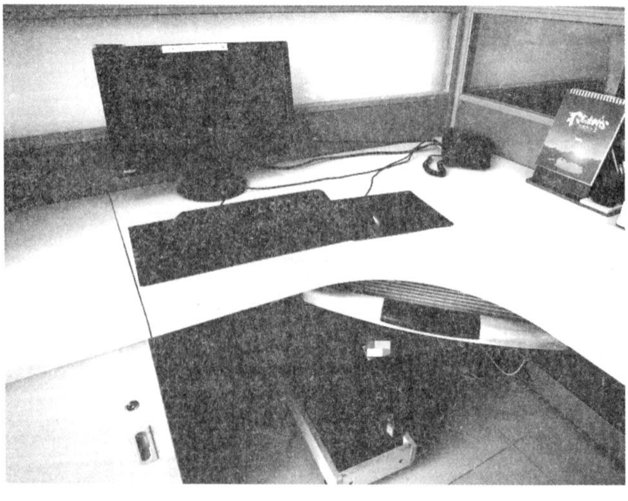

图 10－1　办公桌示例照片

图 10－2　工作站示例照片

图 10－3　保密柜示例照片

图 10－4　保密柜示例照片

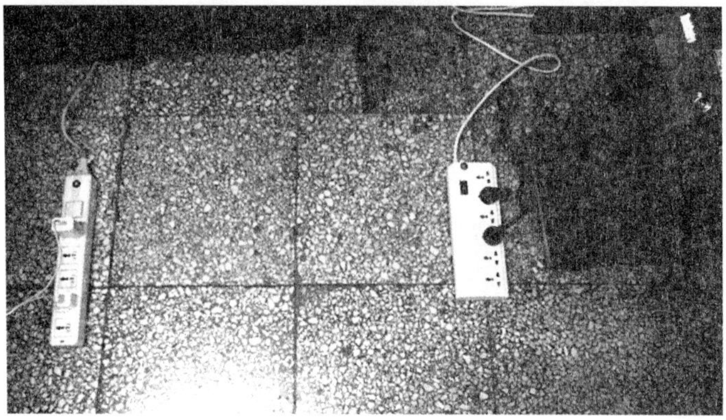

图 10－5　红黑隔离示例照片

图 10－6　机房示例照片

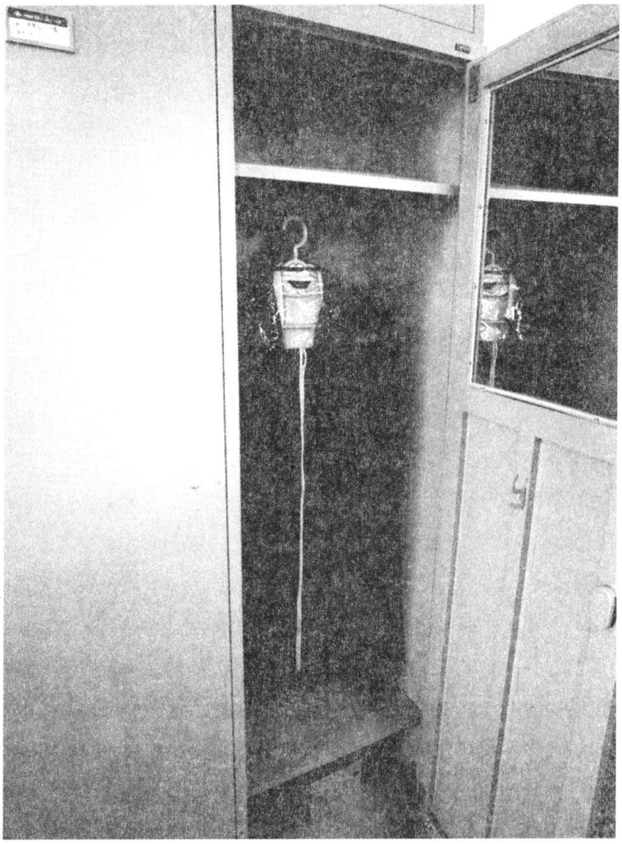

图 10－7 衣柜示例照片

图 10－8 书柜示例照片

图 10－9　互联网室示例照片

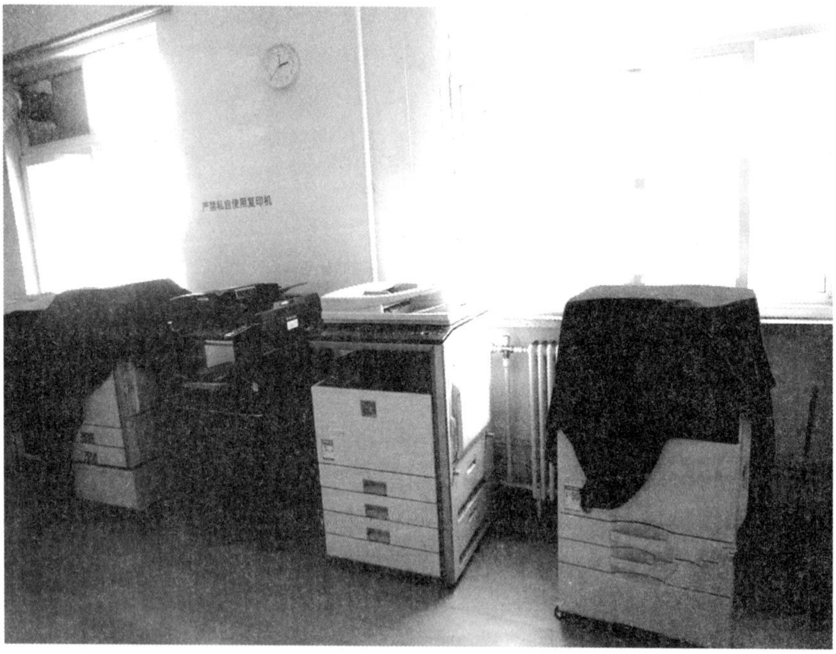

图 10－10　办公自动化设备示例照片

附录　卷内目录

卷内目录相关表格见表 A－1 至表 A－29。

表 A－1　卷内目录——法定代表人或主要负责人

序号	文件名称	密级	页数	卷宗号	备注
一	贯彻执行党和国家有关保密工作方针政策和法律法规				
1	对本单位落实国家《保密法》《保密认定办法》《保密资格标准》及上级相关文件的批示和要求				
2	年度内对本单位保密工作提出明确要求（如年度行政工作报告、十四五规划及年度计划等）				
3	对单位保密工作的重要指示和要求（包括单位保密工作基本制度签发、国家秘密事项目录签发、定密责任人授权等）				
4	将保密管理纳入单位管理体系有关要求				
5	研究解决单位保密工作重要问题有关批示				
6	与上级单位签订保密责任书（本岗位保密职责及本人保密承诺）				
7	与单位副职（中层领导）签署的保密责任书				
8	单位保密责任制落实并纳入绩效考核相关记录（单位绩效考核中保密责任考核项要求）				
9	带队检查落实保密责任制监督考核记录				
10	保密工作奖惩有关批示				
11	本人参加保密教育培训记录				
12	涉密人员自查记录（本人）				
13	个人涉密活动、涉密信息设备及载体、保密本使用情况检查记录				
二	为保密工作提供支持和保障				
14	保密机构设置及人员配备文件批示				
15	单位保密工作年度预算批示				
16	技防建设及现场检查保密条件保障相关记录				

表 A－2　卷内目录分管保密工作负责人

序号	文件名称	密级	页数	卷宗号	备注
一	研究部署保密工作				
1	对贯彻落实上级保密工作有关文件要求的批示				
2	组织研究部署本单位保密工作并解决重点难点问题的明确意见和要求				
3	会议讲话、工作计划、工作总结等资料				
4	听取保密工作机构履行职责汇报并协调解决有关问题的批示				
5	保密工作审查审批事项记录				
6	分管保密领导保密责任书（承诺书）				
7	分管保密工作领导保密教育培训记录				
二	监督检查保密工作落实情况				
8	半年内组织单位和部门负责人保密工作情况				
9	年度内组织检查单位负责人、部门负责人、重要事项保密工作情况记录				
10	对不履行保密责任人员追究或处罚的批示				
11	关心支持保密工作机构工作情况（保密机构年度计划、事项规划、工作请示、问题汇报等批示）记录				
12	对落实保密总监工作责任情况				
13	关注保密工作与业务工作“五同时”的有关记录				
14	本人接受保密检查记录，包括涉密设备及涉密载体、保密本使用情况				

表 A－3　卷内目录其他保密工作负责人

序号	文件名称	密级	页数	卷宗号	备注
一	研究落实分管业务范围内的保密工作				
1	明确业务工作保密责任的保密责任书（承诺书）				
2	梳理业务范围内保密事项的风险点，落实管控措施，纳入业务制度、流程的要求				
3	会议讲话、工作计划、工作总结等资料				
4	解决重点难点问题的明确意见和要求				
5	分管事项的保密工作审查审批事项记录				
6	个人工作中保密业务归口管理事项				

表 A－3(续)

序号	文件名称	密级	页数	卷宗号	备注
7	个人保密教育培训记录				
二	监督检查保密工作落实情况				
8	半年内组织业务范围内有关部门负责人保密工作检查记录				
9	年度内组织检查部门负责人、分管事项保密工作情况考核奖惩记录				
10	对不履行保密责任人员追究或处罚的批示				
11	对分管业务工作中的保密工作提供保障的有关记录				
12	支持保密工作机构开展工作情况记录				
13	关注保密工作与业务工作“五同时”的有关记录				
14	本人接受保密检查记录,包括涉密活动、涉密设备及涉密载体、保密本使用情况				

表 A－4　卷内目录涉密部门负责人或项目负责人

序号	文件名称	密级	页数	卷宗号	备注
一	掌握本部门或本项目的保密工作情况				
1	本部门或本项目保密工作重点及职责				
2	本部门或本项目保密事项目录及知悉范围				
3	部门领导或项目负责人岗位职责及责任书				
4	本部门、本项目涉密人员花名册				
二	采取具体措施落实保密管理要求				
5	本部门、本项目业务工作制度(融合保密要求)				
6	落实保密工作有关要求				
7	对保密工作研究和部署记录				
8	部门或项目负责人与涉密人员签订的保密责任书文本				
9	对专(兼)职保密管理人员工作支持记录				
10	分管领导对涉密部门负责人(项目负责人)保密谈话记录				
11	接受保密教育及考试试卷记录				
三	监督检查保密措施落实情况				
12	部门每季度保密检查				

表 A－4(续)

序号	文件名称	密级	页数	卷宗号	备注
13	涉密部门负责人(项目负责人)被检查记录				
14	落实整改记录				
15	奖惩记录				
16	部门保密工作小组手册				

表 A－5　卷内目录涉密人员责任

序号	文件名称	密级	页数	卷宗号	备注
一	涉密人员履行职责				
1	涉密人员岗位保密职责(单位汇总)				
2	涉密人员保密教育培训记录				详见人员培训卷
3	涉密人员保密自查记录				详见保密检查卷
4	提升涉密人员保密知识及保密技能活动				详见人员管理卷
5	涉密人员保密责任书(承诺书)				详见涉密人员卷
6	本岗位各项保密审查审批记录				详见各审查审批记录
7	涉密人员奖惩考核记录				详见人员考核奖惩卷
8	报告泄密隐患,制止违法违规行为				详见检查奖惩卷

表 A－6　卷内目录归口管理

序号	文件名称	密级	页数	卷宗号	备注
1	单位印发业务部门保密工作归口管理的文件				
2	有关业务部门归口管理职责				
3	归口管理工作制度及流程				详见业务制度
4	归口管理部门负责人保密责任书				详见人员卷
5	相关业务部门工作计划				
6	相关业务部门工作总结				
7	相关业务部门保密工作审查审批记录				详见审查审批卷
8	归口部门保密检查及问题整改记录				详见检查卷
9	归口部门保密奖惩记录				详见奖惩卷
10	相关业务部门保密风险点及管控措施梳理				
…					

表 A－7　卷内目录保密委员会（保密工作领导小组）

序号	文件名称	密级	页数	卷宗号	备注
一	保密委员会（保密工作领导小组）组成及职责				
1	设立组织机构及明确其职责（红头文件）				
2	成员组成和职责分工（红头文件）				
3	单位任命保密总监文件				
二	保密委员会（保密工作领导小组）履行职责				
4	年度内召开工作例会记录及日常研究重要事项工作记录				
5	及时研究部署解决保密工作及履行职责情况				
6	保密委员会（保密工作领导小组）会议签到记录				
7	年度计划和年度总结				
8	年度表彰和处罚				
9	保密委员会（保密工作领导小组）成员年度工作履职报告				
10	审定单位保密工作基本制度等重要事项记录				
三	保密总监				
11	保密总监工作职责				
12	保密总监岗位保密责任书				
13	保密总监履行协调指导监督检查职责情况				
14	保密总监年度工作述职报告				
15	落实保密总监行政待遇记录				

表 A－8　卷内目录保密工作机构

序号	文件名称	密级	页数	卷宗号	备注
一	机构设置及其职责				
1	保密工作机构设置、管理职责和权限（红头文件）及单位组织机构图				
2	本部门学习落实国家法律法规、上级有关保密工作文件要求记录				
3	落实保密委员会（保密工作领导小组）工作部署记录及保密部门年度工作计划及工作总结				工作记录或纪要文件
4	保密机构监督指导协调业务部门参与建立单位基本制度起草督办记录				详见基本制度

表 A－8(续)

序号	文件名称	密级	页数	卷宗号	备注
5	指导归口管理部门建立涉密事项融合业务流程的管理制度并开展保密工作检查记录				详见业务制度及保密检查卷
6	单位要害部门部位确定及日常监管检查记录				详见要害管理卷
7	组织开展查处违法违规行为及整改工作，提出责任追究和奖惩监督落实记录				详见奖惩卷
二	保密工作人员配备				
8	专职保密工作人员(含保密技术人员)配备(人事调令)				
9	专职保密工作人员省级以上培训证书(复印件)				
10	兼职保密工作人员配备花名册				
三	保密工作人员知识技能				
11	专兼职保密工作人员培训考核记录				详见培训记录及考核卷
12	保密工作机构人员履行保密管理职责记录				工作手册等
13	为单位及部门涉密人员培训授课记录				
14	现场监督检查指导业务部门解决实际问题记录				
15	提出完善单位保密体系建设整改建议情况				

表 A－9　卷内目录基本制度

序号	文件名称	密级	页数	卷宗号	备注
一	保密工作规章制度汇编(17 项)				
1	总则(情况说明:修订依据、修改内容、适用范围、解释权、执行时间等)(法人签发)				
2	保密责任(含归口管理责任)				
3	定密工作管理				
4	涉密人员管理				
5	保密教育培训				
6	国家秘密载体保密管理				

表 A－9(续)

序号	文件名称	密级	页数	卷宗号	备注
7	密品管理				
8	要害部门、部位管理				
9	信息系统、信息设备和存储设备管理				
10	新闻宣传管理				
11	涉密会议管理				
12	协作配套管理				
13	涉外管理				
14	外场试验管理				
15	保密监督检查				
16	泄密事件报告和查处				
17	考核与奖惩				

表 A－10　卷内目录专项制度

序号	文件名称	密级	页数	卷宗号	备注
一	专项制度				
1	“某工程”保密管理实施细则				
2	某重大专项工程保密管理规定				
3	某大型试验活动管理办法				
4	某外贸项目保密管理办法				
5	某重大项目保密管理规定等				
6	业务部门起草文本记录				
7	保密部门指导监督情况记录				
…					

表 A－11　卷内目录业务制度

序号	文件名称	密级	页数	卷宗号	备注
一	归口部门业务制度				
1	定密工作管理制度				
2	涉密人员管理办法				
3	信息化工作管理规范				
4	新闻宣传管理制度				
5	外事工作管理办法				
6	办公室机要管理制度				

表 A－11(续)

序号	文件名称	密级	页数	卷宗号	备注
7	科技处涉密项目管理制度				
8	生产调度及现场管理管理规定				
9	工艺管理要求、申请技改工作流程				
10	设备采购、军品销售管理办法				
11	科技成果、技术专利管理办法				
12	工业控制系统信息安全保密管理要求				
13	民用项目管理规范、产品展览有关要求				
14	质量、安全生产、保卫与国家安全工作管理制度				
15	财务核算工作流程				
16	项目统计工作流程				
二	保密部门协调指导意见				
三	制度执行及检查整改情况				

表 A－12　卷内目录定密管理

序号	文件名称	密级	页数	卷宗号	备注
一	定密管理				归口管理部门
1	单位国家秘密定密工作制度				详见基本制度
2	法定代表人(主要负责人)指定定密责任人文件及报备记录				
3	定密责任人定密授权情况记录				
4	定密责任人培训上岗证书(复印件)				
5	单位《保密范围细目》文件				
6	业务部门《保密范围细目》一览表				
7	每季度定密责任人定密检查记录				
8	年度单位国家秘密升、降、解汇总统计表				
9	单位定密工作小组活动记录				
10	国家秘密确定审查审批表				
11	国家秘密调整审查审批表				
12	国家秘密解除审查审批表				
13	定密情况统计报备记录				
14	定密、变更、解密工作流程图				
…					

表 A－13　卷内目录涉密人员管理

序号	文件名称	密级	页数	卷宗号	备注
一	上岗管理				
1	本单位涉密人员管理办法				详见保密基本制度
2	涉密人员花名册及自然情况分析图表				归口管理部门
3	涉密人员审查表				
4	涉密人员审定表(等级界定)				
5	保密承诺书(责任书)				
6	涉密人员复查表				
7	上岗前保密教育培训记录				
二	在岗管理				
8	职工教育培训计划				
9	保密教育培训资料				
10	保密教育培训记录				
11	兼职保密员保密教育培训记录				
12	专题保密教育培训				
13	涉密人员报备花名册				
14	涉密人员保密检查及自查(样表)				详见检查卷
15	保密补贴发放记录				
16	涉密人员考核奖惩记录(样表)				详见考核奖惩卷
17	涉密人员调整名单(人事变动单)				
18	涉密人员岗位变动及密级调整申请				
19	外聘专家、各类外聘劳务人员名册				
20	挂职返聘借调、学习实习人员及临时涉密人员保密审查表、身份证(复印件)无犯罪证明、保密承诺书				
21	对外聘人员、保安、物业等进行保密教育培训				
22	违规处罚整改通知及罚款记录				
23	因私出国护照、港澳台通行证登记台账				
24	因私出国(境)审查管理记录台账(一览表)				
25	因私出国(境)审查审批表				
26	因私出国(境)保密教育提醒、回访记录				
27	公安出入境管理机构备案资料(回执)				

表 A－13(续)

序号	文件名称	密级	页数	卷宗号	备注
28	涉密人员考试试卷				
三	离岗管理				
29	年度离岗离职人员台账				
30	涉密人员脱密期管理通知书				
31	离职离岗前清退涉密载体、信息设备、存储设备、密品等记录(调离人员联审单)				
32	离岗离职保密承诺书				
33	脱密期跟踪回访记录				
34	涉密人员脱密期内因私出国(境)审批记录				
35	涉密人员脱密期委托管理书				

表 A－14　卷内目录涉密载体管理

序号	文件名称	密级	页数	卷宗号	备注
一	涉密载体台账				
1	国家秘密载体管理规定				详见基本制度
2	纸质涉密载体台账(3 年以上)				
3	移动存储介质台账				详见个人手中
4	音像资料台账				
5	涉密载体管理检查表				
6	移动存储介质检查报告				
二	涉密载体制作				
7	文件资料集中打印管理流程				
8	涉密载体打印审批表、登记表				
9	涉密载体复制审批表、登记表				
10	刻录光盘申请				
三	涉密载体管理过程				
11	涉密载体收发、传递、借阅审批记录				
12	电子信息交换管理流程				
13	上报涉密文件保密审查				
14	个人涉密载体使用与保存记录				详见个人手中
15	涉密载体报废销毁审批与统计表				
16	过程文件资料管理检查记录				详见各单位
17	涉密载体知悉范围控制审批记录				详见个人手中

表 A－14(续)

序号	文件名称	密级	页数	卷宗号	备注
18	对接触和知悉绝密级国家秘密载体人员记录				详见情报室
19	涉密载体出境审批记录				
20	保密记录本(手册)使用记录				
…					

表 A－15　卷内目录密品管理

序号	文件名称	密级	页数	卷宗号	备注
一	密品管理制度				详见基本制度
二	密品管理				归口管理部门
1	密品台账				
2	密品研制生产管理流程				
3	密品库房人防物防技防措施及要害部位检查记录				详见要害部位检查记录
4	密品试验管理及抽查记录				
5	密品维修管理记录				
6	密品保存及检查记录				
7	密品展览工作预案、审批、管理记录				
8	密品传递审批记录				
9	密品运输工作预案及检查记录				
10	密品运输台账				
11	密品销毁审批及清单				

表 A－16　卷内目录保密要害部门、部位保密管理

序号	文件名称	密级	页数	卷宗号	备注
1	要害部门、部位保密管理制度				详见基本制度
2	要害部门、部位确定审批表				
3	要害部门、部位领导责任书				
4	要害部门、部位授权进入人员花名册				
5	要害部门、部位涉密人员审查审定表及培训记录				详见人员卷
6	出入要害部门、部位审批登记资料(外来人员)				逐人审批登记
7	人防、物防和技防措施的相关资料				
8	要害部门、部位技防总体规划和技防方案				

表 A－16(续)

序号	文件名称	密级	页数	卷宗号	备注
9	要害部门、部位物理位置平面图及技防点位图				
10	要害部门部位安全产品的资质、承建单位保密安防监控资质(复印件)等文本资料				
11	要害部门、部位技防措施施工验收文档资料				
12	要害部门、部位重要设备清单				
13	要害部门、部位的日常保密检查记录				
14	要害部门、部位报警及响应流程				
15	要害部门、部位值班登记表及周界巡更记录				
16	新建要害部门、部位工程立项保密审核记录				
17	监控报警总控室值班记录台账视频监控三个月记录及单位每月回看检查记录				
18	保安人员审查、无犯罪记录证明及保密教育培训、检查考核记录				
19	国家安全部门检测报告				

表 A－17　卷内目录计算机和信息系统管理

序号	文件名称	密级	页数	卷宗号	备注
一	涉密信息系统				
(一)	涉密信息系统				
1	涉密信息系统密级界定审批确认文件				一般为上级批文
2	涉密信息系统接入方案(子方案)及评审意见书				
3	涉密信息系统分级保护测评/风险评估申请书				上报文档的签收回执
4	涉密信息系统分级保护测评/风险评估报告				总中心签字盖章生效,接收文件的签字时间
5	涉密信息系统分级保护测评/风险评估整改报告				
6	涉密信息系统运行许可证申请书(含换发申请)				上报文档签收回执
7	涉密信息系统运行许可证				注意:许可证内的信息与方案、测评、实际一致

表 A－17(续1)

序号	文件名称	密级	页数	卷宗号	备注
8	涉密信息系统建设方案和验收报告				
9	涉密信息系统集成建设工程监理单位资质证书、合同和监理报告				
10	涉密信息系统集成单位保密资质(含单项资质)				运维、软件开发、布线、军工单项等
11	网络拓扑图				注意:与方案、申请书、测评报告、实际一致
12	访问、下载、存储、传输知悉范围以外的国家秘密审批记录				样表即可,可提供应用系统信息传输、系统内文件借阅、系统数据归档等过程记录
13	涉密信息系统扫描基础设施或接入扫描设备的审批记录				上级单位委托测评中心到各单位做的渗透性攻击,涉密信息系统的漏洞扫描,测评或风评时进行的系统扫描等
14	涉密信息系统应急响应预案				可以使用单位统一的应急响应预案,不一定是独立的
15	涉密信息系统应急响应演练记录				
16	涉密信息系统应急响应培训记录				
17	涉密信息系统应急响应实际工作记录				
(二)	特殊设备/系统接入涉密信息系统				根据接入的形式自选1、2、3的档案
1	接入涉密信息系统				申请换发许可证以后的档案同(一)
1.1	安全保密方案				方案独立编制
1.2	专家评审会意见和评委名单				注意:专家专业和机构的覆盖性
1.3	测评/风评申请书及报告				测评/风评可独立进行或与涉密信息系统一起进行
1.4	整改报告				

表 A－17(续2)

序号	文件名称	密级	页数	卷宗号	备注
2	独立组网(涉密)				独立测评,档案同(一)
3	单台设备				
3.1	安装安全防护措施和策略的审批记录				
3.2	专项制度和监督检查记录				仅针对于无法安装安全防护措施的情况
(三)	应用系统单项检测				针对于独立进行测评的涉密应用系统,申请换发许可证以后的档案同(一)
1	应用系统测评或风险评估申请书				
2	应用系统测评或风险评估报告				
3	应用系统测评或风险评估整改报告				

表 A－18　卷内目录(部分)

序号	文件名称	密级	页数	卷宗号	备注
一	机构和人员				
1	信息化管理机构设置文件				红头文件,可以是单位整体的组织机构设置的文件,也可以是独立的信息化管理部门设置文件
2	信息化管理机构人员任命文件				
3	信息化运维机构设置文件				红头文件,可以是单位整体的组织机构设置的文件,也可以是独立的信息化管理部分设置文件
4	信息化运维机构人员任命文件				提供本单位人力资源部门对人员的任命(含委托外单位运维的)
5	最大化配置“三员”的记录				满足实际工作需求的履职记录
6	“三员”岗位设置文件				
7	“三员”的定密审批记录				

表 A－18(续1)

序号	文件名称	密级	页数	卷宗号	备注
8	“三员”的上岗审查记录				注意:委托外单位运维的还需要提供人员所在单位出具的审查记录
9	“三员”教育培训记录(含培训证书)				
…					
二	信息安全保密管理体系文件卷				
1	体系文件				信息系统、信息设备和存储设备的安全策略、管理办法、操作规程
2	体系文件的审批记录				符合单位行文要求的审批单,信息化管理机构发文,信息化主管领导的签发
3	体系文件组织编制和审查记录				如会议纪要、带意见的传阅记录、工作部署安排等
4	体系文件调整报告				含调整依据和分析
5	体系文件的培训计划				需体现全员培训
6	体系文件的培训签到记录				需体现全员培训
三	运行维护卷				
1	运维工作制度				面向于运维机构内部,运维机构内部审签即可
2	运维操作规程				
2.1	涉密信息系统域策略配置和操作规程				
2.2	涉密信息系统交换机配置和操作规程				
2.3	涉密信息系统防火墙策略配置和操作规程				
2.4	涉密信息系统入侵检测策略配置和操作规程				
2.5	涉密信息系统主机监控和审计系统策略配置和操作规程				
2.6	涉密信息系统补丁分发系统策略配置和操作规程				
2.7	涉密信息系统病毒防护系统策略配置和操作规程				

表 A－18(续2)

序号	文件名称	密级	页数	卷宗号	备注
2.8	涉密信息系统恶意代码辅助检测系统策略配置和操作规程				
2.9	涉密信息系统保密技术防护专用系统策略配置和操作规程				
2.10	涉密信息系统身份认证系统策略配置和操作规程				
2.11	涉密信息系统接入控制系统策略配置和操作规程				
2.12	涉密信息系统安全 NAS 系统策略配置和操作规程				
2.13	涉密信息系统打印监控审计系统策略配置和操作规程				
2.14	涉密信息系统光盘刻录审计系统策略配置和操作规程				
2.15	涉密信息系统安全网关策略配置和操作规程				含堡垒机
2.16	涉密信息系统保密检查系统策略配置和操作规程				
3	“三员”运维工作和操作记录				样表,对应岗位职责,证明其履行职责的记录(选择典型的设备、系统)
4	委托外单位运维				根据实际情况,可选
4.1	系统内部同一法人(同一上级法人)单位下属单位的证明材料				
4.2	运维合同和保密协议				合同中应包含运维方案
4.3	运维人员的定密及保密审查表、保密教育记录				含政审
4.4	运维人员的保密承诺书				
4.5	有效期内的非同一法人单位的涉密信息系统集成运维单项资质证书				与 4.1 不能同时存在
四	全生命周期档案卷				
1	涉密计算机				根据类型,提供样机表单记录,全生命周期的过程需完整

表 A-18(续3)

序号	文件名称	密级	页数	卷宗号	备注
1.1	涉密计算机的采购记录				
1.2	涉密计算机定密审批记录(含过程记录)				不同类型、不同部门选取样机
1.3	涉密计算机配置(入网)审批记录(含过程记录)				可借用业务表格实现定密过程,不一定是专门的审批表
1.4	涉密计算机使用记录(含过程记录)				注意配置过程记录要完整(要素完整、内容完整)
1.5	涉密计算机变更审批记录(含过程记录)				主要针对于外出携带、扩大知悉范围、非密人员使用、外来人员使用等
1.6	涉密计算机维护审批记录(含过程记录)				涉密等级、责任人、放置地点、用途变更等
1.7	涉密计算机维修审批记录(含过程记录)				软硬件拆卸安装记录、安全产品维护记录、策略开放关闭记录、应用系统维护、日志修改等记录
1.8	涉密计算机退网审批记录(含过程记录)				计算机上不同硬件维修审批记录、重装操作系统记录、外来人员维修记录等
1.9	涉密计算机停用审批记录(含过程记录)				包括计算机上原有数据的处置方式的记录
1.10	涉密计算机报废审批记录(含过程记录)				
1.11	涉密计算机销毁审批记录(含过程记录)				包括带有存储功能的硬件和固件的交接和存储位置的记录
2	涉密服务器				
2.1	涉密服务器的采购记录				
2.2	涉密服务器定密审批记录(含过程记录)				可借用业务表格实现定密过程,不一定是专门的审批表
2.3	涉密服务器配置(入网)审批记录(含过程记录)				注意配置过程记录要完整(要素完整、内容完整)

表 A－18(续4)

序号	文件名称	密级	页数	卷宗号	备注
2.4	涉密服务器使用记录(含过程记录)				主要针对于服务器及其服务的重启、数据库和应用系统的补丁升级、外来人员使用等
2.5	涉密服务器变更审批记录(含过程记录)				涉密等级、责任人、放置地点、用途变更等
2.6	涉密服务器维护审批记录(含过程记录)				软硬件拆卸安装记录、重装操作系统记录、安全产品维护记录、策略开放关闭记录、应用系统维护、日志修改、安全检查等记录
2.7	涉密服务器维修审批记录(含过程记录)				服务器上不同硬件维修审批记录、外来人员维修记录等
2.8	涉密服务器退网审批记录(含过程记录)				注意服务器上原有应用系统和数据的处置方式的记录
2.9	涉密服务器停用审批记录(含过程记录)				
2.10	涉密服务器报废审批记录(含过程记录)				注意带有存储功能的硬件和固件的交接和存储位置的记录
2.11	涉密服务器销毁审批记录(含过程记录)				
3	安全保密产品(硬件产品)				
4	存储设备				
5	打印机/复印机				
6	便携式计算机				
7	照相机/摄像机				
8	读卡器/移动光驱				
	注意:本卷中应该对应台账中设备的不同类型选取样机提供全生命周期档案,本目录选取的是典型设备,也基本上是必查的设备配型				
五	设备管理卷				
1	信息系统、信息设备和存储设备总台账				全部类型设备
2	设备/特殊信息系统定密审批记录				样表

表 A－18（续 5）

序号	文件名称	密级	页数	卷宗号	备注
3	设备变更审批记录（含交接记录）				
4	设备核查登记记录				
5	重装操作系统审批记录				含操作过程记录和安全保密产品安装和策略配置情况记录
6	“三员”检查安全技术程序和日志的记录				
7	卸载、删除、修改安全技术控制程序和管理程序的审批记录				
8	存储设备接入审批记录				
9	配发设备的审批记录				
10	移动存储介质的借用归还审批记录				
11	各类标志汇总表				
…					
六	绝密级计算机				
1	保密要害部位确定审批记录				绝密级计算机所在位置
2	物理环境防护措施的记录				
3	屏蔽效能证明材料				
4	红黑隔离措施证明材料				
5	专人管理和操作的记录				
6	使用登记记录				
7	密码保护措施相关证明材料				
…					
七	外出携带				可使用同一张表单体现外出携带的全过程管理
1	携带外出审批记录（含携带设备和信息、接入设备、开放策略等）				
2	携带外出期间的使用过程记录（含导入导出信息、接入外设的情况）				
3	带出前保密检查和归还后保密检查记录				

表 A－18(续 6)

序号	文件名称	密级	页数	卷宗号	备注
4	内用改为外出携带的审批记录				
…					
八	维修报废卷				
1	信息系统、信息设备、存储设备维修报废的流程				
2	信息系统、信息设备、存储设备维修报废的事项清单(台账)				
3	信息系统、信息设备、存储设备维修报废的审批和过程记录				样表,应该对应台账的设备类型包含主要类型设备的维修审批记录
4	外来维修单位的合同和保密协议				
5	外来维修人员的保密承诺和全程旁站记录				
6	外来维修人员的携物记录				
7	报废信息系统、信息设备、存储设备台账				
九	安全保密产品卷				
1	产品检测证书和报告				
1.1	防火墙的产品检测证书和检测报告				
1.2	入侵检测系统的产品检测证书和检测报告				
1.3	漏洞扫描系统的产品检测证书和检测报告				
1.4	主机监控和审计系统的产品检测证书和检测报告				区分单机和网络版
1.5	补丁分发系统的产品检测证书和检测报告				区分单机和网络版
1.6	保密专用技术防护专用系统选型依据性文件				区分单机和网络版
1.7	身份鉴别系统的产品检测证书和检测报告				区分单机和网络版
1.8	接入控制系统的产品检测证书和检测报告				

表 A－18(续7)

序号	文件名称	密级	页数	卷宗号	备注
1.9	安全NAS系统的产品检测证书和检测报告				
1.10	打印监控审计系统的产品检测证书和检测报告				区分单机和网络版
1.11	光盘刻录审计系统的产品检测证书和检测报告				区分单机和网络版
1.12	安全网关的产品检测证书和检测报告				含堡垒机
1.13	保密检查系统的产品检测证书和检测报告				
1.14	电源滤波防护产品检测证书和检测报告				
1.15	电磁泄漏发射防护产品检测证书和检测报告				
1.16	线路传输干扰仪产品检测证书和检测报告				
1.17	恶意代码辅助检测系统产品检测证书和检测报告				仅主机版
1.18	防病毒系统的销售许可和检测报告				
1.19	数据库加固系统产品检测证书和检测报告				
1.20	数据库审计系统产品检测证书和检测报告				
1.21	操作系统加固系统产品检测证书和检测报告				
1.22	互联网审计工具产品检测证书和检测报告				
1.23	远程传输密码保护措施相关材料				
2	卸载或停用安全保密产品的审批许可和专项管控措施				
3	安全防护策略调整、变更审批记录				
4	屏蔽机房(机柜)检测报告和检测证书				

表 A－18(续8)

序号	文件名称	密级	页数	卷宗号	备注
5	设备无线功能模块拆卸记录				厂家的证明材料,原始系统的重置记录
十	软硬件拆卸安装卷				
1	重装操作系统审批记录(含过程记录)				
2	安装拆卸硬盘、外设审批记录(含端口开放和关闭)				
3	软件白名单				
4	软件安装/卸载审批表				
5	日志修改审批记录				
…					
十一	身份鉴别卷				
1	Key 台账				含软件配套的加密狗、“三员”使用的全部 Key、打印刻录的身份卡
2	Key 的发放、调整、交接、回收审批记录				
3	人员离岗、调岗、入岗的 Key 的配置和交接记录				
4	Key 的报废销毁记录				
5	应用系统用户入网、退网、变更审批记录				
…					
十二	访问控制卷				
1	访问控制策略				
2	VLAN 划分表				
3	系统用户权限清单				
4	用户权限配置和调整记录				
5	设备接入审批记录				
6	多人共用审批记录				
…					
十三	信息导入导出卷				
1	导入导出点的职责和管理要求				部门内部要求

表 A－18(续 9)

序号	文件名称	密级	页数	卷宗号	备注
2	导入导出设备台账				
3	导入导出流程图				注意中间机和单导盒的不同模式
4	导入导出登记本				可选
5	信息导入				
5.1	信息导入审批记录				样表,面向于不同类型的导入信息和载体的,如软件、文件(涉密、非密)、照片、影像资料,光盘、纸、存储卡、U 盘等
5.2	使用专用移动存储介质、开通端口的审批单				
5.3	信息导入后的光盘记录清单(含去向)				
6	信息导出				
6.1	信息导出审批记录				面向于不同事件,注意审阅记录的要求
6.2	非涉密信息导出的专人审查记录				
6.3	信息导出的审计记录				
十四	机房、服务器和集中存储				
1	机房				
1.1	机房的定置图(含功能区划分)				
1.2	主机房确定为保密要害部位审批记录				
1.3	主机房与其他区域的安全隔离措施				机房的建设方案
1.4	进出主机房的审批登记记录				
1.5	主机房门禁系统日志				
1.6	主机房内操作设备审批记录				
1.7	堡垒机、KVM 使用和操作记录				
1.8	堡垒机、KVM 管理和操作权限配置记录				
2	服务器				
2.1	服务器安全策略(含加固措施和访问控制策略)				

表 A－18(续10)

序号	文件名称	密级	页数	卷宗号	备注
2.2	服务器台账(含放置地点和提供支撑的应用/服务的名称)				
2.3	服务器运维审批及操作记录表(不同业务类型)				
2.4	主服务器的备份记录(含硬件、软件、操作系统)				
2.5	关键业务数据的备份记录				
2.6	备份与恢复审批记录				
2.7	备份与恢复操作记录				
3	集中存储				
3.1	集中存储的安全策略、管理要求和技术措施				
3.2	集中存储的访问和使用授权				
3.3	集中存储信息归档和再次利用记录				
十五	安全审计和风险自评估卷				
1	安全审计				
1.1	6个月内的安全审计报告				
1.2	安全审计报告的审批过程记录和批示意见(含整改建议)				
1.3	监督整改落实记录				
2	风险自评估				
2.1	风险自评估报告				
2.2	风险自评估方案				
2.3	风险自评估的过程记录				
2.4	风险自评估审批过程记录和批示意见(含整改建议)				
2.5	监督整改落实记录				
…					
十六	互联网卷				
1	互联网信息点和互联网设备的接入审批记录				

表 A－18(续 11)

序号	文件名称	密级	页数	卷宗号	备注
2	互联网信息点和计算机管理要求				
3	互联网计算机使用登记记录				
4	互联网计算机检查记录				
5	互联网发布信息审批记录				6 个月内的全部记录
6	违规上网的教育或处罚记录				
…					

表 A－19　卷内目录宣传报道管理

序号	文件名称	密级	页数	卷宗号	备注
一	新闻宣传保密管理规定				详见基本制度
二	新闻宣传管理				归口管理部门
1	各类宣传报道保密审查台账				
2	单位新闻发言人业务流程及培训记录				未办展览
3	参观展室保密审批记录				
4	发表著作及论文保密审查				
5	杂志刊物保密审查				
6	新闻媒体采访保密审查				
7	涉密摄影摄像工作流程及审批记录				
8	涉密摄影摄像卡带等各类存储介质、编辑设备台账及检查记录				
9	参观武器装备科研生产现场审批				
10	涉密印刷资质及管理记录				
11	网站、微信公众号等稿件保密审查				

表 A－20　卷内目录涉密会议

序号	文件名称	密级	页数	卷宗号	备注
一	涉密会议管理规定				详见基本制度
二	涉密会议管理				
1	单位涉密会议台账				各年度
2	涉密会议保密方案				
3	涉密会议指定专人负责保密管理				详见保密检查表
4	参会人员登记表				详见保密方案
5	涉密载体发放及清退销毁记录				

表 A－20(续)

序号	文件名称	密级	页数	卷宗号	备注
6	涉密会议保密检查表				归口部门
7	保密工作机构对重要涉密会议监督检查记录				
8	涉密音频视频内容录制复制审批及管理记录				
9	涉密会议各类设备(计算机、投影仪、话筒、录音设备、无线信号干扰设备、声像设备、手机柜等)使用检查记录				
10	视频会议系统网络测评报告				
11	涉密视频会议涉密网络安全维护及检查记录				
12	内部会服人员保密教育记录				详见人员培训
13	在外部召开涉密会议与对方签署保密协议及人员、设备、场地保密检查记录				
14	重大涉密活动保密工作预案及检查记录				
15	调取出入涉密会议录像回放检查手机管理情况				
16	国家安全部门对涉密会议场地安全检测报告				

表 A－21　卷内目录外场试验

序号	文件名称	密级	页数	卷宗号	备注
一	外场试验保密管理制度				详见基本制度
二	外场试验管理				
1	单位外场试验台账				各年度
2	外场试验保密工作方案(指定负责人、现场保密管理措施等)				归口管理部门
3	外场试验保密教育表、人员政审表、保密承诺等				详见人员保密教育及政审表
4	携带涉密资料清单、携带密品清单				
5	计算机等信息设备、存储设备使用保密检查记录				
6	通信设备及信息发布安全检查记录				
7	声像设备安全使用检查记录				

表 A－21(续)

序号	文件名称	密级	页数	卷宗号	备注
8	涉密载体制作、发放、传递、保存、销毁记录				
9	密品管理记录				
10	牵头单位定期检查试验现场保密工作记录				
11	书面整改记录				
…					

表 A－22　卷内目录协作配套

序号	文件名称	密级	页数	卷宗号	备注
一	协作配套保密管理制度				详见基本制度
二	协作配套保密管理				归口部门
1	协作配套单位台账				
2	涉密咨询服务单位台账(条件报备)				
3	涉密协作配套单位(含中介)保密资格证书(复印件)				
4	对外协作配套(含中介)保密协议书				
5	对协作配套单位履行合同保密条款和保密协议进行监督检查(检查表)				详见委托协作合作事项
6	协作配套单位保密问题整改表				
7	一次性、应急任务协作单位保密协议书				
…					

表 A－23　卷内目录涉外管理

序号	文件名称	密级	页数	卷宗号	备注
一	涉外保密管理制度				详见基本制度
二	涉外活动管理				归口管理
1	对外交流台账				各年度
2	对外交流、合作和谈判等活动保密方案				详见申请单
3	对外交流、合作和谈判等活动保密提醒				
4	对外交流、合作和交流内容及谈判口径保密审查审批记录				详见申请单
5	对外提供文件资料和物品保密审查审批				详见申请单

表 A－23(续)

序号	文件名称	密级	页数	卷宗号	备注
6	外来人员身份确认单				
7	外事活动日程安排、活动区域路线及措施				
8	陪同人员记录				
9	对外合作交流保密工作专项检查				

表 A－24　卷内目录保密检查

序号	文件名称	密级	页数	卷宗号	备注
一	保密检查管理制度				
二	保密监督检查				
1	单位保密检查台账汇总表				每年不少于 2 次
2	各业务部门保密检查台账				每季不少于 1 次
3	保密委员会(保密工作小组)年度内组织对单位负责人进行保密检查				
4	单位法定代表人(主要负责人)检查班子成员保密工作记录				
5	单位保密工作分管负责人、其他班子成员检查业务部门工作记录				
6	涉密部门每季度保密检查表				
7	涉密人员保密自查情况				详见个人手中
8	整改问题报告单及督促反馈情况				归口部门
9	专项保密检查记录				
10	保密工作年度自检报告(表)				
11	上级单位各类保密检查记录				
12	保密要害部门、部位保密检查记录				详见要害管理卷

表 A－25　卷内目录泄密事件报告和查处

序号	文件名称	密级	页数	卷宗号	备注
一	泄密事件查处和报告制度				详见基本制度
二	泄密事件查处和报告管理				
1	泄密事件台账				
2	泄密事件情况报告				
3	泄密事件查处情况及补救措施				

表 A－25(续)

序号	文件名称	密级	页数	卷宗号	备注
4	保密委员会(保密工作领导小组)研究处理决定文件				
5	当事人和部门负责人、分管负责人责任追究文件				详见检查单和处罚情况
6	对保密检查中发现的问题提出书面整改要求				
7	部门监督整改落实情况				
8	发生泄密事件应急预案				
9	移交司法处理情况				
…					

表 A－26　卷内目录考核与奖惩

序号	文件名称	密级	页数	卷宗号	备注
一	考核与奖惩管理制度				详见基本制度
二	考核与奖惩管理				
1	单位及部门年度目标管理绩效考核办法				
2	年度保密工作先进集体和个人表彰奖励文件				
3	财务保密奖励金发放明细				
4	涉密人员违规行为处罚记录				
5	财务部门处罚金额单据				
6	对领导干部保密责任追究处罚记录				
7	年度责任制考核处罚情况通报(当事人、部门)				
…					

表 A－27　卷内目录保密经费

序号	文件名称	密级	页数	卷宗号	备注
一	保密管理经费管理规定				
二	保密工作经费管理				
1	单位年度保密管理工作经费财务预算				
2	十四五规划中保密管理工作经费数额				

表 A－27(续)

序号	文件名称	密级	页数	卷宗号	备注
3	保密工作管理经费支出凭证台账(教育培训、调研、咨询、宣传、项目评审、技术检查工具、表彰奖励等明细)				要求足额
4	保密工作专项经费支出凭证台账(含技防设施设备建设)				
5	按照实际需要予以保障(追加情况)				
6	技术检查工具满足工作需要				
7	保密补贴纳入工资管理				
…					

表 A－28　卷内目录工作档案

序号	文件名称	密级	页数	卷宗号	备注
一	工作档案管理规定				
1	单位保密工作档案编制说明				详见保密档案
2	单位保密工作档案卷内目录汇总				评分标准进行分类
3	单位保密工作各模块分类完整立卷,开展情况真实记录(盒卷册)(截至年底)				单位保密档案
4	各部门保密工作情况档案				详见各部门二级保密档案
5	保密档案制作、使用、借阅、修订记录				
6	保密档案收集、筛选、编辑、装卷记录				
7	保密档案保存、检查记录				
…					

表 A－29　卷内目录认定资料

序号	文件名称	密级	页数	卷宗号	备注
一	保密认定资料				(1～3 轮)
1	保密资格审查认证申请书				
2	现场审查通知书				
3	现场审查汇报材料				
4	保密认证审查组反馈意见				
5	保密审查整改情况				

表 A－29(续)

序号	文件名称	密级	页数	卷宗号	备注
6	批准为保密资格单位的通知及证书证牌复印件				
7	保密复查审查组意见				
8	保密复查整改情况				
9	国家保密资格审查认定承诺书				
10	保密资格审查认定专项责任书				
11	现场审查会议手册				
12	其他资料				
…					

参 考 文 献

[1] 国家保密局编写组. 国家秘密定密工作指导手册[M]. 北京:金城出版社,2014.

[2] 卢昱. 军事装备工作保密概论[M]. 北京:国防工业出版社,2008.

[3] 本书编写组. 信息公开保密审查工作手册[M]. 北京:金城出版社,2009.

[4] 国家保密局培训教材编写组. 保密工作概论[M]. 北京:金城出版社,2013.

[5] 吴同斌,谢玮玮. 科技人员保密必读[M]. 北京:金城出版社,2020.

[6] 军工保密资格审查认证中心. 军工单位定密工作 100 问[M]. 北京:北京航空航天大学出版社,2017.

[7] 国家军工保密资格认定办公室. 军工保密资格认定工作指导手册[M]. 北京:金城出版社,2017.

[8] 本书编写组. 机关、单位保密自查自评工作指导手册[M]. 北京:金城出版社,2016.

[9] 吴同斌. 涉密资质申请与管理[M]. 北京:金城出版社,2018.

[10] 封化民. 保密管理概论[M]. 北京:金城出版社,2014.

后　　记

作为编撰丛书的倡导者和编写者之一，亲历了近三年的成书过程，作者们大都身兼重任，工作之余，奋笔耕耘，几易其稿，反复打磨，才有了今天的成品。回顾三年的艰辛历程，我首先想到的是耳熟能详的一段毛主席语录："我们都是来自五湖四海，为了一个共同的革命目标，走到一起来了。"是的，一群来自天南地北、不同行业的保密战线挚友，为了国家安全和利益，为了保密事业的发展，共同携手，将自己多年的实践积累倾情奉献给大家，这是什么精神？又是怎样的情怀？这是忠诚于党的保密事业，致力于事业的持续发展，无私奉献的精神，是不忘初心、牢记使命，为事业鞠躬尽瘁的情怀。

本套丛书的作者们多是在保密和信息安全战线打磨多年的行家里手，亲历了垦荒、耕耘、收获和持续发展的全过程，深知读者们的所急所需，因此在编书之初即确立了"注重要素，突出实操，方便落地"的原则，力求使读者们看了就能懂，拿来就能用，达到不仅"授人以鱼"，更要"授人以渔"的目的。书中没有投机应付的"技巧"，也没有高深诲涩的词句，但每一章都是厚植于业务土壤、辛勤耕耘的工作成果。字里行间跃动的是作者们多年工作实践的总结和严谨细实、见细见小的工作作风。

很喜欢一句话："利相近，志相同，道相合，义相投。"正是因为有这些志同道合、义气相投的战友们，为了共同的事业和理想，携手并进，通力合作，才成就了我们今天的这套丛书。

安全和保密是永恒的主题。我们深知自己的责任和使命，我们愿将多年的实践和积累与战友们分享，希望对大家有所帮助。

在此谨代表编委会再次向一直关注、关心并指导编书工作的各位领导、同人表示感谢！也向全体撰稿人和未曾留名的参与者表示感谢！

保密工作永远在路上，希望我们的丛书再续新篇。

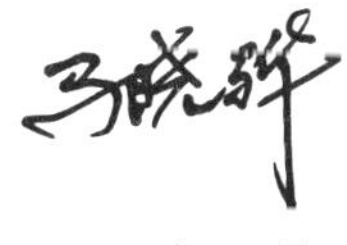

2021 年 3 月